POLITIQUE

TIRÉE

DES PROPRES PAROLES

DE

L'ECRITURE-SAINTE.

PREMIERE PARTIE.

A Bruxelles, chez J. Leonard.

POLITIQUE

TIRÉE

DES PROPRES PAROLES

DE

L'ECRITURE-SAINTE.

A MONSEIGNEUR

LE DAUPHIN.

OUVRAGE POSTHUME

De Meſſire JACQUES BENIGNE-BOSSUET, Evêque de Meaux, Conſeiller du Roi en ſes Conſeils, & Ordinaire en ſon Conſeil d'Etat, Précepteur de Monſeigneur LE DAUPHIN, premier Aumonier de Madame la Dauphine, & de Madame la Ducheſſe de Bourgogne.

Nouvelle Edition revûë & corrigée.

PREMIERE PARTIE.

A BRUXELLES,

Chez JEAN LEONARD, Libraire, & Imprimeur ruë de la Cour. 1721.

AVEC PRIVILEGE DE SA MAJESTE'.

A

MONSEIGNEUR

LE

DAUPHIN.

 ONSEIGNEUR,

Quelque réputation, & quelque nom, qu'ayent acquis à feu M. l'Evêque de Meaux toutes ses vertus, & tous ses talens : le choix dont le ROI l'a honoré en se reposant sur lui de Vôtre Education, & tout ce que cet Evêque a fait pour répondre à un si grand honneur, sera toûjours ce qui donnera le plus d'éclat à une si belle vie.

Y a-t'il rien en effet qui lui soit plus glorieux, qu'une marque aussi assurée de l'estime & de la confiance du plus sage, & du plus grand des Rois? Rien qui doive rendre sa memoire plus précieuse à la France, & plus recommandable à la posterité, que les soins qu'il a pris, pour cultiver ce

A 2

beau naturel qu'on a vû briller en Vous dés Vos plus tendres années, & pour faire paroître de plus en plus ces nobles & genereuses inclinations, dont la nature Vous a doüé.

Je ne puis donc rien faire qui contribuë davantage à la gloire de cet Evêque, qu'en rapellant autant qu'il m'est possible dans l'esprit de tout le monde, l'idée d'une si heureuse Education ; & le souvenir des travaux qu'il a entrepris, pour Vous mettre en état de remplir Vos glorieuses destinées. Je suis assuré, par ce moyen, de rendre son nom immortel, en l'unissant d'une maniére aussi particuliére & aussi intime, avec le glorieux nom d'un Prince, qui fait les delices de la France, nos plus cheres esperances, & avec le ROI son Pere, le plus ferme soûtien d'une si belle Couronne : d'un Prince, que sa douceur, son affabilité, sa moderation, sa generosité, & sa bonté, autant que sa valeur, son intrepidité, & la grandeur de son courage, font redouter de nos ennemis, aimer des peuples, & respecter de tout l'Univers.

C'est dans cette vûë, MONSEIGNEUR, que me trouvant depositaire de ses Manuscrits, pressé de satisfaire aux desirs du public, & assuré de l'honneur de Vôtre protection, je commence l'impression de ses Ouvrages Posthumes, par celui qui a terminé si heureusement toutes les instructions que Vous en avez reçûës, & qui a le plus aidé à Vous former aux grandes choses.

Si jamais Ouvrage fut digne d'un Prince, fut digne de Vous, MONSEIGNEUR, j'ose dire avec confiance, que c'est celui qui paroît aujourd'hui à Vos yeux. L'objet n'en sçauroit être plus grand : toute la Politique y est renfermée ; & tout ce qui doit servir de regle & de modele, dans le gouvernement des choses humaines. La fin que

EPISTRE.

l'Auteur s'y propose ne peut être plus haute, ni plus utile : C'est la vraye gloire des Princes, & leur veritable bonheur, inseparable de la felicité publique. Les personnes qu'il veut instruire, ne sçauroient être plus respectables, ni plus élevées : c'est Vous, MONSEIGNEUR, & en Vôtre Personne tous les Rois de la Terre. Enfin l'autorité sur laquelle tout y est appuyé, ne peut être ni plus incontestable, ni plus sacrée : c'est celle des saintes Ecritures ; & celui qui y parle par tout, c'est le souverain Maître des Rois.

Quel plus noble dessein pouvoit arrêter Vos regards ? Pour l'executer falloit-il une main moins habile que la sienne, moins affectionnée au bien de l'Etat, moins zelée pour Vôtre propre gloire ? Mais dequoi n'étoit pas capable un aussi grand Genie, animé par le plus grand objet qui fut sur la Terre, à la vûë du FILS de LOUIS ?

C'est, MONSEIGNEUR, cette Politique que j'ai l'honneur de Vous presenter. Politique toute fondée sur ce qu'il y a de plus inviolable dans la nature, de plus lumineux dans la raison, de plus autorisé dans la Loi divine : Qui enseigne aux Princes tout ce qu'ils doivent à Dieu, tout ce qu'ils doivent à leurs Peuples, tout ce qu'ils se doivent à eux-mêmes. Politique vraiment Divine & immortelle, qui affermit les fondemens du Thrône des Rois, qui preside à leurs Conseils, & qui imprime dans le cœur des Sujets cet amour & ce respect, sans lequel leur Couronne perdroit tout son éclat.

La singuliere affection, & s'il m'est permis de me servir de ce terme, l'amitié tendre, que Vous avez toûjours euë pour ce Prelat ; honneur qui a fait sa plus grande joye pendant le cours de sa vie, & qui fait encore son plus grand éloge, ne me don-

*ne pas lieu de douter , que Vous ne regardiez toû-
jours avec les mêmes yeux cet Ouvrage , qui Vous
fut autrefois ſi connu & ſi familier , qui Vous
appartient par tant de Titres ; qu'il Vous a lui-
même conſacré , & qui merite mieux que jamais
par le ſoin que l'Auteur a pris de le rendre achevé,
de reparoître devant Vous , & d'être donné au public à l'ombre d'un Nom , auſſi auguſte , & auſſi
aimé que le Vôtre.*

*Permettez-moi , MONSEIGNEUR, de
regarder comme une ſuite des graces que Vous
avez répanduẽs ſur M. l'Evêque de Meaux , celle
de vouloir bien recevoir de la main du Neveu , le
preſent que l'Oncle vous avoit deſtiné.*

*C'eſt pour moi le comble de l'honneur. Heu-
reux d'avoir eu une occaſion auſſi favorable de
donner un témoignage public de mon zele , de
ma reconnoiſſance , & de mon dévoüement abſolu au plus Genereux , & au Meilleur Prince qui
fut jamais , & à qui je fais gloire de tout devoir.
Je ſuis avec le plus profond reſpect ,*

MONSEIGNEUR,

Vôtre très-humble, très-
obéiſſant, & très-fidéle
Serviteur,

L'ABBE' BOSSUET.

PREFACE.

DANS le deſſein qu'on a de faire paroître les *Ouvrages poſthumes* de M. l'Evêque de Meaux, qui ſe trouvent en aſſez grand nombre, & tous ſur des matieres très-importantes : on a crû faire une choſe agréable à tout le monde, de commencer par ceux qu'il a compoſez, pour ſervir à l'éducation de MONSEIGNEUR LE DAUPHIN.

Le plus conſiderable de tous, c'eſt celui qu'on donne aujourd'hui au public. Il fut compoſé en même tems que *le Diſcours ſur l'Hiſtoire Univerſelle.* Auſſi ont-ils entre eux une liaiſon eſſentielle, & tendent tous deux au même but. L'Auteur ayant ramaſſé dans ces deux Ouvrages, tout ce que les Livres ſaints, tout ce que les Hiſtoires ſacrée & prophane ont de plus propre à faire connoître au Prince la Religion, & à lui donner les regles & les principes du gouvernement le plus ſage, & le plus parfait.

MONSEIGNEUR LE DAUPHIN entroit alors dans la dix-ſeptiéme année de ſon âge. Il étoit déja inſtruit dans tous les beaux arts. Il avoit déja parcouru avec

I.
Liaiſon de cet Ouvrage avec le Diſcours ſur l'Hiſtoire Univerſelle.

II.
Occaſion de ces 2. Ouvrages.

grand foin toutes les Hiſtoires anciennes &
modernes, & plus qu'aucune autre celle de
ſon propre païs. Dans cette étude de l'Hiſtoire, qui a toûjours fait une de ſes plus
agréables, comme une de ſes plus importantes occupations, à meſure que ſon eſprit
s'ouvroit, & qu'il étoit frappé de quelque
évenement conſiderable, de quelque action
éclatante, de quelque revolution extraordinaire, M. l'Evêque de Meaux avoit eu
une attention ſinguliere à profiter de ces
exemples, non ſeulement pour lui inſpirer
l'horreur du vice, & l'amour de la vertu;
mais auſſi pour lui apprendre la maniere de
conduire les grandes affaires ; de former
des deſſeins, de les executer ; & pour lui
donner une connoiſſance particuliere des
mœurs, & de la politique.

III.
Le Diſ-
cours ſur
l'Hiſtoire
Univer-
ſelle.

    Enfin, dans *le Diſcours ſur l'Hiſtoire*
Univerſelle, il n'avoit rien oublié, de ce
qui pouvoit le plus contribuer à perfectionner les connoiſſances du Prince par raport
à la Religion, & au gouvernement. Là ce
Prélat, après avoir fait paſſer, pour ainſi
dire, tous les ſiecles devant ſes yeux ; avec
la ſuite de la Religion, & des Empires :
après lui avoir fait obſerver le naturel, le
genie de tous les peuples qui ont dominé,
& tout enſemble celui des Princes, & des
Hommes extraordinaires, qui ont contribué en bien ou en mal au changement des
Etats, & à la fortune publique : après même être entré dans les plus grands détails,
& les plus propres à faire connoître à fond
le caractere de chaque forme de gouvernement dans les Nations principales & do-

minantes , tels qu'étoient les Egyptiens ,
les Affyriens, les Perfes, les Medes ; enfin,
les Grecs & les Romains : leurs coûtumes,
leurs maximes, leur police, leurs loix, leurs
mœurs dans la paix , & dans la guerre : il
penetre enfin, jufques dans le plus fecret
de leur politique , & de leurs confeils ; &
il dévelope aux yeux du Prince , les avantages, les défauts , le fort & le foible de
chaque forme de gouvernement, les divers
interêts des Nations , leur conduite differente dans les differens tems : en un mot,
l'enchaînement des grandes affaires du monde, & les caufes profondes & primitives de
la décadence des uns , de l'accroiffement
des autres , & de tous les grands changemens , qui font arrivez fur la terre.

IV.
Ce Traité
de la Poli-
tique.

Que reftoit-il donc autre chofe à faire
pour achever d'éclairer l'efprit du Prince
fur tous fes devoirs, que de les lui repre-
fenter dans toute leur étenduë, dans tous
leurs principes, & dans toutes leurs confe-
quences, par raport au gouvernement particulier d'une Monarchie, qu'il devoit un
jour conduire : & que de former dans cette vûë l'idée d'une *Politique* vrayement digne du Fils d'un fi puiffant Roi, & de l'Heritier d'un fi grand Royaume.

C'étoit, à proprement parler, l'unique
fruit qu'il falloit tirer de toutes les études
du Prince. C'eft à cette fin principale que
devoient aboutir toutes les inftructions
qu'on avoit pû lui donner dans le cours de
fes études ; & c'étoit-là où devoient tendre
tous les efforts de cet illuftre Maître. Le
repos & la tranquilité publique en dépen-

doient , aussi bien que la gloire du Prince, l'honneur & la joie du Roi son Pere.

V.

L'Auteur puise dans l'Ecriture la Politique la plus digne d'un Prince.

Mais dans quelle source cet Evêque a-t'il crû devoir puiser les regles & les principes d'une politique ferme, constante, & invariable, par consequent seule digne d'un Prince, & d'un Prince Chrétien? L'objet étoit trop grand, le sujet trop grave & trop important, l'esprit de MONSEIGNEUR LE DAUPHIN déjà trop accoûtumé à des réflexions serieuses, pour en chercher les regles, & en poser les principes ailleurs que sur des fondemens certains & inébranlables, qui fussent également respectez du Prince qui devoit gouverner, & des peuples qui devoient être soumis à son Empire.

La seule Ecriture Sainte a cette fermeté que rien ne peut ébranler, & à qui nulle autorité sur la terre ne peut être comparée.

C'est aussi cette parole divine, c'est la doctrine qui y est enseignée, ce sont les grands exemples qui y sont proposez ; les loix & la conduite d'un peuple, dont Dieu lui-même a été le Legislateur, & le Roi, que nôtre Auteur donne à son Prince comme la regle & le modele d'un parfait gouvernement. C'est dans cette source vive & pure, qu'il puise la connoissance parfaite de cette sagesse, qui apprend à bien gouverner.

VI.

Le titre seul en donne l'idée la plus juste.

Tout le dessein de l'Auteur éclate dès le titre de l'ouvrage : *Politique tirée des propres paroles de l'Ecriture Sainte.* Elle est *tirée de l'Ecriture*, par consequent il ne s'y trouve rien de profane, rien même de douteux ou d'incertain. Tout y est vrai, clair & lumineux ; car c'eſt la verité même, & la lumiere même. Elle eſt *tirée des propres paroles de l'Ecriture* : ce ne ſont point ſes conjectures, ſes inductions, ſes raiſonnemens que l'Auteur prétend donner pour maximes à ſon Prince. C'eſt le propre texte de l'Ecriture, ce ſont les propres expreſſions du Saint Eſprit, qu'il met devant les yeux du Prince comme ſa regle.

Quelle impreſſion ? Quel ſaint reſpect n'inſpire pas au Prince, & à tout Lecteur, d'appercevoir dès le titre du livre, que ce n'eſt point l'homme qui y parle, ni qui enſeigne le Prince ; mais à vrai dire, que c'eſt Dieu même ? C'eſt ce qui caracteriſe cet ouvrage, & le deſſein de l'Auteur ; c'eſt ce qui le rend different de tous ceux qu'on a pû faire juſqu'à preſent ſur la même matiere : mais en même tems c'eſt ce qui excite une juſte curioſité dans le Lecteur, de voir comment l'Auteur aura pû trouver les maximes & les regles de la plus belle politique qui fut jamais, dictée par le Saint Eſprit : ce qni cauſe enſuite l'étonnement & l'admiration, quand on voit l'execution ſuivre exactement le projet, & donne une idée de l'Ecriture que le monde n'a pas, & qui la met ſur cette matiere même, au-deſſus de tous les autres Livres.

Voici en abregé le deſſein general de cet Ouvrage, & ſa diviſion, avec quelques éclairciſſemens qui ne ſeront peut-être pas inutiles.

Pour expliquer à fond les principes & les regles du gouvernement & de la politique par les paroles de l'Ecriture, l'Auteur avant toutes chofes, établit par ces divines paroles, les principes de la focieté humaine, & civile, qui contiennent auffi ceux du gouvernement. C'eft le fujet du I. Livre.

Delà il vient, & c'eft la matiere du II. Livre, à la Royauté, ou à la puiffance Royale, qu'il démontre être la plus naturelle, la plus ancienne, & la plus avantageufe à un bon gouvernement, comme auffi la plus conforme à la volonté de Dieu.

Il fe contente de marquer les principes les plus generaux des autres formes, ou efpéces de gouvernement, fans s'y arrêter davantage, parce qu'elles ne font pas de ce deffein, & qu'il fe propofe ici de former un Prince deftiné au gouvernement d'un Etat Monarchique.

On doit auffi obferver, que le deffein de cet Ouvrage n'eft pas de traiter des temperamens que plufieurs Royaumes ou Empires peuvent avoir apporté à la Monarchie, ou à la puiffance Royale ; comme on le peut voir dans les Etats établis en Europe, en Afie, & par tout ailleurs. On fuppofe que toutes ces conftitutions d'Etats, même Monarchiques, ont leurs raifons, auxquelles chaque peuple doit fe foumettre, & obéïr aux coûtumes & aux loix de fon Pays.

Il s'agit ici feulement d'établir l'Empire Monarchique, confideré même en foi, & en le reglant felon les idées generales que nous donne l'Ecriture, & par lefquelles le peuple de Dieu a en effet été gouverné.

L'Auteur ne veut pas dire par là que cette forme de gouvernement du Peuple

de Dieu soit absolument necessaire & com-
mandée, comme il semble que quelques
Auteurs ayent voulu l'insinuer. Dieu a laissé à la liberté des legislateurs & des peuples,
de donner aux Empires les regles qu'ils
trouveroient à propos. On doit seulement
présupposer que le gouvernement qu'on
trouve ordonné de Dieu dans le peuple
d'Israël, ne peut manquer d'être legitime :
& M. de Meaux veut tâcher de donner aux
Princes, par l'autorité de l'Ecriture, les
moyens de bien user de la puissance, quelque absoluë & indépendante qu'elle soit,
ou puisse être en elle-même.

Selon ces idées, il propose d'abord les
qualitez essentielles à la Royauté consideré
en cette sorte ; & il les réduit à quatre principales, qui avec quelques consequences
qu'il en tire, seront le sujet du III. IV. &
V. Livre.

Ces quatres qualitez de l'autorité Royale, sont, qu'elle est sacrée, qu'elle est paternelle, qu'elle est absoluë, & enfin qu'elle est soûmise à la raison : & dans ces quatre grands caracteres de la Royauté, le
Prince verra les plus generaux comme les
plus importans des devoirs que Dieu lui
impose.

Le VI. Livre expliquera par la doctrine
précedente, les devoirs les plus generaux
& les plus essentiels des sujets.

Mais on reviendra bien-tôt aux devoirs
des Princes, qui font l'objet de cet Ouvrage : & on montrera ce que Dieu en a reglé
en particulier par sa parole.

Pour y proceder avec ordre, l'Auteur

regardera les devoirs particuliers du Prince par trois raports. Premierement, par raport aux Principes interieurs & conſtitutifs des Etats, qui ſont la Religion & la Juſtice. Secondement, par raport aux ſecours eſſentiels de la Royauté, qui ſont les armes, les richeſſes, ou les finances, & les conſeils. Troiſiémement, par raport aux inconveniens qui l'accompagnent, comme le reſte des choſes humaines, & aux remedes qu'on y peut aporter. Et cette diviſion donnera lieu au VII. VIII. IX. X. & dernier Livre.

On ne peut trop repeter que l'Auteur veut éviter dans cet Ouvrage, toutes les matieres contentieuſes ſur la nature du gouvernement, & les devoirs de la ſujettion ſous l'autorité legitime. Il a crû les avoir ſuffiſamment traitées ailleurs ; & ſur tout en défendant l'Hiſtoire des Variations, dans le cinquiéme Avertiſſement contre le Miniſtre Jurieu, & dans le premier Diſcours contre le Miniſtre Baſnage.

Du reſte il s'en tient ici ſur cette matiere, en ſuivant l'exemple de Jesus-Christ même, à ce qu'il y a de plus certain, & de plus au-deſſus de toute diſpute. Jesus-Christ (& c'eſt ce qu'on a ſouvent ouï repeter à feu M. de Meaux, quand il parloit de ſes difficultez, par raport à cet Ouvrage de la Politique) Jesus-Christ dans ſon Evangile n'a voulu entrer en aucune ſorte dans la conſtitution, ou dans la forme qu'avoit en ſon tems le gouvernement de l'Empire Romain, ſous lequel il a trouvé le peuple de Dieu, & où il a voulu naître lui-même. Il a ſuppoſé par toutes ces paroles, que ce gouvernement, tel qu'il le trouvoit, étoit legitime en foi, & dés là établi de Dieu à fa maniere.

C'étoit (pour fuivre le raifonnement de ce grand Evêque) ce que Nôtre-Seigneur a expreffement expliqué en deux endroits. L'un où confulté fur le tribut que l'on devoit à Cefar, en regardant les formes publiquement établies comme legitimes, il prononça cette décifion qu'on ne peut affez admirer, où il oblige de rendre *à Cefar* *ce qui eft à Cefar, & à Dieu ce qui eft à* *Dieu.* Le fecond endroit eft celui, où étant accufé lui-même devant Pilate, Gouverneur de la Judée pour les Romains & pour l'Empereur, il reconnoît que la puiffance que ce Magiftrat Romain exerçoit fur lui-même, *lui étoit donnée d'en-haut,* & par confequent qu'elle étoit legitime. Si les Cefars s'étoient emparez legitimement de la fouveraine puiffance : fi pour l'exercer ils avoient bien & duëment uni la puiffance tribunitienne avec celle d'Empereur, ou de Capitaine general, & les autres dont on avoit formé celle des Cefars ; fi le Senat, & le Peuple Romain avoient été fuffifamment libres, pour accumuler tous ces droits fur une même tête ; & fi les Cefars les pouvoient tranfmettre à leurs enfans, & même par adoption, c'eft dequoi le Fils de Dieu n'a point parlé. Dieu veut que le monde foit gouverné, parce qu'il veut qu'il vive dans l'ordre, & en paix : & c'eft tout ce qu'il falloit fçavoir. C'eft pourquoi JESUS-CHRIST n'en a pas dit davantage. Ses Apôtres ont marché par la même route.

Matth.
XXII.21.

Joan. XIX.
11.

*Rom. XIII.
1.*

Saint Paul a établi après son Maître : *Que les puiſſances ſous leſquelles on vivoit étoient ordonnées de Dieu.* Tout le reſte des devoirs publics alloit de ſoi-même ſur cette regle. Les premiers Chrétiens ont vêcu ſur ces principes. Le ſurplus eſt inutile au deſſein de l'Auteur. Il n'eſt pas ici queſtion de diſputer, mais de preſcrire par l'Ecriture des regles inviolables pour bien uſer du gouvernement, qu'on trouve établi, & en vigueur.

*X.
L'Auteur en quelques endroits ajoûte aux autoritez de l'Ecriture des traits tirez de l'Hiſtoire de l'Egliſe. & de celle de France.*

Au reſte, quoi que cette *Politique* ſoit toute tirée de l'Ecriture, on ne doit pas être ſurpris dans pluſieurs endroits très-rares, mais très-importans, où on trouve une occaſion naturelle & comme neceſſaire d'inſtruire les Rois de France de leurs obligations particulieres ; ſi l'Auteur ajoûte aux exemples & à l'autorité de l'Ecriture, quelques traits tirez de l'Hiſtoire de l'Egliſe, & de celle de France, ou même les propres paroles du ſacre de ſes Rois, pour engager, s'il ſe peut, plus fortement MONSEIGNEUR à ſuivre l'exemple, non-ſeulement des David, des Salomon, des Joſaphat, dans le ſoin qu'ils ont pris de ce qui regardoit le culte de Dieu, & le miniſtere ſacré ; mais encore ceux des Rois ſes Predeceſſeurs, de Charlemagne & de ſaint Louïs, par raport aux ſoins qu'ils ont eu des choſes de la Religion, & à la protection qu'ils ont accordée au Saint Siege, à l'Egliſe, & à ſes Paſteurs.

*XI.
De l'ordre que l'Auteur a obſervé dans*

Pour ce qui regarde la diviſion de chaque livre, & l'arrengement en détail de chaque matiere, la ſeule inſpection de la table des livres, des articles, & des propoſitions
qu'on

qu'on a mis à la tête de l'Ouvrage, en don- *les Livres,*
ne une idée plus que suffisante.   *les articles*

En general, l'ordre qui est observé est *& les pro-*
geometrique. Chaque livre est partagé en *positions.*
plusieurs articles, & chaque article en plusieurs propositions, qui suivent toutes naturellement les unes des autres, & ont ensemble une liaison essentielle. La proposition, qui est en titre, renferme le précis de
ce qui est prouvé plus au long dans le corps
de la proposition, & en donne l'idée juste
& précise. Ainsi elles sont les unes plus
étenduës, les autres plus courtes, selon
l'étenduë & le nombre des passages, ou des
exemples qui servent de preuve : l'Auteur
ne passant point d'une matiere à une autre
dans une même proposition, & ne s'écar-
tant jamais du point de vûë de chaque verité qu'il propose d'abord. Souvent même
le titre est joint avec ce qui en fait la preuve ; & l'un & l'autre ne fait qu'une même
suite de discours.

De maniere qu'il n'y a rien dans cet Ouvrage qui ne soit suivi & lié à un tel point,
que les seuls titres des livres, des articles,
& des propositions, pris séparement, & tels
qu'ils sont dans la table, se trouvent faire
comme un discours suivi, & former entre
eux un même corps. Ainsi, quoique la
matiere que l'Auteur embrasse soit d'une
grande étenduë, qu'il entre dans tous les
plus grands détails, que rien n'y soit oublié
pour son dessein, que toute l'Ecriture, pour
ainsi dire, y passe sous les yeux du Prince;
tout cependant s'y développe par principe
& par degré, insensiblement & naturelle-

ment l'un après l'autre ; tout y est en sa place, & dans un ordre si clair & si démon-stratif, que l'esprit humain ne trouve rien à desirer , pour se former l'idée , d'un gou-vernement stable & heureux, & le modele d'un Prince parfait.

Du stile de l'Ou-vrage , du choix , & de la tra-duction des passa-ges de l'E-criture.

Le stile en est par tout égal, vif, serré, & naturel : les réflexions courtes, nobles, & capables d'élever l'esprit du Prince, & de faire sur lui les impressions les plus fortes, & les plus profondes. Chaque texte, cha-que exemple de l'Ecriture prouve directe-ment ce à quoi il sert de preuve : & les differens passages , aussi-bien que les diffe-rens exemples , qui sont employez pour le même sujet, & dans la même vûë , sont enchassés ensemble avec un si grand art, qu'ils semblent être faits pour servir de preu-ve l'un à l'autre : enfin , le choix en est si exquis, qu'on croit pouvoir asseurer qu'il n'y en a aucun dans les Livres sacrés, qui soient plus propres au dessein de l'Auteur, que celui qu'il y a placé.

M. de Meaux n'a pas crû devoir s'assu-jettir à suivre dans la traduction Françoise de l'Ecriture , celles qui ont déja été pu-bliées. Il a traduit lui-même avec soin tous les passages dont il s'est servi. Il a suivi en tout la Vulgate ; il ne s'en est écarté que très-rarement, & seulement dans quelques endroits qu'il a crû devoir éclaircir en les traduisant sur le Grec, ou sur l'Hebreu. Pour peu qu'on y fasse d'attention, & qu'on se donne la peine de comparer les differen-tes traductions qu'on a de l'Ecriture , on appercevra aisément dans celle-ci, une brie-

veté , une netteté , une fidelité , & pour
ainfi dire , une ingenuité qui lui eft particuliere. Et quoi qu'on foit bien éloigné de
vouloir la donner pour regle en ce genre ,
on ne croit pas s'avancer trop que de dire,
qu'en bien des chofes elle peut fervir de
modele aux plus habiles Traducteurs, & leur
donner des idées qui ne leur feront pas tout
à-fait inutiles , pour arriver à ce qui peut·
être en ce genre de plus parfait ; & à ce qui
peut répondre le mieux à la brieveté , à la
vivacité, à la fimplicité , & tout enfemble
à l'élevation , & à la majefté du ftile des
faintes Ecritures.

Après tout ce qui vient d'être dit, fi l'on
eft étonné qu'un pareil Ouvrage, qui avoit
fervi à l'Education de Monseigneur,
n'ait pas été rendu public il y a longtems
par l'Auteur même , cette furprife ceffera
quand on fçaura qu'il n'a été achevé, & mis
en l'état auquel M. de Meaux vouloit qu'il
parût, que peu de tems avant fa mort.

Il n'y avoit eu pendant très-longtems de
fini, que les fix premiers Livres, & les quatre derniers n'étoient qu'ébauchez , & à
proprement parler , que projettez.

À la verité ces premiers Livres , qu'on
peut appeller la premiere partie de l'Ouvrage , renferment ce qu'il y a de plus effen-
tiel à l'inftruction d'un Prince , & au but
que l'Auteur s'étoit propofé. Car , non-
feulement (comme nous l'avons déia remarqué) il y explique les principes primitifs
de la focieté humaine & civile , les raifons
& les caufes fondamentales qui ont formé
les Nations, uni les Peuples fous un même

XIII.
*Ce que
l'Auteur
a ajoûté
à cet Ou-
vrage, de-
puis l'E-
ducation
de Mon-
feigneur.*
XIV.
*Les fix
premiers
livres, font
comme la
I. partie.*

Gouvernement, fous une même autorité, fous les mêmes loix, ce qui fait la force des Etats, & en affeure le repos : non-feulement il découvre aux yeux du Prince, la premiere origine de l'autorité Royale, & hereditaire, fes avantages fur les autres formes de Gouvernement : mais encore il explique à fond la nature, les caracteres, & les qualitez effentielles à l'autorité Royale : & il établit enfin les devoirs des fujets envers le Prince. Ce qui renferme tout ce qui étoit de plus utile, de plus neceffaire fur cette matiere, & ce qui fuffifoit pour former un Prince accompli.

C'eft auffi en cet état que cette *Politique* a été donnée à MONSEIGNEUR, qu'elle eft reftée pendant plufieurs années, qu'elle a même été mife entre les mains des trois Princes fes fils, & fervi à leur inftruction : qu'elle a été connuë des plus illuftres & des plus fçavans hommes, à qui l'Auteur en a donné la lecture, & peut-être même laiffé prendre des copies. Enfin, c'eft dans cet état, quoi qu'imparfait, qu'elle a fait l'admiration des Genies du premier ordre, des Heros mêmes de ce fiécle, du grand & fameux Prince de Condé, que je nommerai ici feul, & par honneur.

Les difficiles & importantes affaires de l'Eglife, dont cet Evêque fut chargé auffi-tôt que finit l'éducation de MONSEIGNEUR : les differens ouvrages qu'il a été obligé d'entreprendre pour la défenfe de la Religion Catholique contre les Proteftans ; les devoirs indifpenfables d'un Diocefe, auquel il fe donnoit tout entier : enfin, les travaux immenses & continuels, qui ont succedé les uns aux autres, & auxquels d'années en années, les besoins pressans de l'Eglise l'ont engagé jusqu'au moment de sa mort, lui ont à peine permis de profiter de quelques intervalles de relache, pour mettre cet Ouvrage dans l'état auquel nous le voyons aujourd'hui.

Il a même fallu, pour l'y engager plus fortement, (& cette circonstance est trop glorieuse à feu M. l'Evêque de Meaux, pour n'en pas faire honneur à sa memoire) il a falu qu'il y ait été invité de la part de Monseigneur le Duc de Bourgogne, sur qui les six premiers livres avoient fait un si grand effet, que les personnes sages & illustres, à qui l'éducation de ce Prince étoit confiée, ont crû devoir exciter l'Auteur à ne pas laisser imparfait un ouvrage si necessaire aux Princes, si digne d'un Evêque, & où lui seul pouvoit mettre la main.

Et comme la lecture & la meditation des Livres sacrez faisoient ses plus cheres délices, sa continuelle occupation, & le plus agréable délassement de son esprit, pendant même ses plus grands travaux ; il revenoit toûjours, & avec la même facilité, & avec la même joïe sur cette *Politique*, qu'il a toûjours regardée avec quelque sorte de complaisance, comme son ouvrage favori; parce qu'il lui sembloit le plus propre, non seulement à instruire les Peuples & les Rois, mais encore à leur faire aimer, & respecter de plus en plus les saintes Ecritures.

L'Auteur a donc enfin rempli son projet, & achevé son Ouvrage par les quatre

derniers Livres, qu'il a ajoûté aux six autres.
C'est dans ces derniers Livres, que pour
imprimer encore plus fortement dans l'esprit du Prince, ses obligations, & ies devoirs, & rendre ces impressions plus ineffa-
çables ; il réprend par ordre les matieres
qu'il n'avoit traité qu'en general, ou en pas-
fant, qu'il approfondit celles qui n'avoient
pû être entierement éclaircies, qu'il touche
encore plus fortement, plus en détail, par
de nouvelles autoritez, & par de nouveaux
exemples, les devoirs particuliers des Princes, selon les differens regards, suivant lesquels ils peuvent concourir au bien, & à
la conservation de l'état, qui est la fin du
gouvernement, & de la politique.

XVI.
Premiere raison de regretter que M. de Meaux n'ait pû faire imprimer cette Politique de son vivant.

Il auroit été fort à souhaiter pour l'entiere perfection de cet Ouvrage, qu'il eût
été donné au public du vivant de l'Auteur.
Car encore qu'il soit certain qu'il l'a revû
exactement la derniere année de sa vie, dans
le dessein de le rendre public ; on sçait assez,
qu'après avoir composé ses Ouvrages avec
le plus grand soin, les avoir même revûs
& corrigez plus d'une fois ; il se reservoit
toûjours, à l'exemple des plus excellens
Maîtres dans les plus beaux Arts, au moment de l'impression, d'y ajoûter les derniers traits, & les plus vives couleurs ; &
d'y mettre la derniere main. Il ramassoit
alors toutes les forces de son genie, pour
ne rien laisser sortir de ses mains, qui ne
fût achevé. C'est de quoi ont été témoins
tous ceux qui ont approché M. de Meaux
de plus près, depuis plus de vingt années
qu'il a publié ses principaux écrits.

Il y a encore une nouvelle raiſon de re- *XVII.*
gretter que l'Auteur n'ait pû faire impri- *Autre rai-*
mer lui-même ſon ouvrage. C'eſt qu'il eſt *ſon.*
certain qu'après l'avoir fini de la maniere *L'Auteur*
que nous l'avons, ſon deſſein étoit d'ajoû- *avoit deſ-*
ter encore à la fin une récapitulation de *ſein d'a-*
tout le livre, comme il avoit accoûtumé *joûter à*
de faire dans preſque tous ceux qu'il a don- *la fin une*
nez au public, & comme il l'a fait d'une *recapitu-*
maniere ſinguliere, dans le *Diſcours ſur* *lation de*
l'Hiſtoire Univerſelle, en s'adreſſant à Mon- *tout l'Ou-*
SEIGNEUR LE DAUPHIN, & en tour- *vrage.*
nant tout à ſon inſtruction. Car on trouve
à la fin de l'original de cette *Politique*, ces
mots écrits de ſa main en tître : *Abregé &*
concluſion de ce Diſcours. Ce qu'il n'a pû
executer, prévenu par une mort précedée
de longues infirmitez, pendant leſquelles il
a ſouvent dit à la perſonne, qu'il a laiſſée
dépoſitaire de ſes manuſcrits, & qui lui pro-
poſoit de rendre cet Ouvrage parfait ſuivant
ſes vûës, en faiſant cet abregé, & cette
concluſion ; que toute la force de ſon eſprit y étoit neceſſaire, qu'il n'attendoit qu'un
rayon de ſanté pour l'achever ; & que comme il en avoit ſeul la parfaite comprehen-
ſion, lui ſeul pouvoit y travailler.

C'eſt la ſeule choſe qui manque à cet Ouvrage, achevé d'ailleurs. Mais après ce
qu'on vient de dire, qui ſeroit le temeraire,
& le préſomptueux qui oſât ſeulement le
tenter ?   *XVIII.*

Ce qu'on s'eſt crû permis, c'eſt de met- *Fameux*
tre en la place, & comme pour conclu- *paſſage de*
ſion, un trait d'un des plus grands Docteurs *S. Auguſ-*
de l'Egliſe, de ſaint Auguſtin, parlant aux *tin, dans*

Empereurs Chrétiens, qui semble être fait
exprès pour servir de conclusion à cet Ouvrage; & qu'on n'a même pas lieu de douter que l'Auteur n'ait voulu employer en
cet endroit, puisqu'au même lieu de l'original qu'on vient de marquer; on voit écrt
de la même main ces autres mots en abregé:
Saint Augustin de la Cité de Dieu, d'où on
a tiré ce passage.

    C'est dequoi on a crû devoir rendre rai-
son au Lecteur, & l'asseurer en même tems
que c'est la seule liberté qu'on a prise, &
que l'Ouvrage, tel qu'il est imprimé, tel
il est sorti des mains de l'Auteur : il n'y
avoit que lui seul qui fût en état de retou-
cher son propre travail, d'y diminuer, d'y
ajoûter ce qu'il auroit jugé à propos, suivant les differentes vûes qu'il pouvoit avoir.

    Que si on ne peut à present y suppléer,
on en tirera au moins cet avantage, que
le Lecteur en sera plus disposé à faire grace
aux endroits de l'Ouvrage, s'il y en a, qui
pourroient peut-être paroître plus négligez;
& supposera avec justice, qu'un aussi grand
Maître en tout genre que l'étoit l'Auteur,
auroit corrigé avant l'impression jusqu'au
moindre défaut.

    Ainsi, le seul travail qu'on a été obligé
de faire pour l'utilité, & pour la commodité des Lecteurs, a été une exacte recherche, & une scrupuleuse verification des
passages qui y sont employez, & qui sont
citez avec la derniere fidelité. Sur quoi on
peut assurer, qu'on n'a rien oublié pour
rendre cet Ouvrage tel qu'il doit être.

    On a aussi jugé à propos, pour ne point

arrêter dans la lecture, d'ôter toutes les ci-
tations du corps du Livre, &'on les a toutes
mises à la marge.

Voilà ce qui a paru le plus necessaire
d'expliquer pour l'instruction du Lecteur.

Mais on ne croît pas pouvoir finir cette
Préface, ni plus au gré du Public, ni plus
à l'honneur de l'Auteur, ni plus utilement
pour la parfaite intelligence de cet Ouvrage,
aussi-bien que de tous les autres, qui ont
été faits pour l'éducation de MONSEI-
GNEUR, qu'en mettant à la tête de cette
Politique, la lettre qu'écrivit M. de Meaux
en l'année 1679. vers la fin des études de
MONSEIGNEUR LE DAUPHIN, au
Pape Innocent XI. sur cette Royale Éducation, & le Bref qu'il en reçût en réponse.

XXI.
Lettre de
l'Auteur
au Pape
Innocent
XI. sur
l'éduca-
tion de
Monsei-
gneur le
Dauphin.
Bref de Sa
Sainteté
en réponse.

Ce Pape venoit d'approuver authentique-
ment par un Bref, aussi honorable pour
l'Auteur, que propre à confondre l'opinia-
treté, & les calomnies des protestans, le
fameux livre de *l'Exposition de la Doctrine*
Catholique. En lui faisant remettre ce Bref,
en date du 4. Janvier 1679. entre les mains,
il ordonna à son Nonce de témoigner à
cet Evêque, le desir extrême qu'il avoit
d'être informé de la méthode dont il s'étoit
servi pour l'éducation de MONSEIGNEUR
LE DAUPHIN, & de l'asseurer en mê-
me teins : qu'il feroit une chose qui lui seroit très-agréable, de vouloir bien lui en
rendre lui-même un compte fidele.

M. l'Evêque de Meaux obéït avec joïe
à des ordres qui lui faisoient tant d'honneur;
& il envoia au Pape une fidele rélation de
la méthode qu'il avoit suivie dans l'éduca-

tion de ce Prince, par une Lettre latine qu'il lui addreſſa, intitulée : *De Inſtitutione Ludovici Delphini , Ludovici XIV. Filii , ad Innocentium XI. Pontificem Maximum.* De l'Inſtruction de MONSEIGNEUR LE DAUPHIN , au Pape Innocent XI.

Cette Lettre a toûjours été eſtimée un chef-d'œuvre de latinité & d'éloquence ; & regardée comme le modele de l'éducation la plus digne d'un Prince.

Auſſi ne peut-on voir plus clairement la grande idée que le ſaint Pere en conçût, & l'impreſſion que cette lettre fit ſur ſon eſprit, que par le Bref en réponſe dont il honora l'Auteur dès le 19. Avril de la même année. Réponſe vrayement digne des premiers ſiécles du Chriſtianiſme , & du Chef de l'Egliſe univerſelle : & qui ſera un monument éternel à la poſterité , de la haute opinion qu'il avoit de la France, & de ſon ROI ; de la tendreſſe vrayement paternelle dont il étoit rempli pour le PRINCE SON FILS, auſſi-bien que de l'affection , & de l'eſtime dont il étoit penetré pour l'Auteur.

DE INSTITUTIONE

LUDOVICI DELPHINI,

LUDOVICI XIV. FILII,

AD

INNOCENTIUM XI.

PONTIFICEM MAXIMUM.

La Traduction Françoise est cya après.

UDOVICUM MAGNUM, BEATISSIME PATER, sæpè dicentem audivimus, sibi quidem DELPHINUM, unicum pignus, tantæ familiæ regnique munimentum, meritò esse carissimum : ceterum eâ lege suavissimo filio vitam imprecari, ut dignus majoribus tantòque imperio viveret ; atque omninò eum nullum esse malle quàm desidem.

Quare, jam inde ab initio id in animo habuit, ut Princeps Augustissimus, non socordiæ aut otio, non muliebribus blanditiis, non ludo aut nugis puerilibus, sed labori ac virtuti insuesceret ; atque à teneris, ut aiunt, unguiculis, primùm timorem Dei quo vita humana nititur, quoque ipsis Regibus sua majestas & autoritas constat : tum

egregias omnes difciplinas artéfque, quæ
tantum decerent Principem, accuratè per-
difceret; maximè quidem eas, quæ regendo
ac firmando imperio eſſent ; verum & eas
quæ quomodocumque animum perpolire,
ornare vitam, homines litteratos conciliare
Principi poſſent : ut ipſe Delphinus, & morum exemplar ac flos juventutis, & præcla-
rus ingeniorum fautor, & tanto demùm
parente dignus haberetur.

1.
*Lex à Re-
ge poſita,
& ſtudio-
rum ratio
conſtituta.*
EAM itaque legem ſtudiis Principis fixit,
ut nulla dies vacua efflueret : aliud enim
ceſſare omninò ; aliud oblectare ac relaxare
animum : ac puerilem ætatem ludis jocſſque
excitandam, non tamen penitùs permitten-
dam, ſed ad graviora ſtudia quotidie revo-
candam , ne intermiſſa langueſcerent : ne-
gotiotiſſimam principum vitam nullo die
vacare ab ingentibus curis ; pueritiam quoque ità exercendam, ut è ſingulis diebus
aliquot horæ decerperentur rebus ſeriis ad-
dicendæ : ſic, ipſis jam ſtudiis ad gravitatem inflexum, atque aſſuefactum animum,
negotiis tradi : id quoque pertinere ad eam
lenitatem, quæ formandis ingeniis adhiben-
da eſſet ; lenem enim eſſe vim conſuetudi-
nis, neque importuno monitore opus, ubi
ultrò ipſa monitoris officio fungeretur.

His rationibus adductus Rex prudentiſſi-
mus, certas quotidie horas litterarum ſtudiis
aſſignavit : has quidem interdum aſperſis
jocis ad hilariorem habitum componendas,
ne triſtis & horrida doctrinæ facies puerum
deterreret. Neque falſus animi fuit : ſic
nempe factum eſt, ut ipsâ conſuetudine ad-
monitus, lætus & alacer, ac ludibundo ſi-

milis , puer Regius folita repeteret ftudia,
aliud ludi genus fi promptum animum ad-
hiberet.

Sed caput inftitutionis fuit, *Ducem Mon-
tauferium* præfeciffe , virum militari gloriâ
nec non litterariâ clarum, pietatis verò laude clariffimum : unum omnium & naturâ
& ftudio ad id factum , ut tanti heroïs filium viriliter educaret. Is igitur Principem
nunquam ab oculis manibufque dimittere ;
affiduè fingere, à licentioribus quoque dic-
tis puras aures tueri, pravifque ingeniis præftare inacceffas ; ad omnem virtutem, maximè ad Dei cultum , monitis accendere ,
exemplo præire, invictâ conftantiâ opus
urgere, iifdemque veftigiis femper infiftere:
nihil denique prætermittere , quo Regius
Juvenis quàm valentiffimo & corpore &
animo effet. Quem nos virum ubique con-
junctiffimum habuiffe gloriamur : atque
optimis quibufque artibus præcellentem, in
re quoque litterariâ & adjutorem nacti , &
auctorem fecuti fumus.

Quotidiana ftudia , matutinis æquè ac
pomeridianis horis , ab rerum divinarum
doctrinâ femper incepta : quæ ad eam pertinerent , Princeps detecto capite fummâ
cum reverentiâ audiebat.

Cùm Catechifmi doctrinam quam me-
moria teneret exponeremus , iterùm atque
iterùm monebamus præter communes Chriftianæ vitæ leges , multa effe quæ fingulis
pro variâ rerum perfonarumque ratione in-
cumberent : hinc fua principibus propria &
præcipua munera , quæ prætermittere fine
gravi noxâ non poffent. Horum fumma ca-

pita tum delibavimus , alia graviora & re-
conditiora maturiori ætati confideranda ,
doceoamus.

Sanè repetendo effecimus , ut hæc tria
vocabula aptiffimè inter fe connexa hære-
rent memoriæ , Pietas, Bonitas, Juftitia:
his vitam chriftianam, his regii imperii offi-
cia contineri. Hæc vero ita colligebamus,
ut qui pius in Deum effet , idem erga homines ad Dei imaginem conditos, Deique
filios, effet optimus; tum qui bene omnibus
vellet, eum & fua cuique tribuere, & à bonis arcere fceleratorum injurias, & propter
publicam pacem malefacta coercere , per-
verfofque homines ac turbulentos in or-
dinem cogere. Principem ergo pium atque
ideò bonum, omnibus benefacere, per fe fe
nemini gravem , nifi fcelere & contumaciâ
provocatum.

Ad ea capita, quæ deinde copiosè tradidimus , præcepta retulimus : ab eo fonte
manare, eo redire omnia : ideò Principem
optimis difciplinis imbuendum , ut hæc
promptè & facilè præftare poffit.

Sacram Hiftoriam quæ Utroque Tefta-
mento continetur , jam inde ab initio , &
memoriter tenebat & fæpè memorabat : in
eâ maximè quæ in pios principes Deus ultrò contulerit ; quàm tremenda judicia de
impiis , & contumacibus tulerit.

Paulò jam adultior legit Evangelium ,
Actufque Apoftolorum , atque Ecclefiæ
nafcentis exordia. His JESUM-CHRISTUM
amare docebatur: puerum amplexari : cum
ipfo adolefcere , parentibus obedientem ,
Deo hominibufque gratum, novaque in dies

ſapientiæ argumenta proferentem. **Hinc**
audire prædicantem : admirari ſigna ſtupen-
da facientem : colere beneficium : hærere
morienti , ut & reſurgentem , & ad cœlos
aſcendentem ſequi daretur. Tum Eccleſiam
amore pariter & honore complecti : humi-
lem, patientem, jam inde à primordio curis
exercitam , probatam ſuppliciis ubique vic-
tricem. In eâ intueri, ex Chriſti placitis re-
gentes Apoſtolos, ac verbo pariter & exemplo præeuntes : in omnibus auctorem ac
præſidentem Petrum : plebem dicto audien-
tem, nec poſt Apoſtolica decreta quidquam
inquirentem. Cætera denique, quæ & fun-
dare fidem , & ſpem erigere , & caritatem
inflammare queant : Mariam quoque colere, & impensè venerari, piam apud Chri-
ſtum hominum advocatam ; quæ tamen
doceat non niſi Chriſto obedientibus bene-
ficia divina contingere : ſæpè multumque
cogitare , quanta caſtitatis & humilitatis
præmia tulerit , ſuaviſſimo pignore è cœlis
dato, Dei mater effecta, æternoque parenti
ſanctè ſociata. Hic Chriſtianæ Religionis
pura & caſta myſteria : virginem CHRIS-
TUM , neque alteri quam virgini dandum :
colendam ergo in primis caſtitatem Mariæ
cultoribus, ipsâ caſtitate ad ſummam digni-
tatem & fœcunditatem evectæ.

In legendo Evangelio ſi fortè evagaretur
animus , aut debita reverentia tantiſper ex-
cideret , librum amovere, ſanctè illum nec
niſi ſummâ veneratione lectitandum : id
Princeps graviſſimi ſupplicii loco ducere :
hinc paulatim aſſueſcere, ut attentè & ſanctè
pauca perlegeret, multa cogitaret. Nos pla-

nè & simpliciter explicare sententias, quæ
hæreticos convincerent, quæ ipsi improbè
à vero detorsissent, suo loco notare : interim admonere, multa esse quæ ætatem,
multa quæ humanum captum exsuperent :
his superbiam frangi, his exerceri fidem :
nec fas in re tantâ suo ingenio indulgere,
sed omnia accipienda ex majorum sensu,
Ecclesiæque decretis : novatoribus certam
imminere perniciem : nec nisi fucatam,
falsamque pietatem, quæ ab eâ regulâ deflexisset.

Lectis relictisque Evangeliis, Veteris
Testamenti, ac Regum præsertim historiam aggressi sumus. In regibus Deum severissimæ ultionis edere monimenta : quo
enim excelsiore fastigio essent, summæ rerum Deo jubente præpositi, eo arctiore
subjectione teneri, atque omnibus documento esse, quam fragiles, imo nullæ humanæ vires essent, nisi divino præsidio niterentur.

Ex Apostolicis Epistolis, certa capita selegimus, quæ mores Christianos informarent. Quin ex Prophetis quòque quædam
delibavimus; quâ auctoritate, quâ majestate,
superbos Reges compellaret Deus : quam
ipso spiritu immensos difflaret exercitus,
imperia everteret, victos victoresque pari
æquaret excidio. Quæ Christum prædicerent vaticinia Prophetarum, ubi in Evangeliis occurrebant, ea in ipso fonte quæsita
demonstrabamus. Hæc admirari Princeps :
nos admonere, quàm nova cum antiquis
aptè cohærerent, neque unquam vanas pollicitationes Dei aut minas futuras, firmaque

que omninò effe , quæ venturo feculo af-
fignarit ; verax ubique Deus , futurorum
ex ante a&is approbatâ fide. His fæpè in-
fperfimus vitas Patrum , fplendidiora Mar-
tyrum a&a, Religiofam hiftoriam, quæ &
erudirent pariter & oble&arent. Atque hæc
de Religione.

Grammatica ftudia enarrare quid attinet?
Id quidem maxunè curavimus , ut latini
pariter patriique fermonis proprietatem primùm, tum etiam elegantiam noffet. Hujus
difciplinæ tædia temperavimus demonftratâ
utilitate, rerumque ac verborum , quoad
ferebat ætas , cognitione conjunctâ.

His perfe&um eft, ut vel puer, optimos
latinitatis au&ores promptè intelligeret, ar-
canos etiam fenfus rimaretur , vixque hæ-
reret unquam ubi animum intendiffet : ex
iis, præfertim ex Poëtis, jucundiffima quæque & utiliffima memoriæ commendata
perfæpè recitaret, atque occafione datâ, rebus ipfis quæ inciderent, aptè accommo-
daret.

In his verò au&oribus perlegendis nunquam ab inftituto noftro difceffimus, quo
pietatem fimul morumque do&rinam , ac
civilem prudentiam traderemus. Gentilis
Theologiæ religionifque fabulas , & infan-
da myfteria, documento effe ; quàm altâ
caligine per fe fe homines merfi degerent :
politiffimas quafque gentes, ac civilis fa-
pientiæ confultiffimas, Ægyptios, Græcos,
Romanos, eafdem in fummâ rerum divinarum ignoratione verfatas, abfurdiffima
portenta coluiffe ; neque ex his unquam
nifi Chrifto duce emerfiffe: hinc veram Re-

III.
Gramma-
tica:Auc-
tores Lati-
ni : Geo-
graphia.

ligionem , divinæ gratiæ totam esse tri-
buendam.

Neque eò seciùs gentiles purè sanctèque
quo ad res sineret, sua sacra habuisse ratos,
his maximè stare rempublicam : multa quoque morum , multa justitiæ exempla præ-
buisse , quibus premi Christianos , si nec à
Deo docti virtutem retinuissent. Hæc quidem plerumque, non præcipientium specie,
sed familiariter monebamus , quæ semel
animo hausta , sæpè ipse Delphinus spontè
memorabat : meminimusque, laudato Ale-
xandro , qui adversùs Persas communem
Græciæ causam tanto animo suscepisset ,
ultrò advertisse , quàm longè esset glorio-
sius Principi Christiano, communem Chri-
stianitatis hostem, ipsius jam cervicibus im-
minentem , propulsare ac debellare.

Æquum autem diximus, auctorum opera non minutatim incisa, hoc est non unum
aut alterum , Æneïdos puta aut Cæsaris
librum à reliquis avulsum & abruptum, sed
integrum opus continenter , & quasi uno
spiritu legere : ut Princeps paulatim assuel-
ceret , non singula quæque , sed ipsam rerum seriem atque operis summam intueri :
cum nec singulis sua lux aut pulchritudo
constet nisi universi operis , velut ædificii,
rationem atque ideam animo informaris.

In Poëtis, Virgilio maximè ac Terentio
est delectatus : in historicis , Salustio ac
Cæsare. Hunc verò egregium & scribendi
& agendi magistrum vehementer admirari:
belli administrandi ducem adhibere : nos
cum summo Imperatore iter agere , castra
designare , aciem instruere, inire atque ex-

pedire confilia, laudare, coercere militem,
opere exercere, fpe erigere, promptum &
alacrem habere, fortem & abftinentem exer-
citum agere; hunc difciplinâ, focios fide
ac tutelâ in officio retinere; locis atque
hoftibus univerfam belli accommodare rationem, cunctari interdùm, urgere fæpiùs,
ipsâque celeritate non confilia hoftibus, non
fugam relinquere; victis parcere, compri-
mere rebellantes, debellatas gentes æquitate ac prudentiâ componere : his lenire fimul & confirmare victoriam.

Quid memorem, ut in Terentio fuaviter
atque utiliter luferit : quantaque fe hîc rerum humanarum exempla præbuerint, in-
tuenti fallaces voluptatum ac muliercula-
rum illecebras, adolefcentulorum impo-
tentes & cœcos impetus; lubricam ætatem
fervorum minifteriis atque adulatione per-
devia præcipitatam, tum fuis exagitatam
erroribus, atque amoribus cruciatam, nec
nifi miraculo expeditam, vix tandem con-
quiefcentem ubi ad officium redierit. Hîc
morum, hîc ætatum, hîc cupiditatum naturam à fummo artifice expreffam; ad hæc
perfonarum formam ac lineamenta, verof-
que fermones, denique venuftum illud ac
decens, quo artis opera commendetur. Neque interim jucundiffimo Poëtæ, fi quæ
licentiùs fcripferit, parcimus : fed è noftris
plurimos intemperantius quoque lufiffe,
mirati, horum lafciviam exitiofam mori-
bus, feveris imperiis coercemus.

In immenfum creverit opus, fi exponere
aggredimur quæ in quoque auctore notata,
præfertim in Cicerone, quem jocantem,

philofophantem , perorantem audivimus.

Geographiam interea ludendo , & quafi peregrinando tranfgreffimus : nunc fecundo delapfi flumine , nunc oras maritimas legentes , mox in altum pelagus invecti aut mediteranea penetrantes , urbes ac portus , non tamen feftinatis itineribus neque incuriofi hofpites peragramus ; fed omnia luftramus , mores inquirimus , maximè in Galliâ ; diverfiffimos populos , bellicofiffimam gentem , fæpè & mobilem , populofiffimas urbes ; tantam imperii molem fummâ arte regendam & continendam.

IV.
Hiftoria,
maximè
Francica:
eaque à
Principe
latino &
vernaculo
fermone
confcripta.

Porrò Hiftoriam , humanæ vitæ magiftram , ac civilis prudentiæ ducem, fummâ diligentiâ tradidimus : fed præcipuam in eo operam collocavimus, ut Francicam maximè , hoc eft fuam teneret. Nec libros tamen operosè evolvendos puero dedimus : (quamquam & nonnulla ex vernaculis auctoribus , Comineo præfertim ac Bellæo , legenda decerpfimus :) fed nos ipfi, ex fontibus ac probatiffimis quibufque fcriptoribus ea felegimus , quæ ad rerum feriem animo complectendam maximè pertinerent. Ea nos Principi vivâ voce narrare , quantum ipfe memoriâ facile retineret ; mox eadem recitanda repofcere : is poftea gallico fermone pauca confcribere , mox in latinum vertere; id thematis loco effe ; nos utraque pari diligentiâ emendare: ultimo hebdomadis die, quæ per totam fcripta effent, uno tenore relegere : in libros dividere, libros ipfos iterum iterumque revolvere.

Hinc affiduitate fcribendi factum eft, ut hiftoria noftra Principis manu ftyloque gal-

licè fimul & latinè confecta, ad poftrema
jam regna devenerit : & latina quidem, ex
quo ea lingua fatis Principi nota, omifimus:
reliquam hiftoriam gallicè eodem ftudio
perfequimur. Sic autem egimus , ut cum
Principis judicio, noftra quoque hiftoria
crefceret: ac tempora quidem antiqua ftric-
tiùs, noftris proxima explicatiùs traderemus : non tamen minuta quæque & curiofa
fectati, fed mores gentis bonos pravofque,
majorum inftituta , legefque præcipuas :
rerum converfiones, earumque caufas : ar-
cana confiliorum, inopinatos eventus, quibus animus affuefaciendus effet , atque ad
omnia componendus : Regum errata ac
fecutas calamitates : ipforum jam indè à
Clodoveo per tanta fpatia temporum incon-
cuffam fidem , atque in tuendâ Catholicâ
Religione conftantiam : huic conjunctam
fedis Apoftolicæ obfervantiam fingularem,
eâ enim maximè gloriatos : hinc Regnum
ipfum à tot fæculis firmum conftitiffe : poft-
quam fubortæ hærefes, ubique turbidos in-
fanofque motus , imminutam Regum ma-
jeftatem, ac florentiffimum imperium tantum non accifum , nec priftinas vires nifi
perculsâ demùm fractâque hærefi rece-
piffe.

Ut autem Principi, ex ipsâ hiftoriâ, rerum agendarum conftaret ratio ; in iis ex-
ponendis, periculorum ftatu conftituto ,
velut initâ deliberatione , folemus omnia
momenta perpendere , ab eoque exquirere
quid deindè decerneret, tùm eventus exfe-
quimur, peccata notamus : rectè facta lau-
damus : atque experientiâ duce , certam

confiliorum capiendorum expediendorum-
que rationem ftabilimus.

V.
Sanctus
Ludovicus
exemplar
Principis.

Ceterum, cùm ex universâ Regum nof-
trorum hiftoriâ, vitæ, morumque exempla
fumamus ; tùm SANCTUM LUDOVI-
CUM unum proponimus, abfolutiffimi Regis exemplar. Eum non modò fanctitatis
gloriâ, quod nemo nefcit, fed laude etiam
militari, fortitudine, conftantiâ, æquitate,
magnificentiâ, civili prudentiâ præftitiffe,
retectis geftorum confiliorumque fontibus,
demonftramus. Hinc gloriam Francicæ
Domûs, atque id Auguftiffimæ Familiæ
fummo decori extitiffe : quòd, quo auctore
prognata fit, eo, exemplo morum, regia-
rumque artium magiftro, ac certiffimo apud
Deum deprecatore uteretur.

VI.
Regis
exem-
plum.

Secundùm eum, res LUDOVICI MAGNI,
vivamque eam quam oculis intuemur hiftoriam : rempublicam optimis legibus confti-
tutam : ærarii rationes ordinatas : revelata
fraudium latibula : militarem difciplinam
pari prudentiâ, atque autoritate firmatam :
annonæ comparandæ, obfidendarum ur-
bium, regendorum exercituum, novas ar-
tes : invictos ducum ac militum animos ;
hec tantùm impetum, fed robur atque conftantiam, gentique infixum, fub tanto Rege omnia pervincenda : Regem ipfum magni
inftar exercitûs : hinc confiliorum vim, &
cohærentiam, atque occulta molimina, non
nifi ftupendis rerum eventibus eruptura :
elufos hoftes ac territos : focios fummâ fide conftantiâque defenfos : partâ jam tutâ-
que victoriâ, æquis conditionibus datam
pacem : denique, incredibile ftudium tuen-

dæ atque amplificandæ Religionis , & Parentis Maximi ad optima quæque capessenda conatus , Obsequentissimo Filio commendamus.

Philosophica ità distribuimus, ut quæ fixa essent , vitæque humanæ utilia , seriò certisque rationibus firmata traderemus , quæ opinionibus dissentionibusque jactata, historicè referremus : æquum ac benevolum utrique parti Principem præstituri , ac formaturi regendis rebus , natum , non ad litigandum , sed ad judicandum.

Cùm autem intelligeremus , eo philosophiam maximè contineri ; ut animum primùm ad sese revocatum, hinc quasi firmato gradu , ad Deum erigeret ; ab eo initio exorsi sumus. Eam enim veram esse philosophiam , maximèque parabilem , quâ scilicet homo ipse , non lectione librorum , ac philosophorum placitis operosè collectis, aut experimentis longè conquisitis, sed ipsâ sui experientiâ nixus , ad auctorem suum se deindè converteret. Hujus pulcherrimæ utilissimæque philosophiæ jam indè à primis annis semina jecimus ; omnique industria enisi sumus, uti puer quàm maximè animum à corpore secerneret , hoc est eam partem quæ imperaret, ab eâ quæ serviret : tùm , sub mentis corpori imperantis imagine , Deum orbi universo , ipsique adeò menti, imperantem agnosceret. Adultiore verò ætate , cùm tempus admoneret jam viâ ac ratione tradendam esse philosophiam, memores Dominici præcepti : *Attendite vobis*, Davidicæque sententiæ : *Mirabilis facta est scientia tua ex me* ; Tractatum institui-

VII.

Philosophia quo consilio tradita. Tractatus, ad cognitionem Dei, & sui.

Luc. XXI. 34.

Ps. 138. 6.

mus *De Cognitione Dei & fui* : quo ftructuram corporis, animique naturam, ex his maximè quæ in fe quifque experitur, exponimus : idque omninò agimus, ut cùm homo fibi fit præfentiffimus, tùm fibi in omnibus præfentiffimum contempletur Deum, fine quo illi nec motus, nec fpiritus, nec vita, nec ratio conftet; juxta illam fententiam maximè philofophicam Apoftoli Athenis, hoc eft in ipsâ philofophiæ arce *Act. xvii.* difputantis : *Non longè eft ab uno quoque* *27 28.* *noftrùm ; in ipfo enim vivimus, & move-* *Ibid. 25.* *mur, & fumus ; Et iterùm ; Cùm ipfe det* *omnibus vitam, & infpirationem & omnia.* Quæ cùm Apoftolus ut philofophiæ nota affumat ad ulteriora animos provecturus, nos illum à naturâ humanis ingeneratum mentibus divinitatis fenfum, ex ipsâ noftri cognitione eliciendum, excitandumque fufcepimus : certifque argumentis effecimus, ut qui fe belluis nihil præftare vellent, mortalium omnium vaniffimi pariter ac turpiffimi, nec non nequiffimi judicarentur.

VIII.
Logica :   Quid plura, hinc Dialecticam, Mora-
Rhetorica: lemque philofophiam adornavimus, exco-
Ethica. lendis animi, quas in nobis experiebamur, fublimioribus partibus, intelligendi nimirùm ac volendi facultate. Ac Dialecticam quidem, ex Platone & Ariftotele, non ad umbratilem verborum pugnam, fed ad judicium ratione formandum : eam maximè partem oratione complexi, quæ topica argumenta rebus gerendis apta componeret, eaque per fefe invalida, alia aliis nectendo firmaret. Quo demùm ex fonte Rhetoriçam exfurgere juffimus, quæ nudis argu-

mentis , quasi ossibus nervisque, à Dialec-
tica compactis , & carnem & spiritum &
motum inderet : eamque adeò non stridu-
lam & canoram, non timidam & evanidam,
sed sanam vigentemque fecimus ; neque
fuco depinximus , sed verum colorem ni-
toremque dedimus , ex ipsâ veritate efflo-
rescentem. Eò sane selecta Aristotelis, Ci-
ceronis , Quintiliani, aliorumque præcepta contulimus ; sed exemplis magis quàm
præceptis egimus : solebamusque orationes
quæ maximè afficerent, percellerentque
animum , sublatis figuris , ornamentisque
verborum , quasi detractâ cute , ad illam,
quam modo diximus , ossium nervorum-
que compagem , hoc est ad simplicia nu-
daque argumenta redigere ; ut quid Logica
præstaret , quid Rhetorica adderet , quasi
oculis cerneretur.

Moralem verò doctrinam non alio ex
fonte quàm ex scripturâ, Christianæque religionis decretis , repetendam ostendimus :
neque committendum , ut qui pleno flumine irrigari possit , turbidos rivulos con-
sectetur. Neque eò secius Aristotelis mo-
ralia persecuti sumus , quibus adjunximus
Socratica illa mira & pro tempore sublimia
dogmata , quæ & fidem ab incredulis , &
ab obduratis ruborem exprimerent. Interim
docebamus , quid in horum decretis Chris-
tiana Philosophia reprehenderit , quid addi-
derit ; probata verò , quâ auctoritate fir-
marit , quâ doctrinâ illustravit , ut philo-
sophicam gravitatem tantæ sapientiæ com-
paratam , meram esse infantiam confiteri
oporteret.

IX.
Principia juris civilis.

Neque abs re duximus, ex Romanis legibus aliquid deliberare : quid jus ipsum & quotuplex, quæ conditio personarum, quæ rerum divisiones, quæ ratio contractuum, quæ testamentorum hæreditarumque ; magistratuum quoque potestatem, judiciorumque auctoritatem : alia ejusmodi quibus vitæ civilis principia continentur.

X.
Alia Philosophiæ partes.

Metaphysicam sanè quæ in antedictis maximè versatur, commemorare non vacat. Physica bene multa in explicando corpore humano tradidimus : cætera ex nostro instituto historicè potius quàm dogmaticè, Aristotelis placitis minimè prætermissis. Experimenta verò rerum naturalium sic exhibere fecimus, ut in his Princeps ludo suavissimo atque utilissimo, humanæ mentis industriam, præclaraque artium inventa, quibus naturam & retegerent, & ornarent, interdùm adjuvarent ; ipsam denique naturæ artem, imò summi opificis & patentissimam, & occultissimam providentiam miraretur.

XI.
Mathematicæ disciplinæ.

Mathematicas disciplinas argumentandi magistras, ab optimo doctore accepit ; nec tantùm, ut fit, munire & oppugnare urbes, metari castra ; ipse industriâ manu munimenta describere, aciem instruere, circumducere ; sed etiam machinarum construendarum artem, liquidorum, solidorumque librationes, varia mundi systemata, atque Euclidis elementa, primos certè libros, tam prompto animo hausit, ut spectantibus miraculo esset. Hæc quidem omnia, suo ordine locoque sensim instillata : ac præcipua cura fuit, uti adtemperatè omnia præberen-

tur, quo faciliùs incoquerentur, & coa-
lefcerent.

Nunc propè jam confecto curfu, tria
in primis præftanda fufcepimus.

Hiftoriam univerfam, antiquam, novam-
que : illam ab origine mundi ad Carolum
Magnum, atque everfum antiquum Ro-
manum Imperium; hanc, ab condito novo
per Francos Imperio, ordinatam : jamque
antè perlectam ità revolvimus, ut & per-
petuam religionis feriem, & imperiorum
vices, earumque caufas ex alto repetitas,
liquidò demonftremus. Et quidem religio-
nem, Utriufque Teftamenti confertis inter fe coaptatifque myfteriis femper immo-
ram, ipfo ævo creviffe, ac nova antiquis
fuperftructa vim roburque addidiffe : quo
pondere victas proftratafque hærefes, ipfam
veritatem ejufque propugnatricem ac magiftram Ecclefiam, Petrâ fcilicet nixam,
firmo gradu conftitiffe : imperia verò ipfo
ævo fatifcentia, ac velut mutuis confecta
cædibus, alterum in alterum corruiffe. Il-
lius ergo firmitudinis, harum ruinarum caufas aperimus. Ægyptiorum, atque Affy-
riorum, Perfarum, pofteà Græcorum, Ro-
manorum, fequentis deinde ævi, nec lon-
go tamen fermone, inftituta perfequimur :
quid una quæque gens, & fatale aliis, fibi-
que ipfi peftiferum aluerit, quæque fecutu-
ris documenta præbuerit. Sic rerum humanarum, univerfæque hiftoriæ duplicem fruc-
tum capimus : primùm, ut religioni, ipsâ
perennitate, fua autoritas ac fanctitas conftet : tùm, ut imperiis fpontè lapfuris, ex
prifcis exemplis fulcimenta quæramus : fic

fanè, ut cogitemus ipfis fulcimentis inna-
tam, rebus humanis hærere mortalitatem,
fpemque ad cœleftia transferendam.

XIII.

Secundum
opus.Infti-
tuta Poli-
tica, ex
Scripturâ
depromptâ.

Alterum opus noftrum, inftituta politi-
ca, civilemque prudentiam, ipfofque juris
fontes, ex Sacræ Scripturæ decretis & exemplis referat : neque tantùm, quâ pietate co-
lendus Regibus, ac placandus Deus ; quâ
follicitudine ac reverentiâ tutanda Ecclefiæ
fides, fervanda jura, paftores defignandi,
verùm etiam undè ipfa civilitas, quibufque
initiis cœtus humani coaluerint, quâ arte
tractandi animi, ineunda confilia, bella
adminiftranda, componenda pax, fancien-
dæ leges, vindicanda autoritas, conftituen-
da refpublica. Planumque omninò fit, fcrip-
turas divinas aliis omnibus libris qui vitam
civilem inftituunt, quantùm autoritate, tantùm prudentiâ, ac rerum gerendarum ra-

XIV.

Tertium
opus. Re-
gni Galli-
cani, cate-
rorumque
Regnorum,
ac totius
Europæ
ftatus.

tione præftare.

Tertium opus noftrum, Regni Gallica-
ni pecularia inftituta complectitur : quæ
cum aliis imperiis compofita & collata, uni-
verfæ reipublicæ chriftianæ, totiufque adeò
Europæ defignant ftatum.

His demùm perfectis, quo ad tempus &
induftria noftra tulerit, repofcenti Regi
amantiffimum Filium, ejus juffu ductuque,
bonis omnibus artibus exornatum, atque
perpolitum reddere parati fumus : meliore
magiftro, ipfo fcilicet Rege, ipfoque rerum ufu, ad majora ftudia promovendum.

Nos quidem hæc, BEATISSIME
PATER, pro noftri officii ratione, fummâ fide ac diligentiâ fecimus, plantavimus,
rigavimus, det incrementum Deus ? Sanè,

ex quo Ille Te, cujus vices geris, impulit, ut tot inter, unus noſtris laboribus paternum animum adhiberes ; Tuæ quoque Sanctitatis nomine ad optima quæque Principem adhortamur : idque perſpeximus, maximo ad virtutem incitamento fuiſſe. Beatos verò nos, qui tantâ in re tantum Pontificem, Leonem alterum, alterum Gregorium, imò Petrum, adjutorem habeamus.

BEATISSIME PATER,

Vestræ Sanctitatis.

In Palatio San-Germano. 8. Martis 1679.

Devotiſſimus & obedientiſſimus Filius.

Sic ſignatum

† J. BENIGNUS, Epiſcopus Condomenſis.

Et hac erat inſcriptio.

Sanctiſſimo Domino, Domino noſtro Innocentio Papæ XI.

INNOCENTIUS P. P. XI.

Enerabilis Frater, Salutem, & Apoftolicam Benedictionem. Rationem, ac methodum, quâ præclaram Delphini indolem optimis artibus, ab ineunte ætate, imbuendam fufcepit Fraternitas Tua, & feliciter adolefcentem in præfens imbuit; eleganter copiosèque defcriptam in tuis litteris, dignam judicavimus, cui perlegendæ tempus aliquod graviffimis Chriftianæ Reipublicæ curis fubtraheremus. Et quidem jacta à te quafi in fertili folo, femina virtutum in ejus Principi animo, quem maximi, & clariffimi imperii hæredem olim futurum jam fufpicit, & fub incliti Parentis difciplinâ defenforem, propagatoremque fidei expectat Ecclefia univerfa, uberem publicæ felicitatis, ac lætitiæ meffem pollicentur. Inter plurima autem liberalis doctrinæ, & veræ fapientiæ monita, quibus Regiam Delphini mentem informas; illa in primis laudanda, ac fæpiùs inculcanda videntur, quæ regni rectè adminiftrandi regulas, & utilitatem populorum, cum regis ipfius rationibus, ac laude conjunctam refpiciunt : quem induftriæ, ac pietati tuæ fcopum propofitum à te fuiffe non dubita-

mus. Intelliget profectò suo tempore, &
magno sanè cum fructu Reipublicæ, gra-
tâque haustæ à te disciplinæ recordatione
Delphinus, non tam pulchrum, & præ-
clarum esse Regiâ edi sorte, quàm uti sa-
pienter : nihil Regiâ dignitate, ac magni-
tudine digniùs ; quàm traditam à Deo am-
plissimam potestatem non ad explendas cu-
piditates suas, & ad inanis gloriæ ambitum,
sed in præsidium, ac patrocinium generis
humani unicè conferre : nihil cogitare, nul-
lum opus aggredi quod vel ab æquitatis, &
justitiæ semitâ deflectat, vel ad divini ho-
noris incrementum non dirigatur ; animo
identidem reputando, bona omnia quibus
in præsenti vitâ fruimur, à Deo profecta in
Deum ipsum refundi debere, ad cujus nu-
tum oriuntur, & occidunt invictissima, ac
florentissima quæque Imperia. Porrò ad
Apostolicam Sedem colendam, & omnibus filialis observantiæ officiis prosequen-
dam, magno illi incitamento semper fore
confidimus, tum Religiosissimorum Gal-
liæ Regum majorum suorum exempla, undè perennes in istud Regnum fluxere cœ-
lestis beneficentiæ thesauri : tum mutuam,
ac planè maternam ejusdem Sedis in ipso
amplectendo charitatem. Nos interim Dei
benignitati debitas habemus gratias, quod
tantæ spei Adolescenti par Educator, In-
stitutorque contigerit : & accuratas fundi-
mus preces, ut Anima bona, quam Delphinus fortitus est, multò etiam institutio-
ne, curâque tuâ melior fiat ; & pariter eru-
diantur omnes, qui judicant terram. Tibi-
que, Venerabilis Frater, Apostolicam be-

nedictionem , indicem amoris ergà te nostri , animique præclarè de tuâ virtute exis-
timantis , peramanter impertimur. Datum
Romæ apud S. Petrum sub annulo Pisca-
toris. Die xix. Aprilis. m. d. c. lxxix.
Pontificatus   nostri   anni   tertii.

Sic signatum , MARIUS SPINULA.

Et hæc erat inscriptio.   Venerabili Fratri
Episcopo Con-
domensi.

DE L'INSTRUCTION

DE MONSEIGNEUR

LE DAUPHIN,

AU

PAPE INNOCENT XI.

NOUS avons souvent oüi dire au Roi, TRES-SAINT PE-RE, que MONSEIGNEUR LE DAUPHIN étant le seul Enfant qu'il eût, le seul appui d'une si auguste Famille, & la seule espe-rance d'un si grand Royaume, lui devoit être bien cher : mais qu'avec toute sa tendresse il ne lui souhaitoit la vie, que pour faire des actions dignes de ses ancêtres, & de la place qu'il devoit remplir ; & qu'enfin il aimeroit mieux ne l'avoir pas, que de le voir faineant & sans vertu.

C'est pourquoi dès que Dieu lui eût donné ce Prince, pour ne le pas abandonner à la molesse, où tombe comme necessairement un enfant qui n'entend parler que de jeux, & qu'on laisse trop longtems languir parmi les caresses des femmes, & les amusemens du premier âge; il résolut de le former de bonne-heure au travail, & à la vertu. Il voulût

D

que dès sa plus tendre jeuneſſe, & pour ainſi
dire dès le berceau, il apprît premierement
la crainte de Dieu, qui eſt l'appui de la vie
humaine, & qui aſſure aux Rois mêmes leur
puiſſance & leur majeſté : & enſuite toutes
les ſciences convenables à un ſi grand Prince,
c'eſt-à-dire celles qui peuvent ſervir au gouvernement, & à maintenir un Royaume ; &
même celles qui peuvent de quelque maniere
que ce ſoit perfectionner l'eſprit, donner de la
politeſſe, attirer à un Prince l'eſtime des hommes ſçavans : en ſorte que Monſeigneur le
Dauphin pût ſervir d'exemple pour les mœurs,
de modele à la jeuneſſe, de protecteur aux
gens d'eſprit : & en un mot, ſe montrer digne Fils d'un ſi grand Roi.

I.
La Regle
ſur les étu-
des, don-
née par le
Roi.

La loi qu'il impoſa aux études de ce Prince, fut de ne lui laiſſer paſſer aucun jour
ſans étudier. Il jugea qu'il y a bien de la
difference entre demeurer tout le jour ſans
travailler, & prendre quelque divertiſſement
pour relacher l'eſprit. Il faut qu'un enfant
joüe, & qu'il ſe réjoüiſſe, cela l'excite : mais
il ne faut pas l'abandonner de ſorte au jeu
& au plaiſir, qu'on ne le rappelle chaque
jour à des choſes plus ſerieuſes, dont l'étude
ſeroit languiſſante, ſi elle étoit trop interrom-
puë. Comme toute la vie des Princes eſt oc-
cupée, & qu'aucun de leurs jours n'eſt exempt
de grands ſoins, il eſt bon de les exercer dès
l'enfance à ce qu'il y a de plus ſerieux, &
de les y faire appliquer chaque jour pendant
quelques heures : afin que leur eſprit ſoit
déja rompu au travail, & tout accoûtumé
aux choſes graves, lorſqu'on les met dans les
affaires. Cela même fait une partie de cette

douceur, qui sert tant à former les jeunes esprits : car la force de la coûtume est douce, & l'on n'a plus besoin d'être averti de son devoir, depuis qu'elle commence à nous en avertir d'elle-même.

Ces raisons porterent le Roi à destiner chaque jour certaines heures à l'étude, qu'il crût pourtant devoir être entremêlées de choses divertissantes : afin de tenir l'esprit de ce Prince dans une agréable disposition, & de ne lui point faire paroître l'étude sous un visage hideux & triste qui le rebutât. En quoi certes il ne s'est pas trompé : car en suivant cette méthode, il est arrivé que le Prince averti par la seule coûtume, rétournoit gayement & comme en se joüant à ses exercices ordinaires, qui ne lui étoient en effet qu'un nouveau divertissement, pour peu qu'il y voulût appliquer son esprit.

Mais le principal de cette institution fut sans doute d'avoir donné pour gouverneur à ce jeune Prince M. le Duc de Montausier, illustre dans la guerre & dans les lettres, mais plus illustre encore par sa pieté ; & tel, en un mot, qu'il sembloit né pour élever le fils d'un Heros. Depuis ce tems, le Prince a toûjours été sous ses yeux, & comme dans ses mains : il n'a cessé de travailler à le former, toûjours veillant à l'entour de lui, pour éloigner ceux qui eussent pû corrompre son innocence, ou par de mauvais exemples, ou même par des discours licentieux. Il l'exhortoit sans relache à toutes les vertus, principalement à la pieté : il lui en donnoit en lui-même un parfait modéle, pressant & poursuivant son Ouvrage avec une attention &

une conſtance invincible : & en un mot , il
n'oublioit rien de ce qui pouvoit ſervir à donner au Prince toute la force de corps & d'eſprit dont il a beſoin. Nous tenons à gloire
d'avoir toûjours été parfaitement d'accord
avec un homme ſi excellent en toute choſe ,
que même en ce qui regarde les lettres, il nous
a non-ſeulement aidez à executer nos deſſeins,
mais il nous en a inſpiré que nous avons ſui-
vis avec ſuccès.

II.
La Reli-
gion.

L'étude de chaque jour commençoit ſoir
& matin par les choſes ſaintes : & le Prince demeuroit découvert pendant que duroit
cette leçon , les écoutoit avec beaucoup de
reſpect.

Lorſque nous expliquions le Catechiſme
qu'il ſçavoit par cœur , nous l'avertiſſions
ſouvent qu'outre les obligations communes de
la vie Chrétienne , il y en avoit de particulieres pour chaque profeſſion, & que les Princes , comme les autres , avoient de certains
devoirs propres , auxquels ils ne pouvoient
manquer ſans commettre de grandes fautes.
Nous nous contentions alors de lui en montrer les plus eſſentiels ſelon ſa portée, & nous
reſervions à un âge plus meur , ce qui nous
ſembloit ou trop profond, ou trop difficile
pour un Enfant.

Mais dès lors à force de repeter nous fîmes
que ces trois mots, Pieté, Bonté, Juſtice,
demeurerent dans ſa memoire avec toute la
liaiſon qui eſt entre-eux. Et pour lui faire
voir que toute la vie Chrêtienne , & tous
les devoirs des Rois étoient contenus dans ces
trois mots : nous diſions, que celui qui étoit
pieux envers Dieu , étoit bon auſſi envers

les hommes, que Dieu a créez à son image, & qu'il regarde comme ses enfans : ensuite nous remarquions, que qui vouloit du bien à tout le monde, rendoit à chacun ce qui lui appartenoit, empêchoit les méchans d'opprimer les gens de bien, punissoit les mauvaises actions, reprimoit les violences, pour entretenir la tranquilité publique. D'où nous tirions cette consequence qu'un bon Prince étoit pieux, bienfaisant envers tous par son inclination, & jamais fâcheux à personne, s'il n'y étoit contraint par le crime & par la rebellion. C'est à ces principes que nous avons raporté tous les préceptes, que nous lui avons donné depuis plus amplement : il a vû que tout venoit de cette source, que tout aboutissoit là, & que ses études n'avoient point d'autre objet, que de le rendre capable de s'acquitter aisément de tous ces devoirs.

Il sçavoit dès lors toutes les Histoires de l'Ancien & du Nouveau Testament : il les récitoit souvent : Nous lui faisions remarquer les graces que Dieu avoit faites aux Princes pieux, & combien ses jugemens avoient été terribles contre les impies, ou contre ceux qui avoient été rebelles à ses ordres.

Etant un peu plus avancé en âge, il a leu l'Evangile, les Actes des Apôtres, & les commencemens de l'Eglise. Il y aprenoit à aimer JESUS-CHRIST ; à l'embrasser dans son enfance ; à croître, pour ainsi dire, avec lui, en obéissant à ses parens, en se rendant agréable à Dieu & aux hommes, & en donnant chaque jour de nouveaux témoignages de sagesse. Après il écoutoit ses prédications, il étoit ravi de ses miracles, il admiroit la

bonté, qui le portoit à faire du bien à tout
le monde ; il ne le quittoit pas mourant, afin
d'obtenir la grace de le suivre reſſuſcitant, &
montant aux Cieux. Dans les Actes il aprenoit à aimer & à honorer l'Egliſe, humble,
patiente, que le monde n'a jamais laiſſé en
repos, éprouvée par les ſupplices, toûjours
victorieuſe. Il voyoit les Apôtres la gouver-
nant ſelon les ordres de JESUS-CHRIST ; &
la formant par leurs exemples plus encore que
par leur parole : S. Pierre y exerçant l'autorité principale, & y tenant par tout la
premiere place : les Chrétiens ſoûmis aux decrets des Apôtres, ſans ſe mettre en peine de
rien, dès qu'ils étoient rendus. Enfin nous
lui faiſions remarquer tout ce qui peut établir
la Foi, exciter l'Eſperance, & enflamer la
Charité. La lecture de l'Evangile nous ſervoit auſſi à lui inſpirer une devotion particuliere pour la Sainte Vierge, qu'il voyoit s'intereſſer pour les hommes, les recommander
à ſon Fils comme leur Avocate ; & leur montrer en même-tems, que ce n'eſt qu'en obéiſſant à JESUS-CHRIST, qu'on en peut obtenir des graces. Nous l'exhortions à penſer
ſouvent à la merveilleuſe récompenſe qu'elle
eut de ſa chaſteté & de ſon humilité, par le
gage precieux qu'elle reçût du Ciel, quand
elle devint Mere de Dieu, & qu'il ſe fit une
ſi ſainte alliance entre Elle & le Pere Eter-
nel. Nous lui faiſions obſerver en cet endroit,
combien les Myſtéres de la Religion étoient
purs, que JESUS-CHRIST devoit être Vierge,
qu'il ne pouvoit être donné qu'à une Vierge
de devenir ſa Mere : & qu'il s'enſuivoit de
là que la chaſteté devoit être le fondement de

la devotion envers Marie ; puisqu'elle devoit à cette vertu toute sa grandeur , & même toute sa fecondité.

Que si en lisant l'Evangile il paroissoit songer à autre chose , ou n'avoir pas toute l'attention & le respect que merite cette lecture , nous lui ôtions aussi-tôt le livre , pour lui marquer qu'il ne le falloit lire qu'avec reverence. Le Prince qui regardoit comme un châtiment d'être privé de cette lecture, aprenoit à lire saintement le peu qu'il lisoit , & à y penser beaucoup. Nous lui expliquions clairement & simplement les passages. Nous lui marquions les endroits qui servent à convaincre les heretiques , & ceux qu'ils ont malicieusement détournés de leur veritable sens. Nous l'avertissions souvent qu'il y avoit bien des choses en ce Livre qui passoient son âge , & beaucoup qui passoient l'esprit humain : qu'elles y étoient pour abatre l'orgueil des hommes & pour exercer leur foi : qu'il n'étoit pas permis en chose si haute de croire à son sens : mais qu'il falloit tout expliquer selon la tradition ancienne , & les decrets de l'Eglise : que tous les novateurs se perdoient infailliblement, & que tous ceux qui s'écartoient de cette regle , n'avoient qu'une pieté fausse , & pleine de fard.

Après avoir lû plusieurs fois l'Evangile , nous avons lû les Histoires du Vieux Testament , & principalement celle des Rois : où nous remarquions , que c'est sur les Rois que Dieu exerce ses plus terribles vengeances ; que plus le faiste des honneurs, où Dieu même les éleve en leur donnant la souveraine puissance est haut , plus leur sujettion devient grande

à leur égard ; & qu'il se plaît à les faire servir d'exemple , du peu que peuvent les hommes, quand le secours d'en-haut leur manque.

Quant aux Epîtres des Apôtres , nous en
avons choisi les endroits qui servent à former
les mœurs Chrétiennes. Nous lui avons aussi
fait voir dans les Prophetes , avec quelle autorité , & quelle majesté , Dieu parle aux
Rois superbes : comment d'un soufle il dissipe
les armées , renverse les empires , & reduit
les vainqueurs au sort des vaincus , en les
faisant perir comme eux. Lorsque nous trouvions dans l'Evangile les Propheties qui regardent JESUS-CHRIST , nous prenions soin
de montrer au Prince dans les Prophetes mêmes , les lieux d'où elles étoient tirées. Il admiroit ce rapport de l'Ancien & du nouveau
Testament : l'accomplissement de ces Propheties nous servoit de preuve certaine pour établir ce qui regarde le siécle à venir. Nous
montrions que Dieu toûjours véritable , qui
avoit accompli à nos yeux tant de grandes
choses prédites de si loin , n'accompliroit pas
moins fidelement tout ce qu'il nous faisoit encore attendre : de sorte qu'il n'y avoit rien
de plus assuré , que les biens qu'il nous pro-
mettoit , & les maux dont il nous menaçoit
après cette vie. A cette lecture nous avons
souvent mêlé les vies des Saints , les Actes
les plus illustres des Martirs & l'Histoire
Religieuse ; afin de divertir le Prince en
l'instruisant. Voilà ce qui regarde la Religion.

III.
La Gram-
maire : les
Auteurs
Latins, &
Nous ne nous arréterons pas à parler de
l'étude de la Grammaire. Nôtre principal
soin a été de lui faire connoître premierement
la proprieté , & ensuite l'élegance de la lan-

que Latine , & de la Françoise. Pour adou- laGeogra-
cir l'ennui de cette étude, nous lui en faisions phie,
voir l'utilité ; & autant que son âge le permettoit, nous joignions à l'étude des mots la
connoissance des choses.

Par ce moyen il est arrivé, que tout jeune
il entendoit fort aisément les meilleurs Auteurs latins : il en cherchoit même les sens les
plus cachez , & à peine y hesitoit-il , dès
qu'il y vouloit un peu penser. Il apprenoit par
cœur les plus agreables, & les plus utiles endroits de ces Auteurs, & sur tout les Poëtes :
il les recitoit souvent , & dans les occasions
il les appliquoit à propos aux sujets qui se
presentoient.

En lisant ces Auteurs nous ne nous sommes jamais écartez de nôtre principal dessein,
qui étoit de faire servir toutes ses études à
lui acquerir tout ensemble , la pieté , la connoissance des mœurs , & celle de la politique.
Nous lui faisions connoître par les mysteres
abominables des Gentils , & par les fables de
leur Theologie, les profondes tenebres où les
hommes demeuroient plongez , en suivant
leurs propres lumieres. Il voyoit que les Nations les plus polies & les plus habiles en tout
ce qui regarde la vie civile, comme les Egyptiens , les Grecs, & les Romains , étoient
dans une si profonde ignorance des choses divines , qu'ils adoroient les plus monstrueuses
creatures de la nature : & qu'elles ne se sont
retirées de cette abîme, que depuis que JESUS-
CHRIST a commencé de les conduire. D'où
il lui étoit aisé de conclure , que la veritable
Religion étoit un don de la grace. Nous lui
faisions aussi remarquer que les Gentils bien

qu'ils se trompassent dans la leur , avoient néanmoins un profond respect pour les choses qu'ils estimoient sacrées : persuadez qu'ils étoient que la Religion étoit le soûtien des Etats. Les exemples de moderation & de justice que nous trouvions dans leurs Histoires, nous servoient à confondre tout Chrétien, qui n'auroit pas le courage de pratiquer la vertu, après que Dieu même nous l'a apprise. Au reste nous faisions le plus souvent ces observations, non comme des leçons, mais comme des entretiens familiers ; & cela les faisoit entrer plus agréablement dans son esprit : de sorte qu'il faisoit souvent lui-même de semblables réflexions. Et je me souviens qu'ayant un jour loüé Alexandre d'avoir entrepris avec tant de courage la défense de toute la Grece contre les Perses ; le Prince ne manqua pas de remarquer , qu'il seroit bien plus glorieux à un Prince Chrétien de repousser & d'abatre l'ennemi commun de la Chrétienté , qui la menace & la presse de toutes parts.

Nous n'avons pas jugé à propos de lui faire lire les ouvrages des Auteurs par parcelles ; c'est-à-dire , de prendre un livre de l'Eneide par exemple, ou de Cesar, separé des autres. Nous lui avons fait lire chaque Ouvrage entier, de suite, & comme tout d'une haleine ; afin qu'il s'accoûtumât peu à peu, non à considerer chaque chose en particulier , mais à découvrir tout d'une veuë le but principal d'un Ouvrage, & l'enchaînement de toutes ses parties : étant certain que chaque endroit ne s'entend pas clairement, & ne paroît avec toute sa beauté , qu'à celui qui a regardé tout l'Ouvrage comme on regarde un édifi-

ce, *&* *en a pris tout le deſſein &* *toute l'idée.*

Entre les Poëtes, ceux qui ont plû davantage à Monſeigneur LE DAUPHIN, ſont Virgile *&* Terence ; *&* entre les Hiſtoriens, ç'a été Saluſte *&* Ceſar. Il admiroit le dernier comme un excellent maître pour faire de grandes choſes, *&* pour les écrire. Il le regardoit comme un homme de qui il falloit aprendre à faire la guerre. *Nous ſuivions ce grand Capitaine dans toutes ſes marches, nous lui voyons faire ſes campemens, mettre ſes Troupes en bataille, former *&* executer ſes deſſeins, loüer *&* châtier à propos les Soldats, les exercer au travail, leur élever le cœur par l'eſperance, les tenir toûjours en haleine, conduire une puiſſante armée ſans endommager le pays, retenir dans le devoir ſes Troupes par la diſcipline, *&* ſes Alliez par la foi *&* la protection ; changer ſa maniere ſelon les lieux où il faiſoit la guerre, *&* ſelon les ennemis qu'il avoit en tête, aller quelquefois lentement, mais uſer le plus ſouvent d'une ſi grande diligence, que l'ennemi ſurpris *&* ſerré de près, n'ait ni le tems de déliberer, ni celui de fuir ; pardonner aux vaincus, abattre les rebelles, gouverner avec adreſſe les peuples ſubjuguez, *&* leur faire ainſi trouver ſa victoire douce pour la mieux aſſurer.

On ne peut dire combien il s'eſt diverti agréablement *&* utilement dans Terence, *&* combien de vives images de la vie humaine lui ont paſſé devant les yeux en le liſant. Il a veu les trompeuſes amorces de la volupté *&* des femmes ; les aveugles emportemens *d'une jeuneſſe, que la flaterie & les intrigues d'un valet ont engagé dans un pas difficile & gliſſant ; qui ne ſçait que devenir, que l'amour tourmente, qui ne ſort de peine que par un eſpece de miracle, & qui ne trouve le repos qu'en retournant à ſon devoir. Là le Prince remarquoit les mœurs & le caractere de chaque âge, & de chaque paſſion exprimé par cet admirable ouvrier, avec tous les traits convenables à chaque perſonnage, des ſentimens naturels & enfin avec cette grace & cette bienſéance que demandent ces ſortes d'Ouvrages. Nous ne pardonnions pourtant rien à ce Poëte ſi divertiſſant, & nous reprenions les endroits où il a écrit trop licentieuſement. Mais en même tems nous nous étonnions, que pluſieurs de nos Auteurs euſſent écrit pour le theatre avec beaucoup moins de retenuë ; & condamnions une façon d'écrire ſi deshonnête, comme pernicieuſe aux bonnes mœurs.*

Il faudroit faire un gros Volume pour rapporter toutes les remarques que nous avons faites ſur chaque Auteur, & principalement ſur Ciceron, que nous avons admiré dans ſes diſcours de Philoſophie, dans ſes Oraiſons, & même lorſqu'il railloit librement & agréablement avec ſes amis.

Parmi tout cela, nous voyons la Geographie en joüant & comme en faiſant voyage : tantôt raſant les côtes de la mer, & allant terre à terre ; puis tout d'un coup ſinglant en haute mer, nous traverſions dans les terres, nous voyons les ports & les villes, non en les courant comme feroient des voyageurs ſans curioſité, mais examinant tout, rocher-

thant les mœurs, sur tout celles de la France,
& nous arrêtant dans les plus fameuses villes
pour connoître les humeurs opposées de tant
de divers peuples qui composent cette Nation
belliqueuse & remuante : ce qui joint à la
vaste étenduë d'un Royaume si peuplé, faisoit voir qu'il ne pouvoit être conduit qu'avec
une profonde sagesse.

Enfin nous lui avons enseigné l'Histoire.
Et comme c'est la maîtresse de la vie humaine & de la politique, nous l'avons fait avec
une grande exactitude ; mais nous avons
principalement eu soin de lui aprendre celle
de la France, qui est la sienne. Nous ne lui
avons pas néanmoins donné la peine de feüilleter les livres ; & à la reserve de quelques
Auteurs de la Nation, comme Philippes de
Commines & du Bellay, dont nous lui avons
fait lire les plus beaux endroits : nous avons
été nous-mêmes dans les sources, & nous
avons tiré des Auteurs les plus approuvez, ce
qui pouvoit le plus servir à lui faire comprendre la suite des affaires. Nous en reci-
tions de vive voix autant qu'il en pouvoit facilement retenir : nous le lui faisions repeter ;
il l'écrivoit en François, & puis il le mettoit
en Latin : cela lui servoit de théme, & nous
corrigions aussi soigneusement son François
que son Latin. Le samedi il relisoit tout d'u-
ne suite ce qu'il avoit composé durant la se-
maine ; & l'Ouvrage croissant, nous l'avons
divisé par Livres, que nous lui faisions re-
lire très-souvent.

L'assiduité avec laquelle il a continué ce
travail l'a mené jusqu'aux derniers Regnes ;
si bien que nous avons presque toute nôtre

IV.
L'Histoi-
re Celle
de France
composée
par Mon-
seigneur le
Dauphin,
en Latin
&enFran-
çois.

Histoire en Latin & en François du stile & de la main de ce Prince. Depuis quelque tems, comme nous avons vû, qu'il sçavoit assez de Latin, nous l'avons fait cesser d'écrire l'Histoire en cette langue. Nous la continuons en François avec le même soin ; & nous l'avons disposée de sorte qu'elle s'étendit à proportion que l'esprit du Prince s'ouvroit, & que nous voyons son jugement se former ; en récitant fort en abregé ce qui regarde les premiers tems, & beaucoup plus exactement ce qui s'aproche des nôtres. Nous ne descendons pas néanmoins dans un trop grand détail des petites choses, & nous ne nous amusons pas à rechercher celles qui ne sont que de curiosité : mais nous remarquons les mœurs de la Nation bonnes & mauvaises : les coûtumes anciennes : les loix fondamentales : les grands changemens & leurs causes : le secret des conseils : les évenemens inesperez, pour y accoûtumer l'esprit & le préparer à tout : les fautes des Rois & les calamitez qui les ont suivies : la foi qu'ils ont conservée pendant ce grand espace de tems qui s'est passé depuis Clovis jusqu'à nous : cette constance à défendre la Religion Catholique, & tout ensemble le profond respect qu'ils ont toûjours eu pour le Saint Siege, dont ils ont tenu à gloire d'être les enfans les plus soûmis. Que ç'a été cet attachement inviolable à la Religion & à l'Eglise, qui a fait subsister le Royaume depuis tant de siécles ; ce qu'il nous étoit aisé de faire voir par les épouventables mouvemens que l'Héresie a causé dans tout le corps de l'Etat, en affoiblissant la puissance & la Majesté Royale, & en reduisant

presque à la derniere extremité un Royaume
si florissant : sans qu'il ait pû reprendre sa
premiere force, qu'en abatant l'Héresie.

Mais afin que le Prince aprît de l'Histoire la maniere de conduire les affaires ; nous
avons coûtume dans les endroits où elles paroissent en peril, d'en exposer l'état, & d'en
examiner toutes les circonstances, pour de-
liberer, comme on feroit dans un Conseil,
de ce qu'il y auroit à faire en ces occasions :
nous lui demandons son avis ; & quand il
s'est expliqué, nous poursuivons le recit pour
lui aprendre les évenemens. Nous marquons
les fautes, nous loüons ce qui a été bien-fait:
& conduit par l'experience, nous établissons
la maniere de former les desseins, & de les
executer.

Au reste, si nous prenons de toute l'histoire
de nos Rois des exemples pour la vie & pour
les mœurs ; nous ne proposons que le seul
Saint Loüis, comme le modéle d'un Roi parfait. Personne ne lui conteste la gloire de la
sainteté : mais après l'avoir fait paroître vaillant, ferme, juste, magnifique, grand dans
la paix & dans la guerre ; nous montrons en
découvrant les motifs de ses actions & de ses
desseins, qu'il a été très-habile dans le gouvernement des affaires. C'est de lui que nous
tirons la plus grande gloire de l'Auguste Maison de France : dont le principal honneur est
de trouver tout ensemble dans celui à qui elle
doit son origine, un parfait modéle pour les
mœurs, un excellent maître pour leur aprendre à regner, & un intercesseur assuré auprès de Dieu.

Après Saint Loüis, nous lui proposons les

V.
S. Loüis
modele
d'un Roi
parfait.

VI.
L'Exem.

ple du
Roi.

actions de Loüis le Grand, & cette Histoire vivante qui se passe à nos yeux : l'Etat affermi par de bonnes Loix, les Finances bien ordonnées, toutes les fraudes qu'on y faisoit découvertes, la discipline militaire établie avec autant de prudence que d'autorité : ces magazins, ces nouveaux moyens d'assieger les places & de conduire les armées en toute saison, le courage invincible des Chefs & des Soldats, l'impetuosité naturelle de la nation soûtenuë d'une fermeté & d'une constance extraordinaire ; cette ferme croiance qu'ont tous les François, que rien ne leur est impossible sous un si grand Roi : & enfin le Roi même qui vaut tout seul une grande armée : la force, la suite, le secret impenetrable de ses conseils, & ces ressorts cachez dont l'artifice ne se découvre que par les effets qui surprennent toûjours : les ennemis confus & dans l'épouvante ; les alliez fidélement défendus ; la paix donnée à l'Europe à des conditions équitables après une victoire assurée : enfin cet incroyable attachement à défendre la Religion, cette envie de l'accroître, & ces efforts continuels pour parvenir à tout ce qu'il y a de plus grand & de meilleur. Voilà ce que nous remarquons dans le Pere, & que nous recommandons au Fils d'imiter de tout son pouvoir.

VII.
La Philosophie.
Traité de
la connoissance
de Dieu,
& de soi-
même.

Pour les choses qui regardent la Philosophie, nous les avons distribuées de sorte que celles qui sont hors de doute, & utiles à la vie, lui puissent être montrées serieusement, & dans toute la certitude de leurs principes. Pour celles qui ne sont que d'opinion, & dont on dispute ; nous nous sommes contentez de

les

*les lui raporter historiquement, jugeant qu'il
étoit de sa dignité d'écouter les deux parties,
& d'en proteger également les défenseurs,
sans entrer dans leurs querelles ; parce que
celui qui est né pour le commandement, doit
aprendre à juger, & non à disputer.*

*Mais après avoir considéré, que la Phi-
losophie consiste principalement à rapeller l'esprit à soi-même, pour s'élever ensuite comme par un degré sûr jusqu'à Dieu ; nous
avons commencé par là, comme par la recherche la plus aisée, aussi-bien que la plus
solide & la plus utile qu'on se puisse proposer.
Car ici, pour devenir parfait Philosophe,
l'homme n'a besoin d'étudier autre chose que
lui-même, & sans feüilleter tant de livres,
sans faire de penibles recueils de ce qu'ont
dit les Philosophes, ni aller chercher bien
loin des experiences ; en remarquant seulement ce qu'il trouve en lui, il reconnoît par
là l'Auteur de son être. Aussi avions-nous
dès les premieres années jetté les semences
d'une si belle & si utile Philosophie : & nous
avions employé toute sorte de moyens pour
faire que le Prince sçût dès lors discerner
l'esprit d'avec le corps, c'est-à-dire, cette
partie qui commande en nous, de celle qui
obéit ; afin que l'Ame commandant au Corps,
lui representât Dieu commandant au monde
entier, & à l'Ame même. Mais lorsque le
voyant plus avancé en âge, nous avons crû
qu'il étoit tems de lui enseigner methodique-
ment la Philosophie : nous en avons formé le
plan sur le precepte de l'Evangile.* Conside- *Luc. 21.*
rez-vous attentivement vous-mêmes. *Et* 34.

E

Pf. 138.
6.

fur cette parole de David : O Seigneur, j'ai tiré de moi une merveilleufe connoiffance de ce que vous êtes. Appuyez fur ces deux paffages, nous avons fait un Traité de la connoiffance de Dieu, & de foi-même ; où nous expliquons la ftructure du corps, & la nature de l'efprit , par les chofes que chacun experimente en foi : & faifons voir qu'un homme qui fçait fe rendre prefent à lui-même, trouve Dieu plus prefent que tout autre chofe ; puifque fans lui il n'auroit ni mouvement, ni efprit , ni vie , ni raifon : felon cette parole vraiement philofophique de l'Apôtre, prêchant à Athenes ; c'eft-à-dire , dans le lieu où la Philofophie étoit comme dans fon fort :

Act. 17.
27. 28.

Il n'eft pas loin de chacun de nous ; puifque c'eft en lui que nous vivons, que nous fommes mûs , & que nous fommes. *Et*

Ibid. 25.

encore : puifqu'il nous donne à tous la vie, la refpiration , & toutes chofes. *A l'exemple de S. Paul , qui fe fert de cette verité comme connuë aux Philofophes, pour les mener plus loin , nous avons entrepris d'exciter en nous par la feule confideration de nous-mêmes ce fentiment de la Divinité , que la nature a mis dans nos Ames en les formant : de forte qu'il paroiffe clairement , que ceux qui ne veulent point reconnoître ce qu'ils ont au-deffus des bêtes , font tout-enfemble les plus aveugles , les plus méchans, & les plus impertinens de tous les hommes.*

VIII.
La Logi-
que. La
Rethori-
que : &

De-là nous avons paffé à la Logique, & à la Morale , pour cultiver ces deux principales parties que nous avions remarquées en nôtre efprit ; c'eft-à-dire, la faculté d'enten-

dre , & celle de vouloir. Pour la Logique , la Mora
nous l'avons tirée de Platon & d'Aristote , le.
non pour la faire servir à de vaines disputes
de mots , mais pour former le jugement par
un raisonnement solide : nous arrêtant principalement à cette partie qui sert à trouver
les argumens probables , parce que ce sont
ceux que l'on employe dans les affaires. Nous
avons expliqué , comment il les faut lier les
uns avec les autres ; de sorte que tout foibles
qu'ils sont chacun à part , ils deviennent in-
vincibles par cette liaison. De cette source
nous avons tiré la Rhetorique , pour donner
aux argumens nuds que la Dialectique avoit
assemblez comme des os & des nerfs , de la
chair , de l'esprit & du mouvement. Ainsi
nous n'en avons pas fait une discoureuse dont
les paroles n'ont que du son , nous ne l'avons
pas faite enflée & vuide de choses , mais sai-
ne & vigoureuse : nous ne l'avons point far-
dée : mais nous lui avons donné un teint naturel & une vive couleur : ensorte qu'elle
n'eut d'éclat que celui qui sort de la verité
même. Pour cela nous avons tiré d'Aristote,
de Ciceron , de Quintilien , & des autres,
les meilleurs préceptes : mais nous nous sommes beaucoup plus servis d'exemples que de
préceptes , & nous avions coûtume, en lisant
les discours qui nous émouvoient le plus , d'en
ôter les figures & les autres ornemens de paroles , qui en sont comme la chair & la peau,
de sorte que n'y laissant que cet assemblage
d'os & de nerfs dont nous venons de parler,
c'est-à-dire , les seuls argumens ; il étoit aisé
de voir ce que la Logique faisoit dans ces Ou-

vrages, & ce que la Rhetorique y ajoûtoit.

Pour la doctrine des mœurs, nous avons crû qu'elle ne se devoit pas tirer d'une autre source que de l'Ecriture, & des maximes de l'Evangile ; & qu'il ne falloit pas, quand on peut puiser au milieu d'un fleuve, aller chercher des ruisseaux bourbeux. Nous n'avons pas neanmoins laissé d'expliquer la Morale d'Aristote : à quoi nous avons ajoûté cette doctrine admirable de Socrate, vraiement sublime pour son tems, qui peut servir à donner la foi aux incredules, & à faire rougir les plus endurcis. Nous marquions en même tems ce que la Philosophie Chrétienne y condamnoit : ce qu'elle y ajoûtoit : ce qu'elle y aprouvoit : avec quelle autorité elle en confirmoit les dogmes veritables, & combien elle s'élevoit au-dessus : ensorte qu'on fût obligé d'avoüer, que la Philosophie toute grave qu'elle paroit comparée à la sagesse de l'Evangile, n'étoit qu'une pure enfance.

IX.

Les principes de la Jurisprudence.

Nous avons crû qu'il seroit bon de donner au Prince quelque teinture des Loix Romaines, en lui faisant voir par exemple, ce que c'est que le droit, de combien de sortes il y en avoit, la condition des personnes, la division des choses; ce que c'est que les contrats, les testamens, les successions, la puissance des Magistrats, l'autorité des jugemens, & les autres principes de la vie civile.

X.

Les autres parties de la Philosophie.

Nous ne dirons rien ici de la Metaphysique, parce qu'elle est toute répanduë dans ce qui precede. Nous avons mêlé beaucoup de Physique en expliquant le corps humain : & pour les autres choses qui regardent cette étu-

de, nous les avons traitées, selon nôtre projet, plus historiquement que dogmatiquement. Nous n'avons pas oublié ce qu'en a dit Aristote ; & pour l'experience des choses naturelles, nous avons fait faire devant le Prince les plus necessaires, & les plus belles. Il n'y a pas moins trouvé de divertissement que de profit. Elles lui font connoître l'industrie de l'esprit humain, & les belles inventions des arts, soit pour découvrir les secrets de la nature, ou pour l'embellir, ou pour l'aider. Mais ce qui est plus considerable, il y a découvert l'art de la nature même, ou plûtôt la providence de Dieu, qui est à la fois si visible & si cachée.

Les Mathematiques qui servent le plus à la justesse du raisonnement, lui ont été montrées par un excellent maître : qui ne s'est pas contenté, comme c'est l'ordinaire, de lui aprendre à fortifier des places, à les attaquer, à lui faire des campemens : mais qui lui a encore apris à construire des forts, à les dessiner de sa propre main, à mettre une armée en bataille, à la faire marcher. Il lui a enseigné les Mechaniques, le poids des liquides & des solides, les differens systemes du monde, & les premiers livres d'Euclide : ce qu'il a compris avec tant de promptitude, que ceux qui le voyoient en étoient surpris.

Au reste, toutes ces choses ne lui ont été enseignées que peu-à-peu, chacune en son lieu. Et nôtre soin principal a été qu'on les lui donnât à propos, & chaque chose en son tems, afin qu'il les digerât plus aisément, & qu'elles se tournassent en nourriture.

XI.
Les Mathematiques.

XII.
Trois der-
niers Ou-
vrages:
pour re-
cueillir le
fruit des
études.
I. Histoi-
re Univer-
selle, pour
expliquer
la suite de
la Reli-
gion, &
les chan-
gemens
des Em-
pires.

Maintenant que le cours de ses études est presque achevé, nous avons crû devoir travailler principalement à trois choses.

Premierement à une Histoire Universelle, qui eût deux parties : dont la premiere comprit depuis l'origine du monde jusqu'à la chûte de l'ancien Empire Romain, & au couronnement de Charlemagne : Et la seconde, depuis ce nouvel Empire établi par les François. Il y avoit déja longtems que nous l'avions composée, & même que nous l'avions fait lire au Prince : mais nous la repassons maintenant, & nous y avons ajoûté de nouvelles reflexions, qui font entendre toute la suite de la Religion, & les changemens des Empires avec leurs causes profondes que nous reprenons dès leur origine. Dans cet Ouvrage on voit paroître la Religion toûjours ferme & inébranlable, depuis le commencement du monde : le raport des deux Testamens lui donne cette force ; & l'Evangile qu'on voit s'élever sur les fondemens de la Loi, montre une solidité qu'on reconnoît aisément être à toute épreuve. On voit la verité toûjours victorieuse, les héresies renversées, l'Eglise fondée sur la Pierre, les abattre par le seul poids d'une autorité si bien établie, & s'affermir avec le tems : pendant qu'on voit au contraire les Empires les plus florissans, non-seulement s'affoiblir par la suite des années, mais encore se défaire mutuellement, & tomber les uns sur les autres. Nous montrons d'où vient d'un côté une si ferme consistance ; & de l'autre, un Etat toûjours changeant, & des ruines inévitables. Cette derniere recherche nous a engagé à expliquer en peu de mots les Loix & les coûtumes des Egyptiens, des Assyriens, & des Perses; celles des Grecs, celles des Romains, & celles des tems suivans : ce que chaque Nation a eu dans les siennes qui ait été fatal aux autres, & à elles-mêmes; & les exemples que leurs progrez ou leurs décadences ont donnez aux siécles futurs. Ainsi nous tirons deux fruits de l'Histoire Universelle. Le premier, est de faire voir tout-ensemble l'autorité, & la sainteté de la Religion, par sa propre stabilité & par sa durée perpetuelle. Le second, est que connoissant ce qui a causé la ruine de chaque Empire, nous pouvons sur leur exemple trouver les moyens de soûtenir les Etats, si fragiles de leur nature, sans toutefois oublier que ces soûtiens même sont sujets à la loi commune de la mortalité, qui est attachée aux choses humaines ; & qu'il faut porter plus haut ses esperances.

Par le second Ouvrage, nous découvrons les secrets de la Politique, les maximes du gouvernement, & les sources du droit, dans la doctrine & dans les exemples de la sainte Ecriture. On y voit non-seulement avec quelle pieté il faut que les Rois servent Dieu, ou le fléchissent, après l'avoir offensé ; avec quel zele ils sont obligez à défendre la foi de l'Eglise, à maintenir ses droits, & à choisir des Pasteurs : mais encore l'origine de la vie civile ; comment les hommes ont commencé à former leur societé : avec quelle adresse il faut manier les esprits ; comment il faut former le dessein de conduire une guerre ; no *l'entreprendre pas sans bon suiet ; faire une Paix ; soûtenir l'autorité ; faire des Loix & regler un Etat. Ce qui fait voir clairement, que l'Ecriture sainte surpasse autant en prudence qu'en autorité tous les autres livres qui donnent des preceptes pour la vie civile : & qu'on ne voit en nul autre endroit, des maximes aussi sûres pour le gouvernement.*

XIV.
III. l'Etat du Royaume & de toute l'Europe.

Le troisiéme Ouvrage comprend les Loix, & les Coûtumes particulieres du Royaume de France. En comparant ce Royaume avec tous les autres, on met sous les yeux du Prince, tout l'état de la Chrétienté, & même de toute l'Europe.

Nous acheverons tous ces desseins, autant que le tems & nôtre industrie le pourra permettre. Et quand le Roi nous redemandera ce Fils si cher, que nous avons tâché par son commandement & sous ses ordres d'instruire dans tous les beaux Arts ; nous sommes prêts à le remettre entre ses mains, pour faire des études plus necessaires sous de meilleurs Maîtres, qui sont le Roi même, & l'usage du monde & des affaires.

Voilà TRES-SAINT PERE, ce que nous avons fait pour nous acquitter de nôtre devoir. Nous avons planté, nous avons arrosé : plaise à Dieu de donner l'accroissement. Au reste, depuis que celui dont vous tenez la place sur la terre, vous a inspiré parmi tant de soins, de jetter un regard sur nos travaux ; nous nous servons de l'autorité de VOTRE SAINTETE' même, pour porter le Prince à la vertu : & nous éprouvons avec joye que les exhortations que nous lui faisons de vôtre part, font impression sur son esprit. Que nous sommes heureux, TRES-SAINT PERE, d'être secourus dans un Ouvrage si grand par un si grand Pape, dans lequel nous voyons revivre saint Leon, saint Gregoire, & saint Pierre même.

TRES-SAINT PERE,

De Vôtre Sainteté,

Le fils très-obéissant & très-devot.

A S. Germain-en-Laie le 8. Mars 1679.

† J. BENIGNE,

Ainsi signé ancien * Evêque de Condom,

Et au-dessus A nôtre très SS. Pere le Pape Innocent XI.

* Il fut nommé Evêque de Meaux en 1681. Il s'etoit demis de l'Evêché de Condom peu de tems aprés avoir été choisi Précepteur de Monseigneur le Dauphin.

INNOCENT P. P. XI.

Enerable Frere, *salut & benediction
Apoſtolique. La méthode que vous
vous êtes propoſée, pour former dès
ſes plus tendres années aux bonnes choſes le
Dauphin de France; & que vous continuez
d'employer avec tant de ſuccès auprès de ce
jeune Prince, pendant qu'il s'avance dans
un âge plus meur; nous a paru meriter que
nous dérobaſſions quelque tems aux importantes affaires de la Chrétienté, pour lire la
lettre où vous avez ſi élegament, & ſi plei-
nement décrit cette méthode. La felicité publique ſera le fruit de la bonne ſemence que
vous jetterez comme dans une terre fertile
dans l'eſprit d'un Prince, que toute l'Egliſe
reſpecte déja comme l'heritier d'un ſi grand
Royaume, & qu'elle voit ſous la conduite
d'un Illuſtre Pere, ſe rendre digne non-ſeulement de proteger la Foi Catholique, mais
encore de l'étendre. Entre tant d'inſtructions
de la veritable ſageſſe, dont vous rempliſſez
l'eſprit du Dauphin; celles-là ſans doute ſont
les plus belles, & les plus dignes d'être in-
culquées ſans ceſſe, qui aprennent à unir enſemble comme choſes inſeparables, les interéts
& la gloire des Rois avec le bien de leurs*

peuples , & les regles d'un bon gouvernement. Le Prince que vous inftruifez connoîtra un jour avec un grand accroiffement du
bien public , & un agreable reffouvenir de
l'éducation qu'il aura reçûë de vous qu'il n'eft
point fi beau ni fi glorieux d'être né dans la
Royauté , que de fçavoir s'en bien fervir ;
& que le plus digne emploi qu'un Prince
puiffe faire de cette puiffance fouveraine qu'il
reçoit de Dieu , c'eft ae la faire uniquement
fervir , non pas à contenter fes paffions ou le
defir d'une gloire vaine , mais à procurer le
bonheur du genre humain. Il connoîtra qu'il
ne doit jamais former de deffeins ni commencer d'entreprifes , qui s'éloigne de la voye de
la juftice , & qui ne fe rapporte à l'avance-
ment de la gloire de Dieu : penfant fouvent
en lui-même que les biens dont nous joüiffons
en cette vie , comme ils font des prefens de
Dieu, doivent être rapportés à celui qui nous
les a donnez , & devant qui s'élevent ou
tombent comme il lui plaît les plus triom-
phans , & les plus floriffans Empires. Au
refte pour ce qui regarde le Siege Apoftolique,
nous efperons que ce Prince fera puiffamment
excité à lui donner dans toutes les occafions
les marques d'une obéiffance filiale , tant par
l'exemple des Rois de France fes predeceffeurs,
qui par le refpect qu'ils ont toûjours eû pour
le Saint Siege ont attiré fur ce Royaume d'infinis tréfors de la liberalité du Ciel ; que par
la tendreffe & l'affection veritablement ma-
ternelle , que nous reffentons pour lui dans
nôtre cœur. Cependant nous ne ceffons de
rendre graces à la bonté de Dieu, qu'il fe

soit trouvé un homme tel que vous , digne d'élever , & d'instruire un Prince né pour de si grandes choses ; & nous lui demandons soigneusement dans nos prieres que cette Ame naturellement portée au bien que le Dauphin a reçû en partage , y fasse chaque jour par vos instructions & par vos soins de nouveaux progrès ; & qu'ainsi puissent être instruits à l'avenir tous ceux qui gouvernent la terre. Quant à vous , Venerable Frere , nous vous donnons de bon cœur nôtre Benediction Apostolique , comme une marque de l'amitié que nous vous portons , & de la grande estime que nous faisons de vôtre vertu. Donné à Rome à Saint Pierre sous l'anneau du Pescheur le 19. Avril 1679. & le troisiéme de nôtre Pontificat.

Signé, MARIUS SPINULA.

Et au-dessus   A nôtre Venerable Frere
l'Evêque de Condom.

POLITIQUE

TIRÉE

DES PROPRES PAROLES

DE

L'ECRITURE-SAINTE.

A MONSEIGNEUR

LE DAUPHIN.

IEU eſt le Roi des Rois : c'eſt à lui qu'il appartient de les inſtruire & de les regler comme ſes Miniſtres. Ecoutez donc, MONSEIGNEUR, les leçons qu'il leur donne dans ſon Ecriture, & apprenez de lui les regles & les exemples ſur leſquels ils doivent former leur conduite.

Outre les autres avantages de l'Ecriture, elle a encore celui-ci, qu'elle reprend l'Hiſtoire du Monde dès ſa premiere origine, & nous fait voir par ce moyen mieux que toutes les autres Hiſtoires, les principes primitifs qui ont formé les Empires. Nulle Hiſtoire ne découvre mieux ce qu'il y a de bon & de mauvais dans le cœur humain ; ce qui ſoutient & ce qui renverſe les Royaumes ; ce que peut la Religion pour les établir, & l'impiété pour les détruire. Les autres vertus & les autres vices trouvent auſſi dans l'Ecriture leur caractere naturel ; & on n'en voit nulle-part dans une plus grande évidence les veritables effets. On y voit le gouvernement d'un peuple dont Dieu même a été le Legiſlateur ; les abus qu'il a reprimez, & les loix qu'il a établies, qui comprennent la plus belle & la plus juſte politique qui fût jamais. Tout ce que Lacedemone, tout ce qu'Athenes, tout ce que Rome ; pour remonter à la ſource, tout ce que l'Egypte & les Etats les mieux policez ont eu de plus ſage, n'eſt rien en comparaiſon de la ſageſſe qui eſt renfermée dans la Loi de Dieu, d'où les autres loix ont puiſé ce qu'elles ont de meilleur. Auſſi n'y eut-il jamais une plus belle conſtitution d'Etat que celle où vous verrez le Peuple de Dieu. Moïſe qui le forma, étoit inſtruit de toute la ſageſſe divine & humaine, dont un grand & noble genie peut être orné, & l'inſpiration ne fit que porter à la derniere certitude & perfection, ce qu'avoient ébauché l'uſage & les connoiſſances du plus ſage de tous les Empires & de ſes plus grands Miniſtres, tel qu'étoit le Patriarche Joſeph, comme lui inſpiré de Dieu. Deux grands Rois de ce Peuple, David & Salomon, l'un guerrier, l'autre pacifique, tous deux excellens dans l'art de regner, vous en donneront non-ſeulement les exemples dans leur vie, mais encore les préceptes, l'un dans ſes divines poëſies, l'autre dans ſes inſtructions que la Sageſſe éternelle lui a dictées. JESUS-CHRIST vous apprendra par lui-même & par ſes Apôtres, tout ce qui fait les Etats heureux : ſon Evangile rend les hommes d'autant plus propres à être bons citoïens ſur la terre, qu'il leur apprend par là à ſe rendre dignes de devenir citoïens du ciel. Dieu enfin, par qui les Rois regnent, n'oublie rien pour leur apprendre à bien regner. Les miniſtres des Princes, & ceux qui ont part ſous leur autorité au gouvernement des Etats, & à l'adminiſtration de la Juſtice, trouveront dans ſa parole des leçons que Dieu ſeul pouvoit leur donner. C'eſt une partie de la Morale Chrétienne que de former la Magiſtrature par ſes Loix : Dieu a voulu tout décider, c'eſt-à-dire, donner des déciſions à tous les états ; à plus forte raiſon à celui d'où dépendent tous les autres.

C'eſt, MONSEIGNEUR, le plus grand de tous les objets qu'on puiſſe propoſer aux hommes, & ils ne peuvent être trop attentifs aux regles ſur leſquelles ils ſeront jugez par une Sentence éternelle & irré-

vocable. Ceux qui croïent que la pieté eſt
un affoibliſſement de la politique , feront
confondus , & celle que Vous verrez , eſt
vraiment divine.

LIVRE

LIVRE PREMIER.

DES PRINCIPES DE LA SOCIETÉ
PARMI LES HOMMES.

❖❖❖❖❖❖❖❖❖❖❖❖❖❖❖❖❖❖❖

PREMIERE PARTIE.

ARTICLE PREMIER.

L'Homme est fait pour vivre en Société.

I. PROPOSITION.

Les Hommes n'ont qu'une même fin, & un même objet, qui est Dieu.

ÉCOUTE Israël, le Seigneur nô- « *Deut.*
tre Dieu, est le seul Dieu. Tu ai- « vj. 4. 5.
meras le Seigneur ton Dieu, de «
tout ton cœur, de toute ton ame, & de «
toute ta force. «

II. PROPOSITION.

L'Amour de Dieu oblige les Hommes à s'ai-mer les uns les autres.

UN Docteur de la Loi demanda à Jesus: « *Marc.*
Maître, quel est le premier de tous « xij. 29.
les Commandemens? Jesus lui répondit: « 30. 31.

Tome I.   F

„ Le premier de tous les Commandemens eſt
„ celui-ci : Ecoute Iſraël, le Seigneur ton
„ Dieu eſt le ſeul Dieu, & tu aimeras le Sei-
„ gneur ton Dieu de tout ton cœur, de tou-
„ te ton ame, de toute ta penſée, & de tou-
„ te ta force : voilà le premier Commande-
„ ment : Et le ſecond qui lui eſt ſemblable,
„ eſt celui-ci : Tu aimeras ton prochain com-
„ me toi-même.

Matth.
xxij.
40.
„ En ces deux preceptes conſiſtent toute la
„ loi & les prophetes.

Nous nous devons donc aimer les uns
les autres, parce que nous devons aimer
tous enſemble le même Dieu, qui eſt nôtre Pere commun, & ſon unité eſt nôtre

I. Cor.
viij. 4.
5. 6.
„ lien. Il n'y a qu'un ſeul Dieu, dit S. Paul;
„ ſi les autres comptent pluſieurs Dieux, il
„ n'y en a pour nous qu'un ſeul, qui eſt le
„ Pere, d'où nous ſortons tous, & nous
ſommes faits pour lui.

S'il y a des peuples qui ne connoiſſent
pas Dieu, il n'en eſt pas moins pour cela
le Créateur, & il ne les a pas moins faits à
ſon image & reſſemblance. Car il a dit en

Gen. j.
26. 27.
„ créant l'homme : Faiſons l'Homme à nô-
„ tre image & reſſemblance : & un peu après :
„ Et Dieu créa l'Homme à ſon image, il le
„ créa à l'image de Dieu.

Il le repete ſouvent, afin que nous en-
tendions ſur quel modele nous ſommes
formez, & que nous aimions les uns dans
les autres l'image de Dieu. C'eſt ce qui
fait dire à Nôtre Seigneur, que le précepte d'aimer le prochain eſt ſemblable à
celui d'aimer Dieu, parce qu'il eſt naturel que qui aime Dieu, aime auſſi pour l'a-

mour de lui tout ce qui eſt fait à ſon image, & ces deux obligations ſont ſemblables.

Nous voyons auſſi, que quand Dieu défend d'attenter à la vie de l'homme, il en rend cette raiſon : Je chercherai la vie " *Gen. ix.* de l'homme de la main de toutes les bêtes " *5. 6.* & de la main de l'homme. Quiconque ré- " pandra le ſang humain, ſon ſang ſera ré- " pandu, parce que l'homme eſt fait à l'ima- " ge de Dieu. "

Les bêtes ſont en quelque ſorte appellées dans ce paſſage au Jugement de Dieu, pour y rendre compte du ſang humain qu'elles auront répandu. Dieu parle ainſi, pour fai- re trembler les hommes ſanguinaires; & il eſt vrai en un ſens, que Dieu redemandera même aux animaux, les hommes qu'ils au- ront devorez, lorſqu'il les reſſuſcitera mal- gré leur cruauté dans le dernier jour.

III. PROPOSITION.

Tous les Hommes ſont Freres.

PRemierement ils ſont tous Enfans du même Dieu. Vous êtes tous Freres, " *Matt.* dit le Fils de Dieu, & vous ne devez don- " *xxiij.* ner le nom de Pere à perſonne ſur la terre; " *8. 9.* car vous n'avez qu'un ſeul Pere qui eſt dans " les Cieux. "

Ceux que nous appellons Peres & d'où nous ſortons ſelon la chair, ne ſçavent pas qui nous ſommes ; Dieu ſeul nous connoît de toute éternité, & c'eſt pour- " *Iſaïe* quoi Iſaïe diſoit : Vous êtes nôtre vrai " *lxiij.* Pere, Abraham ne nous a pas connus, & " *16.*

„ Ifraël nous a ignorez : mais vous, Seigneur,
„ vous êtes nôtre Pere & nôtre Protecteur,
„ vôtre nom eſt devant tous les ſiecles.

Secondement, Dieu a établi la fraternité
des hommes en les faiſant tous naître d'un
ſeul, qui pour cela eſt leur Pere commun,
& porte en lui-même l'image de la pater-
nité de Dieu. Nous ne liſons pas que Dieu
ait voulu faire ſortir les autres animaux
Gen. j. „ d'une même tige. Dieu fit les Bêtes ſelon
25.26.„ leurs eſpeces, & il vit que cet ouvrage étoit
„ bon, & il dit : Faiſons l'Homme à nôtre
„ image & reſſemblance.

Dieu parle de l'homme en nombre ſin-
gulier, & marque diſtinctement qu'il n'en
veut faire qu'un ſeul, d'où naiſſent tous
les autres, ſelon ce qui eſt écrit dans les
Act. „ Actes : Que Dieu a fait ſortir d'un ſeul
xvij. „ tous les hommes, qui devoient remplir la
26. „ ſurface de la terre. Le Grec porte, que
Dieu les a faits (d'un même ſang.) Il
a même voulu que la femme qu'il donnoit au premier homme fût tirée de lui,
afin que tout fût un dans le genre humain.
Gen.xj. „ Dieu forma en femme la côte qu'il avoit
22.23. „ tirée d'Adam, & il l'amena à Adam, &
„ Adam dit ; celle-ci eſt un os tiré de mes
„ os, & une chair tirée de ma chair : Son
„ nom même marquera qu'elle eſt tirée de
„ l'homme ; c'eſt pourquoi l'homme quittera
„ ſon pere & ſa mere pour s'attacher à ſa
„ femme, & ils ſeront deux dans une chair.

Ainſi le caractere d'amitié eſt parfait dans
le genre humain, & les hommes qui n'ont
tous qu'un même pere, doivent s'aimer
comme freres. A Dieu ne plaiſe qu'on

croye que les Rois foient exempts de cette loi, ou qu'on craigne qu'elle ne diminuë le refpect qui leur eft dû. Dieu marque " *Deut.* diftinctement, que les Rois qu'il donnera " xvij. à fon peuple, feront tirez du milieu de " 15. 20. leurs freres; un peu après : Ils ne s'éle- " veront point au-deffus de leurs freres par " un fentiment d'orgueil, & c'eft à cette con- " dition qu'il leur promet un long regne.

Les hommes ayant oublié leur fraternité *Gen. vj.* & les meurtres s'étant multipliez fur la terre, Dieu refolut de détruire tous les hommes à la referve de Noé & de fa Famille, par laquelle il repara tout le genre humain, & voulut que dans ce renouvellement du mon-de nous euffions encore tous un même Pere.

Auffi-tôt après il défend les meurtres en avertiffant les hommes qu'ils font tous Fre-res, defcendus premierement du même Adam, & enfuite du même Noé : Je re- " *Gen. ix.* chercherai, dit-il, la vie de l'homme de " 5. la main de l'homme & de la main de fon " frere. "

IV. PROPOSITION.

Nul Homme n'eft étranger à un autre Homme.

NOtre Seigneur après avoir établi le pré-cepte d'aimer fon Prochain, interrogé par un Docteur de la Loi, qui étoit celui que nous devons tenir pour nôtre prochain, condamne l'erreur des Juifs qui ne regar-doient comme tels que ceux de leur nation. Il leur montre par la parabole du Samari-

tain qui affiste le Voyageur méprifé par un
Prêtre & par un Levite, que ce n'eft pas
fur la nation, mais fur l'humanité en general que l'union des hommes doit être
fondée. Un Prêtre vit le Voyageur bleffé
& paffa, & un Levite paffa près de lui &
continua fon chemin. Mais un Samaritain
le voyant fut touché de compaffion. Il ra-
conte avec quel foin il le fecourut, & puis
il dit au Docteur: Lequel de ces trois vous
paroît être fon prochain; & le Docteur répondit: celui qui a eu pitié de lui: & Jefus
lui dit, allez & faites de même.

Cette parabole nous apprend, que nul
homme n'eft étranger à un autre homme,
fût-il d'une nation autant haïe dans la nôtre, que les Samaritains l'étoient des Juifs,

V. PROPOSITION.

*Chaque Homme doit avoir foin des autres
Hommes.*

SI nous fommes tous Freres, tous faits
à l'image de Dieu & également fes Enfans, tous une même race & un même fang,
nous devons prendre foin les uns des autres; & ce n'eft pas fans raifon qu'il eft
écrit: Dieu a chargé chaque homme d'a-
voir foin de fon prochain. S'ils ne le font
pas de bonne foi, Dieu en fera le vangeur;
car, ajoûte l'Ecclefiaftique: Nos voyes
font toûjours devant lui, & ne peuvent être
cachées à fes yeux. Il faut donc fecourir
nôtre prochain comme en devant rendre
compte à Dieu qui nous voit.

Il n'y a que les parricides & les ennemis du genre humain qui difent comme Caïn : Je ne fçai où eſt mon Frere ; ſuis-je fait pour le garder ? " *Gen. iv.* " 9.

N'avons-nous pas tous un même Pere ? N'eſt-ce pas un même Dieu qui nous a créez ? pourquoi donc chacun de nous méprife-t'il ſon Frere, violant le paƈte de nos Peres ? " " *Mal.* xij " 10. " "

VI. PROPOSITION.

L'interêt même nous unit.

LE frere aidé de ſon frere eſt comme une ville forte. Voyez comme les for- ces ſe multiplient par la focieté & le ſe- cours mutuel. " " " " *Prov.* xviij. 19.

Il vaut mieux être deux enſemble que d'être ſeul ; car on trouve une grande uti- lité dans cette union. Si l'un tombe l'au- tre le foûtient. Malheur à celui qui eſt ſeul : s'il tombe il n'a perſonne pour le relever. Deux hommes repoſés dans un même lit ſe rechauffent mutuellement. Qu'y a-t'il de plus froid qu'un homme ſeul ? ſi quelqu'un eſt trop fort contre un ſeul, deux pourront lui refiſter : une corde à trois cor- dons eſt difficile à rompre. " " " " " " " " " " " *Eccl.* iv. 9. 10. 11. 12.

On ſe confole, on s'affiſte, on ſe fortifie l'un l'autre. Dieu voulant établir la focie-té veut que chacun y trouve ſon bien, & y demeure attaché par cet interêt.

C'eſt pourquoi, il a donné aux hom-mes divers talens. L'un eſt propre à une choſe, & l'autre à une autre, afin qu'ils

puiſſent s'entre-ſecourir comme les membres du corps, & que l'union ſoit cimen-
„ tée par ce beſoin mutuel. Comme nous
„ avons pluſieurs membres, qui tous enſem-
„ ble ne font qu'un ſeul corps, & que les
„ membres n'ont pas tous une même fonc-
„ tion ; ainſi nous ne ſommes tous enſemble
„ qu'un ſeul corps en Jeſus-Chriſt, & nous
„ ſommes tous membres les uns des autres.
„ Chacun de nous a ſon don & ſa grace diffe-
„ rente.

„ Le corps n'eſt pas un ſeul membre,
„ mais pluſieurs membres. Si le pied dit, je
„ ne ſuis pas du corps, parce que je ne ſuis
„ pas la main, eſt-il pour cela retranché du
„ corps ? ſi tout le corps étoit œil, où ſe-
„ roient l'oüie & l'odorat ? mais maintenant
„ Dieu a formé les membres & les a mis cha-
„ cun où il lui a plû. Que ſi tous les mem-
„ bres n'étoient qu'un ſeul membre, que de-
„ viendroit le corps ? mais dans l'ordre que
„ Dieu a établi s'il y a pluſieurs membres, il
„ n'y a qu'un corps. L'homme ne peut pas
„ dire à la main, je n'ai que faire de vôtre
„ aſſiſtance, ni la tête ne peut pas dire aux
„ pieds, vous ne m'êtes pas neceſſaires. Mais
„ au contraire les membres qui paroiſſent les
„ plus foibles, ſont ceux dont on a le plus
„ beſoin. Et Dieu a ainſi accordé le corps
„ en ſuppléant par un membre ce qui man-
„ que à l'autre, afin qu'il n'y ait point de diſ-
„ ſenſion dans le corps, & que les membres
„ ayent ſoin les uns des autres.

Ainſi par les talens differens le fort a beſoin du foible, le grand du petit, chacun
de ce qui paroît le plus éloigné de lui, par-

Rom.
xij. 4
5. 6.

I. Cor.
xij. 14.

ce que le befoin mutuel raproche tout , & rend tout neceffaire.

Jefus - Chrift formant fon Eglife, en établit l'unité fur ce fondement , & nous montre quels font les principes de la focieté humaine.

Le Monde même fubfifte par cette Loi. Chaque partie a fon ufage & fa fonction , *Ecclef.* & le tout s'entretient par le fecours que xliii. 24. s'entredonnent toutes les parties.   2 5.

Nous voyons donc la focieté humaine appuyée fur ces fondemens inébranlables, un même Dieu, un même objet, une même fin, une origine commune, un même fang, un même interêt , un befoin mutuel, tant pour les affaires , que pour la douceur de la vie.

ARTICLE II.

De la Societé du Genre-humain naît la So-
cieté Civile; c'eft-à-dire, celle des Etats,
des Peuples , & des Nations.

I. PROPOSITION.

La Societé Humaine a été détruite & violée
par les paffions.

DIEU étoit le lien de la focieté humai-ne. Le premier homme s'étant feparé de Dieu, par une jufte punition la divifion   *Gen.* iv. fe mit dans fa famille, & Caïn tua fon fre-   8. re Abel.

Gen. vj.
2.

Tout le genre-humain fut divisé. Les enfans de Seth s'appellerent les enfans de Dieu, & les enfans de Caïn s'appellerent les enfans des Hommes.

Ces deux Races ne s'allierent que pour

Gen. vj.
4.

augmenter la corruption. Les Geants naquirent de cette union, hommes connus dans l'Ecriture & dans toute la tradition du genre-humain, par leur injustice & leur violence.

Gen. vj.
5. 6. 8.

„ Toutes les pensées de l'homme se tour„ nent au mal en tout tems, & Dieu se repent de l'avoir fait. Noé seul trouve grace devant lui, tant la corruption étoit generale.

Il est aisé de comprendre que cette perversité rend les hommes insociables. L'homme dominé par ses passions, ne songe qu'à

Isaïe
xlvij. 8.

„ les contenter sans songer aux autres. Je suis, „ dit l'orgueilleux dans Isaïe, & il n'y a que „ moi sur la terre.

Le langage de Caïn se répand par tout.

Gen. iv.
9.

„ Est-ce à moi de garder mon frere ? c'est-à„ dire, je n'en ai que faire, ni ne m'en soucie.

*Eccli.*xij.
16.

„ Toutes les passions sont insatiables. Le „ cruel ne se rassasie point de sang. L'avare

Eccl. v.
5.

„ ne se remplit point d'argent. „ Ainsi chacun veut tout pour soi. Vous

*Isa.*v. 8.

„ joignez, dit Isaïe, maison à maison & champ „ à champ. Voulez-vous habiter seuls sur la „ terre ?

La jalousie si universelle parmi les hommes, fait voir combien est profonde la malignité de leur cœur. Nôtre frere ne nous nuit en rien, ne nous ôte rien, & il nous devient cependant un objet de haine, parce que seulement nous le voyons plus heureux ou plus induſtrieux, & plus vertueux que nous. Abel plaît à Dieu par des moyens innocens, & Caïn ne le peut ſouffrir. Dieu regarda " *Gen.* iv. Abel & ſes preſens, & ne regarda pas Caïn " 4. 5. ni ſes preſens : & Caïn entra en fureur & " ſon viſage changea. De-là les trahiſons & les meurtres. Sortons dehors, dit Caïn, " *Ibid.* iv. allons promener enſemble, & étant au mi- " 8. lieu des champs, Caïn s'éleva contre ſon " frere & le tua.

Une pareille paſſion expoſa Joſeph à la *Genef.* fureur de ſes freres, lorſque loin de leur xxxvij. nuire, il alloit pour rapporter de leurs 16. 17. nouvelles à leur Pere qui en étoit en in- *&c.* quiétude. Ses freres, voyant que leur " *Ibid.* 4. pere l'aimoit plus que tous les autres, le " haïſſoient, & ne pouvoient lui dire une pa- " role de douceur. Cette rage les porta juſ- " *Ib.* 16. qu'à le vouloir tuer, & il n'y eut autre 27. 28. moyen de les détourner de ce tragique deſ- ſein qu'en leur propoſant de le vendre.

Tant de paſſions inſenſées & tant d'inte- rêts divers qui en naiſſent, font qu'il n'y a point de foi ni de ſûreté parmi les hommes. Ne croyez point à vôtre ami, & ne vous fiez " *Michée* point à vôtre guide : donnez-vous de garde " vij. 5. 6. de celle qui dort dans vôtre ſein : le fils " fait injure à ſon pere, la fille s'éleve contre " ſa mere, & les ennemis de l'homme ſont " ſes parens & ſes domeſtiques. De-là vient " que les cruautez ſont ſi frequentes dans le genre-humain. Il n'y a rien de plus brutal ni de plus ſanguinaire que l'homme. Tous " *Ibid.* 2. dreſſent des embuches à la vie de leur frere ; " un homme va à la chaſſe après un autre " homme, comme il feroit après une bête, " pour en répandre le ſang.

Ozée
iv. 2.
„ La médisance, & le mensonge, & le
„ meurtre, & le vol, & l'adultere, ont inon-
„ dé toute la terre, & le sang a touché le
„ sang ; c'est-à-dire, qu'un meurtre en attire
un autre.

Ainsi la societé humaine établie par tant
de sacrez liens est violée par les passions ;
Aug de „ & comme dit saint Augustin : Il n'y a rien
civ Dei „ de plus sociable que l'homme par sa natu-
lib. xiij. „ re, ni rien de plus intraitable, ou de plus
c. 27. „ insociable par la corruption.

II. PROPOSITION.

La societé humaine dès le commencement des
choses s'est divisée en plusieurs branches
par les diverses nations qui se sont formées.

OUtre cette division qui s'est faite entre
les hommes par les passions, il y en a
une autre qui devoit naître necessairement
de la multiplication du genre humain.
Gen. x.   Moïse nous l'a marqué, lorsqu'après
avoir nommé les premiers descendans de
Noé, il montre par-là l'origine des nations
Ibid. 5. „ & des peuples. De ceux-là, dit-il, sont
„ sorties les nations chacune selon sa con-
„ trée & selon sa langue.

Où il paroît que deux choses ont separé en plusieurs branches la societé humaine. L'une la diversité & l'éloignement
des pays où les enfans de Noé se sont ré-
pandus en se multipliant ; l'autre la diversité des langues.
Gen. xj.   Cette confusion du langage est arrivée
5. 9.   avant la separation, & fut envoyée aux

hommes en punition de leur orgueil. Cela difpofa les hommes à fe feparer les uns
des autres, & à s'étendre dans toute la terre que Dieu leur avoit donnée à habiter.
Allons, dit Dieu, confondons leurs lan- " *Ibid.*
gues afin qu'ils ne s'entendent plus les uns " 7. 8.
les autres ; & ainfi le Seigneur les fepara "
de ce lieu dans toutes les terres.

La parole eft le lien de la focieté entre
les hommes par la communication qu'ils
fe donnent de leurs penfées. Dès qu'on ne
s'entend plus l'un l'autre on eft étranger
l'un à l'autre. Si je n'entends point, dit " *I. Cor.*
S. Paul, la force d'une parole, je fuis " *xiv. 11.*
étranger & barbare à celui à qui je parle, "
& il me l'eft auffi. Et faint Auguftin remar-   *Aug. de*
que, que cette diverfité de langages fait   *civ. Dei*
qu'un homme fe plaît plus avec fon chien,   *lib.* xix.
qu'avec un homme fon femblable.   *cap.* 7.

Voilà donc le genre-humain divifé par
langues & par contrées : & de-là il eft arrivé qu'habiter un même païs & avoir une
même langue, a été un motif aux hommes
de s'unir plus étroitement enfemble.

Il y a même quelque apparence que dans
la confufion des langues à Babel, ceux qui
fe trouverent avoir plus de conformité dans
le langage, furent difpofez par-là à choifir
la même demeure, à quoi la parenté con-
tribua auffi beaucoup ; & l'Ecriture femble
marquer ces deux caufes qui commencerent
à former autour de Babel les divers corps
de nations, lorfqu'elle dit que les hommes
les compoferent : En fe divifant chacun " *Gen.* x.
felon leur langue & leur famille.   " 5.

III. PROPOSITION.

La terre qu'on habite ensemble sert de lien
entre les Hommes, & forme l'unité
des nations.

Lorsque Dieu promet à Abraham qu'il
fera de ses enfans un grand peuple, il
leur promet en même tems une terre qu'ils
Gen. xij. „ habiteront en commun. Je ferai sortir de
2. 7. „ toi une grande nation. Et un peu après : je
„ donnerai cette terre à ta posterité.

Quand il introduit les Israëlites dans cette terre promise à leurs peres, il la leur loüe
Exod. „ afin qu'ils l'aiment. Il l'appelle toûjours une
iij. 8. „ bonne terre, une terre grasse & abondante,
„ qui ruisselle de tous côtez de lait & de miel.

Ceux qui degoûtent le peuple de cette
terre qui le devoit nourrir si abondamment,
sont punis de mort comme seditieux & en-
Num. „ nemis de leur patrie. Les hommes que Moï-
xiv. 36 „ se avoit envoyez pour reconnoître la terre,
37. „ & qui en avoient dit du mal, furent mis
„ à mort devant Dieu.

Ceux du peuple, qui avoient méprisé
cette terre en sont exclus & meurent dans
Ib. 30 „ le desert. Vous n'entrerez point dans la
31. 32. „ terre que j'ai juré à vos peres de leur don-
„ ner. Vos enfans, (innocens & qui n'ont
„ point de part à vôtre injuste dégoût,) en-
„ treront dans la terre qui vous a déplû, &
„ pour vous vos corps morts seront gissans
„ dans ce desert.

Ainsi la societé humaine demande qu'on
aime la terre où l'on habite ensemble ; on

la regarde comme une mere & une nourrice commune; on s'y attache, & cela unit.
C'eſt ce que les Latins appellent *caritas pa-*
trii ſoli , l'amour de la patrie : & ils la regardent comme un lien entre les hommes.

Les hommes en effet ſe ſentent liez par
quelque choſe de fort , lorſqu'ils ſongent
que la même terre qui les a portez & nour-
ris étant vivans , les recevra en ſon ſein
quand ils ſeront morts.   Vôtre demeure "*Ruth.* i.
ſera la mienne; vôtre peuple ſera mon peu- " 16. 17.
ple, diſoit Ruth à ſa belle mere Noemi ; "
je mourrai dans la terre où vous ſerez en- "
terrée, & j'y choiſirai ma ſepulture.   "

Joſeph mourant dit à ſes freres : Dieu "*Gen. l.*
vous viſitera & vous établira dans la terre " 23. 24.
qu'il a promiſe à nos peres : emportez "
mes os avec vous.   Ce fut-là ſa derniere "
parole.   Ce lui eſt une douceur en mourant , d'eſperer de ſuivre ſes freres dans la
terre que Dieu leur donne pour leur patrie,
& ſes os y repoſeront plus tranquillement
au milieu de ſes Citoïens.

C'eſt un ſentiment naturel à tous les peuples.   Themiſtocle Athenien étoit banni de
ſa patrie comme traître: il en machinoit la
ruine avec le Roi de Perſe à qui il s'étoit
livré : & toutefois en mourant il oublia
Magneſie que le Roi lui avoit donnée, *Thucid.*
quoiqu'il y eût été ſi bien traité , & il or- *lib.* 1.
donna à ſes amis de porter ſes os dans l'At-
tique pour les y inhumer ſecretement , à
cauſe que la rigueur des Decrets publics ne
permettoit pas qu'on le fît d'une autre
ſorte.   Dans les approches de la mort où
la raiſon revient, & où la vengeance ceſſe,

l'amour de la Patrie se reveille! Il croit satisfaire à sa Patrie : Il croit être rappellé de son exil après sa mort ; & (comme ils parloient alors,) que la terre seroit plus benigne & plus legere à ses os.

C'est pourquoi de bons citoyens s'affectionnent à leur terre natale. J'étois devant le Roi, dit Nehemias , & je lui presentois à boire , & je paroissois languissant en sa presence, & le Roi me dit : Pourquoi vôtre visage est-il si triste, puisque je ne vous vois point malade ? Et je dis au Roi , comment pourrois-je n'avoir pas le visage triste , puisque la Ville où mes Peres sont ensevelis , est deserte , & que ses portes sont brûlées ? Si vous voulez me faire quelque grace, renvoyez-moi en Judée en la terre du sepulchre de mon Pere , & je la rebâtirai.

Etant arrivé en Judée, il appelle ses concitoyens , que l'amour de leur commune Patrie unissoit ensemble. Vous sçavez, dit-il , nôtre affliction. Jerusalem est deserte ; ses portes sont consumées par le feu : venez & unissons-nous pour la rebâtir.

Tant que les Juifs demeurerent dans un pays étranger, & si éloigné de leur patrie, ils ne cesserent de pleurer , & d'enfler , pour ainsi parler , de leurs larmes les fleuves de Babylone en se souvenant de Sion : Ils ne pouvoient se resoudre à chanter leurs agréables cantiques, qui étoient les cantiques du Seigneur dans une terre étrangere. Leurs instrumens de musique autrefois leur consolation & leur joye, demeuroient suspendus aux saules plantez sur la rive, & ils en

avoient

avoient perdu l'usage. O Jerusalem, di-   " *Psalm.*
soient-ils, si jamais je puis t'oublier, puis-   " cxxxvj,
sai-je m'oublier moi-même. Ceux que les   " 5. 6.
vainqueurs avoient laissez dans leur terre
natale, s'estimoient heureux, & ils disoient
au Seigneur dans les pseaumes qu'ils lui
chantoient durant la captivité. Il est tems,   *Ps. cj.* 14,
ô Seigneur, que vous ayez pitié de Sion :   15.
Vos serviteurs en aiment les ruïnes mêmes
& les pierres démolies : & leur terre natale
toute désolée qu'elle est, a encore toute
leur tendresse & toute leur compassion.

ARTICLE III.

Pour former les Nations & unir les Peuples,
il a fallu établir un Gouvernement.

I. PROPOSITION.

Tout se divise & se partialise parmi les
Hommes.

IL ne suffit pas que les hommes habitent
la même contrée, ou parlent un même
langage, parce qu'étant devenus intraita-
bles par la violence de leurs passions, &
incompatibles par leurs humeurs differen-
tes ; ils ne pouvoient être unis à moins
que de se soûmettre tous ensemble à un
même gouvernement qui les reglât tous.

Faute de cela Abraham & Loth ne peuvent comparir ensemble, & sont con-
traints de se separer. La terre où ils étoient,

Gen. „ ne les pouvoit contenir, parce qu'ils étoient
xiij. 6. „ tous deux fort riches , & ils ne pouvoient
7. 9. „ demeurer ensemble : enforte qu'il arrivoit
„ des querelles entre leurs Bergers. Enfin , il
„ fallut pour s'accorder que l'un allât à droi-
„ te & l'autre à gauche.

Si Abraham & Loth, deux hommes justes, & d'ailleurs si proches parens, ne peuvent s'accorder entre eux à cause de leurs
domestiques ; quel desordre n'arriveroit pas
parmi les méchans.

II. PROPOSITION.

*La seule autorité du Gouvernement peut
mettre un frein aux passions, & à la violence devenuë naturelle aux Hommes.*

Eccl. v. „ SI vous voyez les pauvres calomniez &
7. 8. „ des jugemens violens , par lesquels la
„ Justice est renversée dans la Province ; le
„ mal n'est pas sans remede ; car au-dessus
„ du puissant il y a de plus puissans, & ceux-
„ là même ont sur leur tête des puissances
„ plus absoluës ; & enfin le Roi de tout le
„ Pays leur commande à tous. La Justice n'a
de soûtien que l'autorité & la subordination des puissances.

Cet ordre est le frein de la licence. Quand
chacun fait ce qu'il veut & n'a pour regle
que ses desirs, tout va en confusion. Un
Levite viole ce qu'il y a de plus saint dans
la Loi de Dieu. La cause qu'en donne
Jud. „ l'Ecriture : C'est qu'en ce tems-là il n'y
xvij. 6. „ avoit point de Roi en Israël , & que chacun faisoit ce qu'il trouvoit à propos.

C'eſt pourquoi, quand les enfans d'Iſraël ſont prêts d'entrer dans la terre où ils devoient former un corps d'état & un peuple reglé, Moïſe leur dit : Gardez-vous bien " *Deut.* de faire là comme nous faiſons ici, où " xij. 8, chacun fait ce qu'il trouve à propos ; parce " 9. que vous n'êtes pas encore arrivez au lieu " de repos, & à la poſſeſſion que le Seigneur " vous a deſtinée. "

III. PROPOSITION.

C'eſt par la ſeule autorité des Gouvernemens que l'union eſt établie parmi les hommes.

CEt effet du commandement legitime nous eſt marqué par ces paroles ſouvent réiterées dans l'Ecriture au comman " *I. Reg.* dement de Saül & de la puiſſance legitime. " xij. 7. & Tout Iſraël ſortit comme un ſeul homme. " *ailleurs.* Ils étoient quarante mille hommes, & toute " *I. Eſd. ij.* cette multitude étoit comme un ſeul. Voi " 64. là quelle eſt l'unité d'un peuple, lorſque chacun renonçant à ſa volonté la tranſporte & la réünit à celle du Prince & du Magiſtrat. Autrement nulle union ; les peuples errent vagabonds comme un troupeau diſperſé. Que le Seigneur Dieu des eſprits " *Num.* dont toute chair eſt animée, donne à cette " xxvij. multitude un homme pour la gouverner, " 16. 17, qui marche devant elle, qui la conduiſe, " de peur que le peuple de Dieu ne ſoit com " me des brebis qui n'ont point de paſteur. "

IV. PROPOSITION.

Dans un gouvernement reglé, chaque particulier renonce au droit d'occuper par force ce qui lui convient.

OTez le gouvernement, la terre & tous ses biens sont aussi communs entre les hommes que l'air & la lumiere. Dieu dit à tous les hommes : Croissez & multipliez & remplissez la terre. Il leur donne à tous indistinctement : Toute herbe qui porte son germe sur la terre, & tous les bois qui y naissent. Selon ce droit primitif de la nature, nul n'a de droit particulier sur quoi que ce soit, & tout est en proye à tous.

Dans un gouvernement reglé nul particulier n'a droit de rien occuper. Abraham étant dans la Palestine demande aux seigneurs du païs jusqu'à la terre où il enterra sa femme Sara. Donnez-moi droit de sepulture parmi vous.

Moïse ordonne qu'après la conquête de la terre de Chanaan, elle soit distribuée au peuple par l'autorité du souverain magistrat. Josué, dit-il, vous conduira : Et après il dit à Josué lui-même : Vous introduirez le peuple dans la terre que Dieu lui a promise, & vous la lui distribuerez par sort.

La chose fut ainsi executée. Josué avec le Conseil fit le partage entre les Tribus & entre les particuliers selon le projet & les ordres de Moïse.

De-là est né le droit de proprieté : Et en general, tout droit doit venir de l'autorité

Gen. j. 28. ix 7.

Gen. j. 29.

Gen. xxxiij. 4.

Deut. xxxj. 3. 7.

Josué xiij. xiv. &c.

publique, fans qu'il foit permis de rien en-
vahir, ni de rien attenter par la force.

V. PROPOSITION.

*Par le Gouvernement chaque particulier
devient plus fort.*

LA raifon eft, que chacun eft fecouru.
Toutes les forces de la Nation con-
courent en un, & le Magiftrat fouverain
a droit de les réünir. Race rebelle & mé- " *Num.*
chante, dit Moïfe à ceux de Ruben, de- " xxxij.
meurerez-vous en repos pendant que vos " 6. 14.
freres iront au combat? Non, répondirent- " 17, 18.
ils, nous marcherons avancés à la tête de "
nos freres, & ne retournerons point dans "
nos maifons jufqu'à-ce qu'ils foient en pof- "
feffion de leur heritage. "

Ainfi le Magiftrat fouverain a en fa main
toutes les forces de la Nation qui fe foû-
met à lui obéïr. Nous ferons, dit tout le " *Jof.* I.
peuple à Jofué, tout ce que vous nous " 16. 18.
commanderez : nous irons par tout où "
vous nous envoyerez. Qui refiftera à vos "
paroles, & ne fera pas obéïffant à tous vos "
ordres, qu'il meure? Soyez ferme feule- "
ment, & agiffez avec vigueur. "

Toute la force eft tranfportée au Magiftrat fouverain, chacun l'affermit au préjudice de la fienne, & renonce à fa propre
vie en cas qu'il défobéïffe. On y gagne ;
car on retrouve en la perfonne de ce fuprê-
me Magiftrat, plus de force qu'on n'en a
quitté pour l'autorifer ; puis qu'on y retrouve toute la force de la Nation réünie
enfemble pour nous fecourir.

G 3

Ainſi un particulier eſt en repos contre l'oppreſſion & la violence, parce qu'il a en la perſonne du Prince un défenſeur invincible, & plus fort ſans comparaiſon que tous ceux du Peuple, qui entreprendroient de l'opprimer.

Le Magiſtrat ſouverain a interêt de garantir de la force tous les particuliers, parce que ſi une autre force que la ſienne prévaut parmi le peuple, ſon autorité & ſa vie eſt en peril.

Les hommes ſuperbes & violens ſont ennemis de l'autorité, & leur diſcours naturel eſt de dire : Qui eſt nôtre maître?

Pf. xj. 5. La multitude du peuple fait la dignité du Roi. S'il le laiſſe diſſiper & accabler par les hommes violens, il ſe fait tort à lui-même. *Prov. xiv. 28.*

Ainſi le Magiſtrat ſouverain eſt l'ennemi naturel de toutes les violences. Ceux qui agiſſent avec violence, ſont en abomination devant le Roi, parce que ſon thrône eſt affermi par la juſtice. *Prov. xvj. 12.*

Le Prince eſt donc par ſa charge à chaque particulier : Un abri pour ſe mettre à couvert du vent & de la tempête, & un rocher avancé ſous lequel il ſe met à l'ombre dans une terre ſeche & brulante. La juſtice établit la paix ; il n'y a rien de plus beau que de voir les hommes vivre tranquillement : chacun eſt en ſeureté dans ſa tente, & joüit du repos & de l'abondance. Voilà les fruits naturels d'un gouvernement reglé. *Isaïe xxxij. 2. Ib. 17. 18.*

En voulant tout donner à la force, chacun ſe trouve foible dans ſes prétentions les plus legitimes, par la multitude des con-

currens contre qui il faut être prêt. Mais
fous un pouvoir legitime chacun fe trouve
fort , en mettant toute la force dans le
Magiftrat , qui a interêt de tenir tout en
paix pour être lui-même en feureté.

Dans un gouvernement reglé , les veuves , les orphelins , les pupilles, les enfans
même dans le berceau font forts. Leur
bien leur eft confervé ; le public prend foin
de leur éducation ; leurs droits font défendus , & leur caufe eft la caufe propre du
Magiftrat. Toute l'Ecriture le charge de *Deut.*
faire juftice au pauvre, au foible, à la veu- x. 18.
ve , à l'orphelin & au pupille. *Pf.* lxxxj.

C'eft donc avec raifon que faint Paul 3. *& ail-*
nous recommande : de prier perfeveram- *leurs.*
ment , & avec inftance pour les Rois , & " *I. Tim.*
pour tous ceux qui font conftituez en dig- " ij. 1. 2.
nité , afin que nous paffions tranquillement "
nôtre vie , en toute pieté & chafteté. "

De tout cela il refulte qu'il n'y a point
de pire état que l'Anarchie ; c'eft-à-dire ,
l'état où il n'y a point de gouvernement ni
d'autorité. Où tout le monde veut faire ce
qu'il veut , nul ne fait ce qu'il veut : où il
n'y a point de maître , tout le monde eft
maître ; où tout le monde eft maître , tout
le monde eft efclave.

VI. PROPOSITION.

*Le Gouvernement fe perpetuë , & rend
les Etats immortels.*

QUand Dieu declare à Moïfe qu'il va " *Num.*
mourir, Moïfe lui dit auffi-tôt : Don- " xxvij.
nez, Seigneur, à ce peuple quelqu'un qui le " 16. 17.

gouverne. Enſuite, par l'ordre de Dieu,
Ib. 22. „ Moïſe établit Joſué pour lui ſucceder : En
23.   „ preſence du grand Prêtre Eleazar & detout
   „ le peuple, & lui impoſe les mains : En ſigne que la puiſſance ſe continuoit de l'un
à l'autre.

     Après la mort de Moïſe, tout le peuple
Joſ. j. „ reconnoît Joſué. Nous vous obéïrons en
17. „ toutes choſes comme nous avons fait à
   „ Moïſe. Le prince meurt ; mais l'autorité
Ib. 9. 10. eſt immortelle, & l'état ſubſiſte toûjours.
11.   C'eſt pourquoi les mêmes deſſeins ſe con-
tinuent. La guerre commencée ſe pourſuit.
Ib. 13. „ Et Moïſe revit en Joſué. Souvenez-vous,
15. 16. „ dit-il à ceux de Ruben, de ce que vous a
   „ commandé Moïſe? Et un peu après : Vous
   „ poſſederez la terre que le ſerviteur de Dieu
   „ vous a donnée.

     Il faut bien que les Princes changent,
puiſque les hommes ſont mortels : mais le
gouvernement ne doit pas changer ; l'autorité demeure ferme, les conſeils ſont ſui-
vis & éternels.

     Après la mort de Saül, David dit à ceux
de Jabes-Galaad, qui avoient bien ſervi ce
II. Reg. „ Prince : Prenez courage & ſoyez toûjours
ij. 7. „ gens de cœur ; parce qu'encore que vôtre
   „ maître Saül ſoit mort, la maiſon de Juda
   „ m'a ſacré Roi.

     Il leur veut faire entendre, que comme
l'autorité ne meurt jamais, ils doivent con-
tinuer leurs ſervices, dont le merite eſt
immortel dans un état bien reglé.

ARTICLE IV.

Des Loix.

I. PROPOSITION.

*Il faut joindre les Loix au Gouvernement
pour le mettre dans sa perfection.*

C'Eſt-à-dire, qu'il ne ſuffit pas que le
Prince, ou que le Magiſtrat ſouverain
regle les cas qui ſurviennent ſuivant l'oc-
currence ; mais qu'il faut établir des regles
generales de conduite, afin que le gouvernement ſoit conſtant, & uniforme : Et c'eſt
ce qu'on appelle Loix.

II. PROPOSITION.

*On poſe les principes primitifs de toutes
les Loix.*

TOutes les loix ſont fondées ſur la premiere de toutes les loix qui eſt celle de
la nature, c'eſt-à-dire, ſur la droite raiſon,
& ſur l'équité naturelle. Les loix doivent
regler les choſes divines & humaines, publiques & particulieres ; & ſont commen-
cées par la nature, ſelon ce que dit ſaint
Paul : Que les gentils qui n'ont pas de loi, " *Rom. ij.*
faiſant naturellement ce qui eſt de la loi, " 14. 15.
ſe font une loi à eux-mêmes, & montrent "
l'œuvre de la loi écrite dans leurs cœurs "
par le témoignage de leurs conſciences, & "
les penſées interieures qui s'accuſent mu- "
tuellement, & ſe défendent auſſi l'une con- "
tre l'autre, "

Les loix doivent établir le droit facré &
profane ; le droit public & particulier ; en
un mot la droite obfervance des chofes divines & humaines parmi les citoïens, avec
les châtimens & les recompenfes.

Il faut donc avant toutes chofes regler
le culte de Dieu. C'eft par où commence
Moïfe, & il pofe ce fondement de la focieté des Ifraëlites. A la tête du decalogue
Exo.xx. „ on voit ce precepte fondamental : Je fuis
2.3.&c.„ le Seigneur, tu n'auras point de Dieux étran-
„ gers, &c.

Enfuite viennent les preceptes qui regar-
Ibid.4. „ dent la focieté. Tu ne tuëras point, tu ne
13.15. „ déroberas point, & les autres. Tel eft l'or-
&c. dre general de toute legiflation.

III. PROPOSITION.

Il y a un ordre dans les Loix.

LE premier principe des loix eft de reconnoître la divinité, d'où nous viennent tous les biens & l'être même. Crains
Eccl.xij. „ Dieu & obferve fes commandemens ; c'eft-
13. „ là tout l'homme. Et l'autre eft : De faire
Matt. „ à autrui comme nous voulons qui nous
vij. 12. „ foit fait.
Luc. vj. „
31.

IV. PROPOSITION.

Un grand Roi explique les caracteres des
Loix.

L'Interêt & la paffion corrompent les
Pf.xviij. „ hommes. La loi eft fans interêt & fans
8. „ paffion : Elle eft fans tache & fans corrup-

tion, elle dirige les ames, elle est fidéle: « elle parle sans déguisement & sans flatterie. « Elle rend sages les enfans : elle previent en eux l'experience, & les remplit dés leur premier âge de bonnes maximes. Elle est " *Ib.* 9, droite & réjoüit le cœur. On est ravi de " voir comme elle est égale à tout le monde, « comme au milieu de la corruption elle conserve son integrité. Elle est pleine de " *Ib.* 10. lumieres : dans la loi sont recueillies les " lumieres les plus pures de la raison. Elle " est veritable & se justifie par elle-même: " car elle suit les premiers principes de l'é- quité naturelle, dont personne ne disconvient que ceux qui sont tout-à-fait aveugles. Elle est plus desirable que l'or & plus dou- " *Ib.* 11. ce que le miel : d'elle vient l'abondance & " le repos.   "

David remarque dans la loi de Dieu ces proprietés excellentes , sans lesquelles il n'y a point de loi veritable.

V. PROPOSITION.

La Loi punit & récompense.

C'Est pourquoi la loi de Moïse se trou‑ ve par tout accompagnée de châtimens : voici le principe qui les rend aussi justes que necessaires. La premiere de toutes les loix, comme nous l'avons remarqué , est celle de ne point faire à autrui ce que nous ne voulons pas qui nous soit fait. Ceux qui sortent de cette loi primitive , si droite & si équitable , dés-là meritent qu'on leur fasse ce qu'ils ne veulent pas qui leur soit

fait : ils ont fait ſouffrir aux autres ce qu'ils
ne vouloient pas qu'on leur fît, ils meritent qu'on leur faſſe ſouffrir ce qu'ils ne
veulent pas. C'eſt le juſte fondement des
châtimens, conformement à cette parole
Jer. j. „ prononcée contre Babilone. Prenez van-
„ geance d'elle, faites-lui comme elle a fait.
„ Elle n'a épargné perſonne, ne l'épargnez
pas ; elle a fait ſouffrir les autres, faites-
la ſouffrir.

Sur le même principe ſont fondées les
récompenſes. Qui ſert le public ou les particuliers, le public & les particuliers le doivent ſervir.

VI. PROPOSITION.

La Loi eſt ſacrée & inviolable.

POur entendre parfaitement la nature de
la loi, il faut remarquer que tous ceux
qui en ont bien parlé, l'ont regardée dans
ſon origine comme un pacte & un traité
ſolemnel par lequel les hommes conviennent enſemble par l'autorité des princes,
de ce qui eſt neceſſaire pour former leur
ſocieté.

On ne veut pas dire par-là que l'autorité
des loix dépende du conſentement & ac-
quieſcement des peuples : mais ſeulement
que le prince qui d'ailleurs par ſon caractere
n'a d'autre interêt que celui du public, eſt
aſſiſté des plus ſages têtes de la nation, &
appuyé ſur l'experience des ſiécles paſſez.

Cette verité conſtante parmi tous les
hommes eſt expliquée admirablement dans

l'Ecriture. Dieu affemble fon peuple, leur fait à tous propofer la loi, par laquelle il établiffoit le droit facré & profane, public & particulier de la Nation, & les en fait tous convenir en fa prefence. Moïfe convoqua tout le peuple. Et comme il leur avoit déja recité tous les articles de cette loi, il leur dit : Gardez les paroles de ce " *Deut.* pacte & les accompliffez, afin que vous " xxix. 2. entendiez ce que vous avez à faire. Vous " 9. 10. êtes tous ici devant le Seigneur vôtre Dieu, " 10. 11. vos chefs, vos tribus, vos fenateurs, vos " 12. 13. docteurs, tout le peuple d'Ifraël, vos en- " 14. 15. fans, vos femmes, & l'étranger qui fe trou- " ve mêlé avec vous dans le camp, afin que " tous enfemble vous vous obligiez à l'allian- " ce du Seigneur, & au ferment que le Sei- " gneur fait avec vous. Et que vous foyez " fon peuple, & qu'il foit vôtre Dieu. Et je " ne fais pas ce traité avec vous feuls, mais " je le fais pour tous prefents & abfents. "

Moïfe reçoit ce traité au nom de tout le peuple qui lui avoit donné fon confentement. J'ai été, dit-il, le mediateur en- " *Deut.* tre Dieu & vous, & le dépofitaire des pa- " v. 5. roles qu'il vous donnoit, & vous à lui. "

Tout le peuple confent expreffement au traité. Les Levites difent à haute voix : Maudit celui qui ne demeure pas ferme " *Deut.* dans toutes les paroles de cette loi, & ne " xxvij. les accomplit pas, & tout le peuple répond " 14. 26. amen, qu'il foit ainfi. "

Il faut remarquer que Dieu n'avoit pas befoin du confentement des hommes pour autorifer fa loi, parce qu'il eft leur Créateur, qu'il peut les obliger à ce qu'il lui

plaît ; & toutefois pour rendre la chofe plus
folemnelle & plus ferme , il les oblige à la
loi par un traité exprès & volontaire.

VII. PROPOSITION.

La Loi eft reputée avoir une origine Divine.

LE traité qu'on vient d'entendre , a un
double effet ; il unit le peuple à Dieu ,
& il unit le peuple en foi-même.

Le peuple ne pouvoit s'unir en foi-même par une focieté inviolable , fi le traité
n'en étoit fait dans fon fond en prefence
d'une puiffance fupericure telle que celle de
Dieu , protecteur naturel de la focieté humaine, & inévitable vangeur de toute con-
travention à la loi.

Mais quand les hommes s'obligent à
Dieu , lui promettant de garder , tant envers lui qu'entr'eux, tous les articles de la
loi qu'il leur propofe, alors la convention
eft inviolable , autorifée par une puiffance
à laquelle tout eft foûmis.

C'eft pourquoi tous les peuples ont voulu donner à leurs loix une origine divine,
& ceux qui ne l'ont pas euë , ont feint de
l'avoir.

Minos fe vantoit d'avoir appris de Jupiter les loix qu'il donna à ceux de Crete ;
ainfi Licurgue , ainfi Numa, ainfi tous les
autres Legiflateurs ont voulu que la convention par laquelle les peuples s'obligeoient
entre eux à garder les loix, fût affermie par
l'autorité divine, afin que perfonne ne pût
s'en dédire.

Platon dans fa Republique, & dans fon Livre des Loix, n'en propofe aucune qu'il ne veüille faire confirmer par l'oracle avant qu'elles foient reçûës, & c'eft ainfi que les loix deviennent facrées & inviolables.

VIII. PROPOSITION.

Il y a des Loix fondamentales qu'on ne peut changer ; il eft même très-dangereux de changer, fans neceffité, celles qui ne le font pas.

C'Eft principalement de ces loix fonda- "*Pf.*lxxxj. mentales qu'il eft écrit : Qu'en les "5. violant, on ébranle tous les fondemens de la terre : Après quoi il ne refte plus que la chute des Empires.

En general les loix ne font pas loix, fi elles n'ont quelque chofe d'inviolable. Pour marquer leur folidité & leur fermeté, Moïfe ordonne : Qu'elles foient toutes "*Deut.* écrites nettement & vifiblement fur des "xxvij.8. pierres. Jofué accomplit ce commande- "*Jof.*viij. ment. "32.

Les autres peuples civilifez conviennent de cette maxime. Qu'il foit fait un édit, & "*Eft.*j.19. qu'il foit écrit felon la loi inviolable des " Perfes & des Medes : difent à Affuerus les " fages de fon confeil, qui étoient toûjours près de fa perfonne. Ces fages fçavoient "*Ib.*13. les loix & le droit des anciens. Cet attache- " ment aux loix & aux anciennes maximes, affermit la focieté & rend les Etats im- mortels.

On perd la veneration pour les loix,

quand on les voit si souvent changer. C'est
alors que les nations semblent chanceller
comme troublées, & prises de vin, ainsi
If. xix. que parlent les Prophetes. L'esprit de ver-
14. tige les possede & leur chute est inévitable.
Ib. xxv. „ Parce que les peuples ont violé les loix,
v. 5. „ changé le droit public, & rompu les pactes
„ les plus solemnels. C'est l'état d'un malade inquiet, qui ne sçait quel mouvement
se donner.

Eccl liv. „ Je haïs deux Nations, dit le sage fils de
27. 28. „ Sirac, & la troisiéme n'est pas une Nation:
„ c'est le peuple insensé qui demeure dans
„ Sichem. C'est-à-dire, le peuple de Samarie,
qui ayant renversé l'ordre, oublié la loi,
établi une religion & une loi arbitraire, ne
merite pas le nom de peuple.

On tombe dans cet état quand les loix
sont variables & sans consistance, c'est-à-
dire, quand elles cessent d'être loix.

A R T I C L E V.

Consequences des principes generaux de l'humanité.

UNIQUE PROPOSITION.

Le partage des biens entre les hommes, &
la division des hommes mêmes en peuples
& en nations, ne doit point alterer la so-
cieté generale du genre humain.

Deut. „ SI quelqu'un de vos freres est réduit à la
xv. 7. 8. „ pauvreté, n'endurcissez pas vôtre cœur,
9. 10. „ & ne lui resserrez pas vôtre main : mais
ouvrez-

ouvrez-la au pauvre , & prêtez-lui tout ce «
dont vous verrez qu'il aura besoin. Que «
cette pensée impie ne vous vienne point «
dans l'esprit : Le septiéme an arrive où se- «
lon la loi toutes les obligations pour dettes «
sont annulées. Ne vous détournez pas pour «
cela du pauvre , de peur qu'il ne crie con- «
tre vous devant le Seigneur , & que vôtre «
conduite vous tourne à peché : mais don- «
nez-lui & le secourez sans aucun détour ni «
artifice , afin que le Seigneur vous béniffe. «

La loi seroit trop inhumaine si en parta-
geant les biens , elle ne donnoit pas aux
pauvres quelques recours sur les riches.
Elle ordonne dans cet esprit d'exiger ses
dettes avec grande moderation. Ne prenez « *Deut.*
point à vôtre frere les instrumens nécessai- « xxiv 6.
res pour la vie , comme la meule dont il « 10. 11.
mout son bled ; car autrement il vous au- « 12. 13.
roit engagé sa propre vie. S'il vous doit , «
n'entrez pas dans sa maison pour prendre «
des gages , mais demeurez dehors , & re- «
cevez ce qu'il vous apportera. Et s'il est si «
pauvre qu'il soit contraint de vous donner «
sa couverture , qu'elle ne passe pas la nuit «
chez vous ; mais rendez-là à vôtre frere , «
afin que dormant dans sa couverture il vous «
beniffe , & vous serez juste devant le Sei- «
gneur.   «

La loi s'étudie en toutes choses à entretenir dans les citoyens cet esprit de secours
mutuel. Qand vous verrez s'égarer , dit- « *Deut.*
elle , le bœuf ou la brebis de vôtre frere , « xxij. 1.
ne passez pas outre sans les retirer : Quand « 2.
vous ne connoîtriez pas celui à qui elle est, «
ou qu'il ne vous toucheroit en rien, menez «

„ ſon animal en vôtre maiſon juſqu'à-ce que
„ vôtre frere le vienne querir : Faites-en de
„ même de ſon âne & de ſon habit, & de
„ toutes les autres choſes qu'il pourroit avoir
„ perduës : Si vous les trouvez, ne les ne-
„ gligez pas comme choſes appartenantes à
„ autrui. C'eſt-à-dire, prenez-en ſoin com-
„ me ſi elle étoit à vous, pour la rendre ſoi-
„ gneuſement à celui qui l'a perduë.

Par ces loix il n'y a point de partage qui
empêche que je n'aye ſoin de ce qui eſt à
autrui, comme s'il étoit à moi-même ; &
que je ne faſſe part à autrui de ce que j'ai,
comme s'il étoit veritablement à lui.

C'eſt ainſi que la loi remet en quelque
ſorte en communauté les biens qui ont été
partagez, pour la commodité publique &
particuliere.

Elle laiſſe même dans les terres ſi juſtement partagées quelques marques de l'ancienne communauté ; mais reduites à cer-
Deut. „ taines bornes pour l'ordre public. Vous
xxiij. „ pouvez, dit-elle, entrer dans la vigne de
24.25.„ vôtre prochain & y manger du raiſin tant
„ que vous voudrez ; mais non pas l'empor-
„ ter dehors. Si vous entrez dans les bleds
„ de vôtre ami, vous en pouvez cueillir des
„ épis & les froiſſer avec la main, mais non
„ pas les couper avec la faucille.
Deut. „ Quand vous ferez vôtre moiſſon, ſi vous
xxiv. „ oubliez quelque gerbe, ne retournez pas
19 20.„ ſur vos pas pour l'enlever, mais laiſſez-la
21. „ enlever à l'étranger, au pupille & à la veu-
„ ve, afin que le Seigneur vous beniſſe dans
„ tous les travaux de vos mains. Il ordonne
la même choſe des olives & des raiſins dans
la vandange.

Moïſe rapelle par ce moïen dans la memoire des poſſeſſeurs, qu'ils doivent toûjours regarder la terre comme la mere commune & la nourrice de tous les hommes,
& ne veut pas que le partage qu'on en a
fait, leur faſſe oublier le droit primitif de
la nature.

Il comprend les étrangers dans ce droit.
Laiſſez, dit-il, ces olives, ces raiſins, & " *Ib.* 24.
ces gerbes oubliées à l'étranger, au pupille, "
& à la veuve. "

Il recommande particulierement dans les
jugemens l'étranger & le pupille, hono-
rant en tout la ſocieté du genre humain.
Ne pervertis point, dit-il, le jugement de " *Ib.* 17.
l'étranger & du pupille : Souviens-toi que " 18.
tu as été étranger, & eſclave en Egypte. "

Il eſt ſi loin de vouloir qu'on manque
d'humanité aux étrangers, qu'il étend même en quelque façon cette humanité juſqu'aux animaux. Quand on trouve un oi-
ſeau qui couve, le Legiſlateur défend : De " *Deut.*
prendre enſemble la mere & les petits : Laiſ- " xxij. 6.
ſe-la aller, dit-il, ſi tu lui ôte ſes petits. " 7.
Comme s'il diſoit, elle perd aſſez en les
perdant ſans perdre encore ſa liberté.

Dans le même eſprit de douceur, la loi " *Deut.*
défend : De cuire le chevreau dans le lait " xiv. 21.
de ſa mere : Et de lier la bouche, c'eſt-à- " *Deut.*
dire, de refuſer la nourriture au bœuf qui " xxv. 4.
travaille à battre le bled. "

Eſt-ce que Dieu a ſoin des bœufs ? com- *I. Cor. ix.*
me dit ſaint Paul : A-t'il fait la loi pour 9.
eux, & pour les chevreaux, & pour les
bêtes, & ne paroît-il pas qu'il a voulu inſpirer aux hommes la douceur & l'humani-

té en toutes chofes; afin qu'étant doux aux
animaux, ils fentent mieux ce qu'ils doivent à leurs femblables.

Il ne faut donc pas penfer que les bornes qui féparent les terres des particuliers
& les états, foient faites pour mettre la divifion dans le genre humain; mais pour
faire feulement qu'on n'attente rien les uns
fur les autres, & que chacun refpecte le
repos d'autrui. C'eft pour cela qu'il eft dit:
Deut. „ Ne tranfporte point les bornes qu'ont mis
xix 14. „ les anciens dans la terre que t'a donné le
Deut. „ Seigneur ton Dieu. Et encore : Maudit
xxvij.17,, celui qui remuë les bornes de fon voifin.

Il faut encore plus refpecter les bornes
qui féparent les Etats, que celles qui féparent les particuliers; & on doit garder la
focieté que Dieu a établie entre tous les
hommes.

Il n'y a que certains peuples maudits &
abominables, avec qui toute focieté eft in-
terdite, à caufe de leur effroïable corrup-
*Deut.*vij„ tion qui fe répandroit fur leurs alliez. N'aïe
z. 3. 4. „ point, dit la Loi, de focieté avec ces peu-
„ ples, ne leur donne point ta fille, ne prens
„ point la leur pour ton fils, parce qu'ils le
„ féduiront & le feront fervir aux Dieux
„ étrangers.

Hors de là Dieu défend ces averfions
qu'ont les peuples les uns pour les autres;
& au contraire, il fait valoir tous les liens
Deut. „ de la focieté qui font entre eux. N'ayez
xxiij 7. „ point en execration l'Iduméen, parce que
„ vous venez de même fang; ni l'Egyptien,
„ parce que vous avez été étranger dans fa
„ terre.

Auſſi eſt-il demeuré parmi tous les peuples certains principes communs de ſocieté
& de concorde. Les peuples les plus éloignez s'uniſſent par le commerce, & conviennent qu'il faut garder la foi & les traitez. Il y a dans tous les peuples civiliſez
certaines perſonnes à qui tout le genre humain ſemble avoir donné une ſeureté pour
entretenir le commerce entre toutes les
nations. La guerre même n'empêche pas
ce commerce : les Ambaſſadeurs ſont re- *II. Reg. x.*
gardez comme perſonnes ſacrées : qui vio- 3 4.
le leur caractere eſt en horreur ; & David xij. ﹐1.
prit avec raiſon une vangeance terrible des
Ammonites, & de leur Roi, qui avoit mal-
traité ſes Ambaſſadeurs.

Les peuples qui ne connoiſſent pas ces
loix de ſocieté, ſont peuples inhumains,
barbares, ennemis de toute juſtice, & du
genre humain, que l'Ecriture appelle du
nom odieux : De gens ſans foi & ſans al- *Rom. j.*
liance. ﹐1.

Voici une belle regle de ſaint Auguſtin
pour l'application de la charité. Où la rai- " *S Aug.*
ſon eſt égale, il faut que le ſort décide. " *de doct.*
L'obligation de s'entre-aimer eſt égale dans " *Chriſt.*
tous les hommes, & pour tous les hommes. " *lib.* 10,
Mais comme on ne peut pas également les " *c. xxviij.*
ſervir tous, on doit s'attacher principale- "
ment à ſervir ceux que les lieux, les tems, "
& les autres rencontres ſemblables nous "
uniſſent d'une façon particuliere comme "
par une eſpéce de ſort. "

ARTICLE VI.

De l'amour de la Patrie.

I. PROPOSITION.

Il faut être bon Citoyen, & sacrifier à sa Patrie dans le besoin tout ce qu'on a, & sa propre vie : où il est parlé de la Guerre.

SI l'on est obligé d'aimer tous les hommes, & qu'à vrai dire il n'y ait point d'étranger pour le Chrétien, à plus forte raison doit-il aimer ses concitoyens. Tout l'amour qu'on a pour soi-même, pour sa famille, & pour ses amis, se réünit dans l'amour qu'on a pour sa patrie, où nôtre bonheur & celui de nos familles & de nos amis est renfermé.

C'est pourquoi les seditieux qui n'aiment pas leur pays & y portent la division, sont l'execration du genre humain. La terre ne les peut pas supporter & s'ouvre pour les engloutir. C'est ainsi que perirent Coré, Dathan, & Abiron. S'ils perissent, dit Moïse, comme les autres hommes ; s'ils sont frappez d'une playe ordinaire, le Seigneur ne m'a pas envoyé : mais si Dieu fait quelque chose d'extraordinaire, & que la terre ouvre sa bouche pour les engloutir eux & tout ce qui leur appartient, en sorte qu'on les voye entrer tous vivans dans les enfers, vous connoîtrez qu'ils ont blasphemé contre le Seigneur. A peine avoit-il

Num. XVI. 28. &c.

ceſſé de parler que la terre s'ouvrit ſous leurs
pieds, & les devora avec leur tente, & tout
ce qui leur appartenoit.

Ainſi meritoient d'être retranchez ceux qui
mettoient la diviſion parmi le peuple. Il ne
faut point avoir de ſocieté avec eux ; en
approcher c'eſt approcher de la peſte. Reti- " *Ib. 26.*
rez-vous, dit Moïſe, de la tente de ces "
impies, & ne touchez rien de ce qui leur "
appartient, de peur que vous ne ſoyez en- "
veloppez dans leurs pechez & dans leur "
perte. "

On ne doit point épargner ſes biens quand
il s'agit de ſervir la patrie. Gedeon dit à
ceux de Soccoth : Donnez de quoi vivre " *Jud.*
aux ſoldats qui ſont avec moi parce qu'ils " viij. 5.
défaillent, afin que nous pourſuivions les " 15. 16.
ennemis. Ils refuſent, & Gedeon en fait " 17.
un juſte châtiment. Qui ſert le public, ſert
chaque particulier. Il faut même ſans héſi-
ter expoſer ſa vie pour ſon pays. Ce ſentiment eſt commun à tous les peuples, & ſur
tout il paroît dans le peuple de Dieu.

Dans les beſoins de l'état tout le monde
ſans exception étoit obligé d'aller à la guerre, & c'eſt pourquoi les armées étoient ſi
nombreuſes.

La ville de Jabes en Galaad aſſiegée &
reduite à l'extremité par Naas Roi des Ammonites, envoye expoſer ſon peril extrê-
me à Saül : Qui auſſi-tôt fait couper un " *1. Reg.*
bœuf en douze morceaux qu'il envoya aux " xj. 7. 8.
confins de chacune des douze tribus avec " 9.
cet édit : Qui ne ſortira pas avec Saül & "
Samuel, ſes bœufs ſeront ainſi mis en pie- "
ces : & auſſi-tôt tout le peuple s'aſſembla "

H 4

„ comme un seul homme : & Saül en fit la
„ revûë à Bésech, & ils se trouverent d'Israël
„ trois cens mille, & trente mille de Juda :
„ & ils dirent aux envoyez de Jabes, demain
„ vous serez delivrez.

Ces convocations étoient ordinaires, &
il faudroit transcrire toute l'histoire du peuple de Dieu, pour en rapporter tous les
exemples.

C'étoit un sujet de plainte à ceux qui n'é-
toient pas appellez, & ils le prenoient à
Jud „ affront. Ceux d'Ephraïm dirent à Gedeon ;
viij. 1 „ Quel dessein avez-vous eu de ne nous point
2. 3. „ appeller quand vous alliez combattre contre
„ Madian ? ce qu'ils dirent d'un ton de co-
„ lere, & en vinrent presque à la force, &
„ Gedeon les appaisa en loüant leur valeur.

Jud. Ils firent la même plainte à Jephté, & la
xij. 1. chose alla jusqu'à la sedition ; tant on se
piquoit d'honneur d'être convoqué en ces
occasions. Chacun exposoit sa vie non seulement pour tout le peuple, mais pour sa
Ibid. „ seule tribu. Ma tribu, dit Jephté, avoit
2. 3. „ querelle contre les Ammonites ; ce que
„ voyant j'ai mis mon ame en mes mains
„ (noble façon de parler qui signifioit expo-
„ ser sa vie) & j'ai fait la guerre aux Am-
„ monites.

C'est une honte de demeurer en repos
dans sa maison, pendant que nos citoïens
sont dans le travail & dans le peril pour la
commune patrie. David envoya Urie re-
poser chez lui, & ce bon sujet répondit :
II. Reg. „ L'arche de Dieu & tout Israël & Juda sont
xj. 10. „ sous des tentes, monseigneur Joab & tous
11. „ les serviteurs du Roi monseigneur couchent

fur la terre : & moi j'entrerai dans ma maifon pour y manger à mon aile, & y être
avec ma femme ! par vôtre vie je ne ferai
point une chofe fi indigne.

Il n'y a plus de joye pour un bon citoyen
quand fa patrie eft ruïnée. De là ce difcours
de Mathatias chef de la maifon des Afmo-
néeus ou Machabées : Malheur à moi !
pourquoi fuis-je né pour voir la ruïne de
mon peuple, & celle de la Cité fainte ? Puis-
je y demeurer davantage la voyant livrée à
fes ennemis, & fon Sanctuaire dans la main
des étrangers ? Son Temple eft deshonoré
comme un homme de néant, fes vieillards
& fes enfans font maffacrez au milieu de
fes ruës, & fa jeuneffe a peri dans la guerre:
quelle nation n'a point ravagé fon Royaume , & ne s'eft point enrichie de fes dépoüilles ? On lui a ravi tous fes ornemens ;
de libre elle eft devenuë efclave : tout nôtre éclat , toute nôtre gloire, tout ce qu'il
y avoit parmi nous de facré , a été foüillé
par les gentils : & comment après cela pourrions-nous vivre ?

On voit là toutes les chofes qui uniffent
les citoyens & entre eux & avec leur patrie:
les autels & les facrifices , la gloire, les
biens, le repos & la feureté de la vie, en
un mot la focieté des chofes divines & humaines. Mathatias touché de toutes ces
chofes , déclare qu'il ne peut plus vivre
voyant fes citoyens en proye , & fa patrie
defolée. En difant ces paroles, lui & fes
enfans déchirerent leurs habits , & fe cou-
vrirent de cilice , & fe mirent à gemir.

Ainfi faifoit Jeremie , lorfque fon peu-

Lam. de „ ple étant mené en captivité , & la sainte
Jer.   „ cité étant desolée , plein d'une douleur
           „ amere , il prononça en gemissant ces la-
           „ mentations qui attendrissent encore ceux
           „ qui les entendent.

Le même Prophete dit à Baruch , qui
dans la ruïne de son pays, songeoit encore
Jer. xiv. „ à lui-même & à sa fortune : Voici ô Baruch
2. 4. 5. „ ce que te dit le Seigneur Dieu d'Israël ; j'ai
           „ détruit le pays que j'avois bâti, j'ai arraché
           „ les Enfans d'Israël que j'avois planté , &
           „ j'ai ruïné toute cette terre : & tu cherches
           „ encore pour toi de grandes choses ? Ne le
           „ fais pas, contente-toi que je te sauve la vie?

Ce n'est pas assez de pleurer les maux de
ses citoyens & de son pays ; il faut exposer
sa vie pour leur service. C'est à quoi Mathatias excite en mourant toute sa famille.
I. Mach. „ L'orgueil & la tyrannie ont prévalu : voici
i. 49. 50. „ des tems de malheur & de ruïne pour vous,
&c.   „ prenez donc courage mes enfans , soyez
           „ zelateurs de la loi , & mourez pour le tes-
           „ tament de vos peres.

Ce sentiment demeura gravé dans le cœur
de ses enfans ; il n'y a rien de plus ordinaire dans la bouche de Judas , de Jonathas ,
& de Simon , que ces paroles : Mourons
pour nôtre peuple & pour nos freres. Pre-
Ib. iij. „ nez courage, dit Judas, & soyez tous gens
58. 59 „ de cœur : combattez vaillamment ces Na-
           „ tions armées pour nôtre ruïne. Il vaut
           „ mieux mourir à la guerre que de voir perir
           „ nôtre pays & le sanctuaire. Et encore : A
Ib. ix. „ Dieu ne plaise que nous fuyons devant l'en-
10.   „ nemi; si nôtre heure de mourir est arrivée,
           „ mourons en gens de cœur pour nos fre-

res , & ne mettons point de tache à nôtre «
gloire.   «

L'Ecriture eſt pleine d'exemples qui nous
apprennent ce que nous devons à nôtre patrie ; mais le plus beau de tous les exemples eſt celui de Jeſus-Chriſt.

II. PROPOSITION.

JESUS-CHRIST *établit par ſa Doĉrine, &*
par ſes exemples l'amour que les Citoyens
doivent avoir pour leur Patrie.

LE Fils de Dieu fait homme a non-ſeulement accompli tous les devoirs qu'exige d'un homme la ſocieté humaine , cha-
ritable envers tous , & ſauveur de tous ;   *Luc.* ij.
& ceux d'un bon fils envers ſes parens à   51.
qui il étoit ſoûmis : mais encore ceux de
bon citoyen , ſe reconnoiſſant : Envoyé «*Matth.*
aux Brebis perduës de la maiſon d'Iſraël. «xv. 24.
Il s'eſt renfermé dans la Judée : Qu'il par- «*Aĉ. x.*
couroit toute en faiſant du bien , & gueriſ- «38.
ſant tous ceux que le demon tourmentoit. «

On le reconnoiſſoit pour bon citoyen ,
& c'étoit une puiſſante recommandation
auprès de lui que d'aimer la nation Judaï-
que. Les Senateurs du peuple Juif pour
l'obliger à rendre : Au Centurion un ſer- «*Luc.* vij.
viteur malade qui lui étoit cher , prioient «3. 4. 5.
Jeſus avec ardeur & lui diſoient : Il merite «6.
que vous l'afliſtiez ; car il aime nôtre na- «
tion & nous a bâti une Synagogue : & Jeſus «
alloit avec eux , & guerit ce ſerviteur.   «

Quand il ſongeoit aux malheurs qui me-
naçoient de ſi près Jeruſalem & le peuple

Juif, il ne pouvoit retenir ſes larmes. En
approchant de la ville, & la regardant, il

Luc xix „ ſe mit à pleurer ſur elle : Si tu connoiſſois,
41. 42. „ dit-il, dans ce tems qui t'eſt donné pour te
„ repentir, ce qui pourroit t'apporter la paix !
„ mais cela eſt caché à tes yeux. Il dit ces
mots entrant dans Jeruſalem au milieu des
acclamations de tout le peuple.

Ce ſoin qui le preſſoit dans ſon triomphe, ne le quitte pas dans ſa paſſion. Com-

Luc. „ me on le menoit au ſupplice : Une grande
xxiij 27 „ troupe de peuple & de femmes qui le ſui-
28. 29. „ voient, frapoient leurs poitrines & gemiſ-
„ ſoient ; mais Jeſus ſe tournant à elles, leur
„ dit : Filles de Jeruſalem ne pleurez pas ſur
„ moi, pleurez ſur vous-mêmes & ſur vos
„ enfans ; car bien-tôt vont venir les jours
„ où il ſera dit : Heureuſes les ſteriles : heu-
„ reuſes les entrailles qui n'ont point porté
„ de fruit, & les mammelles qui n'ont point
„ nourri d'enfans. Il ne ſe plaint pas des
maux qu'on lui fait ſouffrir injuſtement ;
mais de ceux qu'un ſi inique procedé devoit attirer à ſon peuple.

Il n'avoit rien oublié pour les prévenir.

Matt. „ Jeruſalem ! Jeruſalem ! qui tuez les Pro-
xxiij. 37.„ phetes, & qui lapidez ceux qui te ſont en-
38. „ voyez, combien de fois ai-je voulu ramaſ-
„ ſer tes enfans comme une poule qui ramaſ-
„ ſe ſes petits ſous ſes aîles, & tu n'as pas
„ voulu ! & voilà que vos maiſons vont bien-
„ tôt être déſolées.

Il fut & durant ſa vie & à ſa mort exact
obſervateur des loix, & des coûtumes loüa-
bles de ſon pays ; même de celles dont il
ſçavoit qu'il étoit le plus exempt.

On ſe plaignit à ſaint Pierre, qu'il ne payoit pas le tribut ordinaire du Temple, & cet Apôtre ſoûtenoit, qu'en effet il ne devoit rien. Mais Jeſus le prevint, en lui diſant : De qui eſt-ce que les Rois de la " *Matt.* terre exigent le tribut; eſt-ce de leurs enfans " xviij. ou des étrangers ? Pierre répondit : des " 24. 25. étrangers. Jeſus lui dit : les enfans ſont " 26. donc francs, & toutefois pour ne point cau- " ſer de deſordre, & pour ne les pas ſcanda- " liſer, allez & payez pour moi & pour vous. " Il fait payer un tribut qu'il ne devoit pas comme fils, de peur d'apporter le moindre trouble à l'ordre public.

Auſſi dans le deſir qu'avoient les Phari- ſiens de le trouver contraire à la loi, ils ne *Luc.* xiij. purent jamais lui reprocher que des choſes 14. de néant, ou les miracles qu'il faiſoit le *Joan.* v. jour du Sabat ; comme ſi le Sabat devoit 9 12. faire ceſſer les œuvres de Dieu auſſi-bien ix. 14.15. que celles des hommes.

Il étoit ſoûmis en tout à l'ordre public faiſant : Rendre à Ceſar ce qui étoit à Ce- " *Matt.* ſar, & à Dieu ce qui eſt à Dieu. " xxij.21.

Jamais il n'entreprit rien ſur l'autorité des magiſtrats. Un de la troupe lui dit, maître commandez à mon frere qu'il faſſe " *Luc* xij. partage avec moi : Homme, lui répondit- " 13. 14. il, qui m'a établi pour être vôtre juge & " pour faire vos partages? "

Au reſte la toute-puiſſance qu'il avoit en main, ne l'empêcha pas de ſe laiſſer pren- dre ſans reſiſtance. Il reprit ſaint Pierre qui " *Luc.* avoit donné un coup d'épée, & rétablit le " xxiij. mal que cet apôtre avoit fait. " 50.51.

Il comparoit devant les Pontifes, devant

Joan. „ Pilate . & devant Herode, répondant pré-
xviij.11. „ cifement fur le fait dont il s'agiffoit à ceux
„ qui avoient droit de l'interroger. Le fou-
Matt. „ verain pontife lui dit : Je vous commande
xxvj.63 „ de la part de Dieu de me dire fi vous êtes
64. „ le Chrift fils de Dieu, & il répondit, je
Luc. „ le fuis. Il fatisfit Pilate fur fa royauté qui
xxij.70. „ faifoit tout fon crime ; & l'affura en même
Joan. „ tems : Qu'elle n'étoit pas de ce monde. Il
xviij. 36 ne dit mot à Herode qui n'avoit rien à com-
37. mander dans Jerufalem , à qui auffi on le
renvoyoit feulement par ceremonie, & qui
ne le vouloit voir que par pure curiofité,
& après avoir fatisfait à l'interrogatoire legitime : au furplus il ne condamna que par
fon filence la procedure manifeftement inique dont on ufoit contre lui, fans fe plain-
I. Petr. „ dre , fans murmurer : Se livrant, comme
xj. 23. „ dit faint Pierre , à celui qui le jugeoit in-
„ juftement.

Ainfi il fut fidéle & affectionné jufqu'à
la fin à fa patrie quoiqu'ingrate & à fes
cruels citoyens qui ne fongeoient qu'à fe
raffacier de fon fang avec une fi aveugle
fureur , qu'ils lui préfererent un feditieux
& un meurtrier.

Il fçavoit que fa mort devoit être le falut
de ces ingrats citoyens s'ils euffent fait pe-
nitence ; c'eft pourquoi il pria pour eux en
particulier jufques fur la croix où ils l'a-
voient attaché.

Caïphe ayant prononcé qu'il falloit que
„ Jefus mourût : Pour empêcher toute la na-
Joan. xj. „ tion de perir. L'Evangelifte remarque:
50. 51. „ Qu'il ne dit pas cela de lui-même ; mais
52. „ qu'étant le pontife de cette année , il pro-

phetifa que Jefus devoit mourir pour fa nation ; & non feulement pour fa nation,
mais encore pour ramaffer en un les enfans
de Dieu difperfez.

Ainfi il verfa fon fang avec un regard
particulier pour fa nation, & en offrant ce
grand facrifice qui devoit faire l'expiation
de tout l'univers, il voulut que l'amour de
la patrie y trouvât fa place.

III. PROPOSITION.

*Les Apôtres & les premiers Fidéles, ont
toûjours été de bons Citoyens.*

LEur Maître leur avoit infpiré ce fentiment. Il les avoit avertis qu'ils feroient
perfecutez par toute la terre, & leur avoit
dit en même-tems : Qu'il les envoyoit com-   " *Math.*
me des agneaux au milieu des loups. C'eft-   " *x. 16.*
à-dire, qu'ils n'avoient qu'à fouffrir fans
murmure & fans refiftance.

Pendant que les Juifs perfecutoient faint
Paul avec une haine implacable, ce grand
homme prend Jefus-Chrift, qui eft la verité
même, & fa confcience à témoin, que
touché d'une extrême & continuelle douleur pour l'aveuglement de fes freres, il
fouhaite d'être anathême pour eux. Je vous   " *Rom. ix.*
dis la verité, je ne mens pas, ma confcien-   " *1.*
ce éclairée par le faint Efprit m'en rend té- "
moignage, &c.   "

Dans une famine extrême il fit une quête
pour ceux de fa nation, & apporta lui-même à Jerufalem les aumônes qu'il avoit ramaffées pour eux dans toute la Grece. Je

Act.
xxiv. 17. „   „ fuis venu , dit-il , pour faire des aumônes „ à ma nation.

Rom xv. „
25. 26. „   Ni lui ni fes compagnons n'ont jamais „ excité de fedition : ni affemblé tumultuai-„ rement le peuple.

Act. xxiv.
12 18   Contraint par la violence de fes citoyens d'appeller à l'Empereur ; il affemble les

Act.
xxviij.
19.   „ Juifs de Rome pour leur declarer : Que „ c'eft malgré lui qu'il a été obligé d'appeller „ à Cefar ; mais qu'au refte il n'a aucune ac-„ cufation ni aucune plainte à faire contre „ ceux de fa nation. Il ne les accufe pas ; mais il les plaint , & ne parle jamais qu'a-vec compaffion de leur endurciffement. En

Act. xxiv.
20. *&c.*   effet accufé devant Felix prefident de Ju-dée , il fe défendit fimplement contre les Juifs, fans faire aucun reproche à de fi vio-lens perfecuteurs.

Durant trois cens ans de perfecution im-pitoyable , les Chrétiens ont toûjours fuivi la même conduite.

Il n'y eut jamais de meilleurs citoyens, ni qui fuffent plus utiles à leur pays, ni qui ferviffent plus volontiers dans les armées, pourvû qu'on ne voulût pas les y obliger à l'idolatrie. Ecoutons le témoignage de

Tertul. „
Apol. „   Tertullien. Vous dites que les Chrétiens „ font inutiles : nous navigeons avec vous, „ nous portons les armes avec vous, nous „ cultivons la terre , nous exerçons la mar-„ chandife. C'eft-à-dire , nous vivons com-„ me les autres dans tout ce qui regarde la „ focieté.

L'Empire n'avoit point de meilleurs fol-dats : outre qu'ils combattoient vaillam-ment, ils obtenoient par leurs prieres ce

qu'ils

qu'ils ne pouvoient faire par les armes. Témoin la pluye obtenuë par la legion fulmi-
nante, & le miracle attefté par les lettres
de Marc-Aurele.

Il leur étoit défendu de caufer du trouble, de renverfer les Idoles, de faire aucune violence : les régles de l'Eglife ne
leur permettoient que d'attendre le coup en
patience.

L'Eglife ne tenoit pas pour Martyrs ceux
qui s'attiroient la mort par quelque violence femblable, & par un faux zéle : Il pouvoit y avoir quelquefois des infpirations extraordinaires, mais ces exemples n'étoient
pas fuivis, comme étant au-deffus de
l'ordre.

Nous voyons même dans les Actes de
quelques Martyrs, qu'ils faifoient fcrupule
de maudire les Dieux ; ils devoient reprendre l'erreur fans aucune parole emportée.
Saint Paul & fes compagnons en avoient
ainfi ufé, & c'eft ce qui faifoit dire au Se-
cretaire de la Communauté d'Ephefe : Mef- " *Act.*
fieurs, il ne faut pas ainfi vous émouvoir. " xix.36,
Vous avez ici amené ces hommes qui n'ont " 37,
commis aucun facrilege, & qui n'ont point "
blafphemé vôtre Déeffe. Ils ne faifoient "
point de fcandale ; & prêchoient la verité
fans alterer le repos public autant qu'il étoit
en eux.

Combien foûmis & paifibles étoient les
Chrétiens perfecutez : ces paroles de Tertullien l'expliquent admirablement. Outre " *Tert.*
les ordres publics par lefquels nous fom- " *Apol.*
mes pourfuivis, combien de fois le peuple "
nous attaque-t'il à coups de pierres, & met- "

Tome I.   I

„ il le feu dans nos maifons dans la fureur
„ des bacchanales ? On n’épargne pas les
„ Chrétiens même après leur mort : on les
„ arrache du repos de la fepulture & comme
„ de l’azyle de la mort : Et cependant quelle
„ vangeance recevez-vous de gens fi cruelle-
„ ment traitez ? Ne pourrions-nous pas avec
„ peu de flambeaux mettre le feu dans la ville,
„ fi parmi nous il étoit permis de faire le mal
„ pour le mal? & quand nous voudrions agir
„ en ennemis declarez ; manquerions-nous
„ des troupes & d’armées ? les Maures, ou
„ les Marcomans, & les Parthes mêmes qui
„ font renfermez dans leurs limites, fe trou-
„ veront-ils en plus grand nombre que nous
„ qui rempliffons toute la terre? Il n’y a que
„ peu de tems que nous paroiffons dans le
„ monde ; & déja nous rempliffons vos vil-
„ les, vos ifles, vos châteaux, vos affem-
„ blées, vos camps, les tribus, les décu-
„ ries, le palais, le fenat, le barreau, la
„ place publique. Nous ne vous laiffons que
„ les temples feuls. A quelle guerre ne fe-
„ rions-nous pas difpofez quand nous ferions
„ en nombre inégal au vôtre, nous qui en-
„ durons fi refolument la mort ; n’étoit que
„ nôtre doctrine nous préfcrit plûtôt d’être
„ tuez que de tuer ? Nous pourrions même
„ fans prendre les armes & fans rebellion vous
„ punir en vous abandonnant : vôtre folitu-
„ de & le filence du monde vous feroit hor-
„ reur : les villes vous paroîtroient mortes,
„ & vous feriez reduits au milieu de vôtre
„ Empire à chercher à qui commander. Il
„ vous demeureroit plus d’ennemis que de
„ citoyens ; car vous avez maintenant moins

d'ennemis , à caufe de la multitude prodi- «
gieufe des Chrétiens. «

Vous perdez , dit-il encore , en nous «
perdant. Vous avez par nôtre moyen un «
nombre infini de gens , je ne dis pas qui «
prient pour vous ; car vous ne le croyez «
pas : mais dont vous n'avez rien à craindre. «

Il fe glorifie avec raifon, que parmi tant
d'attentats contre la perfonne facrée des
Empereurs , il ne s'eft jamais trouvé un
feul Chrétien malgré l'inhumanité dont on
ufoit fur eux tous. Et en verité, dit-il, nous «
n'avons garde de rien entreprendre contre «
eux. Ceux dont Dieu a reglé les mœurs , «
ne doivent pas feulement épargner les Em- «
pereurs , mais encore tous les hommes. «
Nous fommes pour les Empereurs tels que «
nous fommes pour nos voifins. Car il nous «
eft également défendu de dire, ou de faire, «
ou de vouloir du mal à perfonne. Ce qui «
n'eft point permis contre l'Empereur, n'eft «
permis contre perfonne ; ce qui n'eft per- «
mis contre perfonne , l'eft encore moins «
fans doute contre celui que Dieu a fait fi «
grand. «

Voilà quels étoient les Chrétiens fi in-
dignement traitez.

CONCLUSION.

Pour conclure tout ce Livre , & le reduire en abregé.

La focieté humaine peut être confiderée
en deux manieres.

Ou en tant qu'elle embraffe tout le genre humain , comme une grande famille.

Ou en tant qu'elle se réduit en Nations, ou en Peuples composez de plusieurs familles particulieres, qui ont chacune leurs droits.

La societé considerée de ce dernier sens s'appelle societé civile.

On la peut définir selon les choses qui ont été dites, societé d'hommes unis ensemble sous le même gouvernement, & sous les mêmes loix.

Par ce gouvernement & ces loix, le répos & la vie de tous les hommes est mise autant qu'il se peut en sûreté.

Quiconque donc n'aime pas la societé civile dont il fait partie, c'est-à-dire, l'état où il est né, est ennemi de lui-même & de tout le genre humain.

LIVRE SECOND.

DE L'AUTORITÉ.

QUE LA ROYALE, ET L'HEREDITAIRE EST LA PLUS PROPRE AU GOUVERNEMENT.

ARTICLE PREMIER.

Par qui l'autorité a été exercée dés l'origine du monde.

I. PROPOSITION.

Dieu est le vrai Roi.

UN grand Roi le reconnoît lorsqu'il parle ainsi en presence de tout son peuple : Beni soyez-vous, ô Seigneur, Dieu d'Israël nôtre Pere, de toute éternité, & durant toute l'éternité. A vous, Seigneur, appartient la majesté, & la puissance, & la gloire, & la victoire, & la loüange : tout ce qui est dans le Ciel & dans la terre est à vous : il vous appartient de regner, & vous commandez à tous les Princes : les grandeurs & les richesses sont à vous : vous dominez sur toutes choses : en " *I. Par.* " *xxix.* " *10,12.*

I 3

„ vôtre main est la force & la puissance, la
„ grandeur & l'empire souverain. L'empire
„ de Dieu est éternel ; & de là vient qu'il est
„ appellé : Le Roi des siécles.

Apoc.
xv. 3.   „ L'Empire de Dieu est absolu : Qui osera
„ vous dire, ô Seigneur : pourquoi faites-
Sap.   „ vous ainsi ? Ou qui se soûtiendra contre vô-
xij. 12.   „ tre jugement ?

Cet Empire absolu de Dieu a pour premier titre, & pour fondement la création.
Il a tout tiré du néant, & c'est pourquoi
Jer.   „ tout est en sa main. Le Seigneur dit à Je-
xviij.   „ remie : Va en la maison d'un potier : là tu
1. &c.   „ entendras mes paroles. Et j'allai en la mai-
„ son d'un potier , & il travailloit avec sa
„ roüe, & il rompit un pot qu'il venoit de
„ faire de boüe, & de la même terre il en fit
„ un autre, & le Seigneur me dit : Ne puis-
„ je pas faire comme ce potier? Comme cet-
„ te terre molle est en la main du potier,
„ ainsi vous êtes en ma main, dit le Seigneur.

II. PROPOSITION.

Dieu a exercé visiblement par lui-même
l'Empire & l'autorité sur les hommes.

A Insi en a-t'il usé au commencement
du monde. Il étoit en ce tems le seul
Roi des hommes, & les gouvernoit visiblement.

Gen. iij.   Il donna à Adam le précepte qu'il lui
plût, & lui declara sur quelle peine il l'o-
bligeoit à le pratiquer. Il le bannit ; il lui
dénonça qu'il avoit encouru la peine de
mort.

Il se declara visiblement en faveur du sacrifice d'Abel contre celui de Caïn. Il re-   *Gen iv.*
prit Caïn de sa jalousie : après que ce mal- 4. 5. 6.
heureux eut tué son frere, il l'appella en   9. 10.
jugement, il l'interrogea, il le convain-
quit de son crime, il s'en reserva la vangeance & l'interdit à tout autre ; il donna
à Caïn une espéce de sauvegarde : Un si-   "*Ib. 15.*
gne pour empêcher qu'aucun homme n'at-   "
tentât sur lui. Toutes fonctions de la puis- "
sance publique.

Il donne ensuite des loix à Noé, & à   *Gen. ix.*
ses enfans : il leur défend le sang & les   1. 5. 6.
meurtres, & leur ordonne de peupler la   7.
terre.

Il conduit de la même sorte Abraham,
Isaac, & Jacob.

Il exerce publiquement l'empire souverain sur son peuple dans le desert. Il est
leur Roi, leur Legislateur, leur Conducteur. Il donne visiblement le signal pour
camper & pour décamper, & les ordres
tant de la guerre que de la paix.

Ce regne continuë visiblement sous Josué, & sous les Juges : Dieu les envoye;
Dieu les établit ; & de là vient que le peuple disant à Gedeon : Vous dominerez sur " *Jud.*
nous, vous & vôtre fils, & le fils de vô- " *viij. 22.*
tre fils : il répondit : Nous ne dominerons " 23.
point sur vous ni moi ni mon fils : mais le "
Seigneur dominera sur vous.   "

C'est lui qui établit les Rois. Il fit sacrer
Saül, & David par Samuël : il affermit la
Royauté dans la maison de David, & lui
ordonna de faire regner à sa place Salomon son fils.

C'eſt pourquoi le Thrône des Rois d'Iſraël eſt appellé le Thrône de Dieu. Salomon s'aſſit ſur le Thrône du Seigneur, &
il a plû à tous, & tout Iſraël lui obéit. Et
encore : Beni ſoit le Seigneur vôtre Dieu,
dit la Reine de Saba à Salomon, qui a voulu vous faire ſeoir ſur ſon Thrône, & vous
établir Roi pour tenir la place du Seigneur
vôtre Dieu.

I. Par. „
xxix. „
23. „
II. Par. „
ix. 8. „
„
„
„
„

III. PROPOSITION.

*Le premier Empire parmi les Hommes
eſt l'Empire paternel.*

JESUS-CHRIST qui va toûjours à la
ſource, ſemble l'avoir marqué par ces
paroles : Tout Royaume diviſé en lui-
même ſera déſolé; toute ville & toute famille
diviſée en elle-même ne ſubſiſtera pas. Des
Royaumes il va aux villes d'où les Royaumes ſont venus ; & des villes il remonte
encore aux familles, comme au modéle,
& au principe des villes, & de toute la ſocieté humaine.

Matt. „
xij. 25. „
„

Dès l'origine du monde Dieu dit à Eve,
& en elle à toutes les femmes : Tu ſeras
ſous la puiſſance de l'homme, & il te commandera.

*Gen.*iij. „
16. „
„

Au premier enfant qu'eut Adam, qui fut
Caïn, Eve dit : J'ai poſſedé un homme par
la grace de Dieu. Voilà donc auſſi les enfans ſous la puiſſance paternelle. Car cet
enfant étoit plus encore en la poſſeſſion
d'Adam, à qui la mere elle-même étoit
ſoûmiſe par l'ordre de Dieu. L'un & l'au-

*Gen.*iv. „
1. „

tre tenoient de Dieu cet enfant, & l'empire qu'ils avoient sur lui. Je l'ai possedé, « dit Eve, mais par la grace de Dieu. «

Dieu ayant mis dans nos parens comme étant en quelque façon les auteurs de nôtre vie, une image de la puissance par laquelle il a tout fait; il leur a aussi transmis une image de la puissance qu'il a sur ses œuvres. C'est pourquoi nous voyons dans le Decalogue, qu'après avoir dit : Tu ado- « *Exod.* reras le Seigneur ton Dieu, & ne serviras « xx. 12. que lui ; il ajoûte aussi-tôt : Honore ton « pere & ta mere, afin que tu vives longtems « sur la terre que le Seigneur ton Dieu te « donnera. Ce précepte est comme une suite « de l'obéissance qu'il faut rendre à Dieu, qui est le vrai pere.

De là nous pouvons juger, que la premiere idée de commandement & d'autorité humaine est venuë aux hommes de l'autorité paternelle.

Les hommes vivoient longtems au commencement du monde, comme l'atteste non-seulement l'Ecriture, mais encore toutes les anciennes traditions : & la vie humaine commence à décroître seulement après le déluge, où il se fit une si grande alteration dans toute la nature. Un grand nombre de familles se voyoient par ce moyen réünies sous l'autorité d'un seul grand pere; & cette union de tant de familles avoit quelque image de Royaume.

Assurément durant tout le tems qu'Adam vécut, Seth que Dieu lui donna à la place d'Abel, lui rendit avec toute sa famille une entiere obéissance.

Caïn qui viola le premier la fraternité humaine par un meurtre, fut aussi le premier à se souftraire de l'empire paternel : haï de tous les hommes, & contraint de s'établir un refuge, il bâtit la premiere ville, à qui il donna le nom de son fils Henoch.

Gen. iv. 17.

Les autres hommes vivoient à la campagne dans la premiere simplicité, ayant pour loi la volonté de leurs parens, & les coûtumes anciennes.

Telle fut encore après le déluge la conduite de plusieurs familles, sur tout parmi les enfans de Sem, où se conserverent plus longtems les anciennes traditions du genre humain, & pour le culte de Dieu, & pour la maniere du gouvernement.

Ainsi Abraham, Isaac, & Jacob, persisterent dans l'observance d'une vie simple & pastorale. Ils étoient avec leur famille libres & indépendans : ils traitoient d'égal avec les Rois. Abimelech Roi de Gerare,

Gen. xxj. 32 „

vint trouver Abraham : Et ils firent un traité ensemble.

Il se fait un pareil traité entre un autre Abimelech, fils de celui-ci, & Isaac, fils d'Abraham. Nous avons vû, dit Abime-

Gen. „ xxvj. „ 28 „ „

lech, que le Seigneur étoit avec vous, & pour cela nous avons dit ; qu'il y ait entre nous un accord confirmé par serment.

Gen xiv. 14. *&c.*

Abraham fit la guerre de son chef aux Rois qui avoient pillé Sodome, les défit, & offrit la dixme des dépoüilles à Melchisedech, Roi de Salem, Pontife du Dieu très-haut.

C'est pourquoi les enfans de Heth avec

qui il fait un accord, l'appellent Seigneur, « *Gen.*
& le traitent de Prince. Ecoutez-nous, Sei- « *Gen.*
gneur; vous êtes parmi nous un Prince de « *xxiij.*
Dieu : C'est-à-dire, qui ne releve que de lui. « *6.*

Aussi a-t'il passé pour Roi dans les histoires profanes. Nicolas de Damas, soigneux
observateur des antiquitez, le fait Roi, &
sa reputation dans tout l'Orient, est cause
qu'il le donne à son pays. Mais au fond, la
vie d'Abraham étoit pastorale; son Royaume étoit sa famille, & il exerçoit seulement, à l'exemple des premiers hommes,
l'Empire domestique & paternel.

IV. PROPOSITION.

Il s'établit pourtant bien-tôt des Rois, ou par
le consentement des peuples, ou par les
armes : Où il est parlé du droit de con-
quêtes.

CEs deux manieres d'établir les Rois,
font connuës dans les histoires anciennes. C'est ainsi qu'Abimelech fils de Gedeon, fit consentir ceux de Sichem à le
prendre pour leur Souverain. Lequel ai- « *Jud. ix.*
mez-vous mieux, leur dit-il, ou d'avoir « *2. 3.*
pour maître soixante & dix hommes enfans «
de Jerobaal, ou de n'en avoir qu'un seul, «
qui encore est de vôtre ville & de vôtre «
parenté ? Et ceux de Sichem tournerent «
leur cœur vers Abimelech. «

C'est ainsi que le peuple de Dieu demanda de lui-même : Un Roi pour le juger. « *I. Reg.*
Le même peuple transmit toute l'auto- *viij. 5.*
rité de la Nation à Simon, & à sa posterité.

L'acte en est dressé au nom des prêtres, de tout le peuple, des grands, & des senateurs : Qui consentirent à le faire Prince.

Nous voyons dans Herodote, que Dejoces fut fait Roi des Medes de la même maniere.

Pour les Rois par conquêtes, tout le monde en sçait les exemples.

Au reste, il est certain qu'on voit des Rois de bonne heure dans le monde. On voit du tems d'Abraham, c'est-à-dire, quatre cens ans environ après le déluge, des Royaumes déja formez & établis de long-tems. On voit premierement quatre Rois qui font la guerre contre cinq. On voit Melchisedech Roi de Salem, Pontife du Dieu très-haut, à qui Abraham donne la dixme. On voit Pharaon Roi d'Egypte, & Abimelech Roi de Gerare. Un autre Abimelech aussi Roi de Gerare paroît du tems d'Isaac ; & ce nom apparemment étoit commun aux Rois de ce pays-là, comme celui de Pharaon aux Rois d'Egypte.

Tous ces Rois paroissent bien autorisez ; on leur voit des officiers reglez, une cour, des grands qui les environnent, une armée & un chef des armes pour la commander, une puissance affermie. Qui touchera, dit Abimelech, la femme de cet homme, il mourra de mort.

Les hommes qui avoient vû, ainsi qu'il a été dit, une image du Royaume dans l'union de plusieurs familles, sous la conduite d'un pere commun, & qui avoient trouvé de la douceur dans cette vie, se porterent aisément à faire des societez de famil-

1. Mach. xiv. 26. 27. 41.

Gen. xiv. 1. 9. *Ibid.* 18. 20. *Gen.* xij. 15 *& xx.* 2. *Ibid.* xxvj. 1.

Gen. xij. 15. *& xxj.* 22. *Ibid.* xxvj. 11.

le fous des Rois, qui leur tinffent lieu de pere.

C'eft pour cela apparemment que les anciens peuples de la Paleftine appelloient leurs Rois Abimelech, c'eft-à-dire, mon pere le Roi. Les fujets fe tenoient tous comme les enfans du Prince, & chacun l'appellant mon pere le Roi : ce nom devint commun à tous les Rois du pays.

Mais outre cette maniere innocente de faire des Rois, l'ambition en a inventé une autre. Elle a fait des conquerans, dont Nemrod petit fils de Cham fut le premier. Celui-ci homme violent & guerrier, commença à être puiffant fur la terre, & conquit d'abord quatre villes dont il forma fon Royaume. " *Gen.* x. " 8. 9. 10. "

Ainfi les Royaumes formez par les conquêtes, font anciens, puifqu'on les voit commencer fi près du déluge fous Nemrod petit fils de Cham.

Cette humeur ambitieufe & violente, fe répandit bien-tôt parmi les hommes. Nous voyons Chodorlahomor Roi des Elamites, c'eft-à-dire, des Perfes & des Medes, étendre bien loin fes conquêtes dans les terres voifines de la Paleftine. *Gen.* xiv. 4. 5. 6. 7.

Ces Empires, quoique violens, injuftes & tyranniques d'abord, par la fuite des tems & par le confentement des peuples, peuvent devenir legitimes : c'eft pourquoi les hommes ont reconnu un droit appellé de conquêtes, dont nous aurons à parler plus au long avant que d'abandonner cette matiere.

V. PROPOSITION.

Il y avoit au commencement une infinité de Royaumes, & tous petits.

Gen. xiv.
& ail-
leurs.
Jof xij.
2. 4. 7.
24.

IL paroît par l'Ecriture, que presque chaque ville, & chaque petite contrée avoit son Roi.

On compte trente-trois Rois dans le seul petit pays que les Juifs conquirent.

La même chose paroît dans tous les Auteurs anciens, par exemple, dans Homere, & ainsi des autres.

La tradition commune du genre humain sur ce point, est fidélement rapportée par Justin, qui remarque, qu'au commencement il n'y avoit que de petits Rois, chacun content de vivre doucement dans ses limites avec le peuple qui lui étoit commis. Ninus, dit-il, rompit le premier la concorde des nations.

Il n'importe que ce Ninus soit Nemrod, ou que Justin l'ait fait par erreur le premier des conquerans. Il suffit qu'on voye que les premiers Rois ont été établis avec douceur, à l'exemple du gouvernement paternel.

VI. PROPOSITION.

Il y a eu d'autres formes de Gouvernement que celles de la Royauté.

LEs histoires nous font voir un grand nombre de Republiques, dont les unes se gouvernoient par tout le peuple, ce qui s'appelloit Democratie, & les autres par les grands, ce qui s'appelloit Aristocratie.

Les formes de gouvernement ont été mêlées en diverses sortes, & ont composé divers Etats mixtes, dont il n'est pas besoin de parler ici.

Nous voyons en quelques endroits de l'Ecriture l'autorité résider dans une communauté.

Abraham demande le droit de sepulchre à tout le peuple assemblé, & c'est l'assemblée qui l'accorde. *Gen. xxiij. 3. 5.*

Il semble qu'au commencement les Israëlites vivoient dans une forme de Republique. Sur quelque sujet de plainte arrivée du tems de Josué contre ceux de Ruben & de Gad : Les enfans d'Israël s'assemblerent tous à Silo pour les combattre ; mais auparavant ils envoyerent dix Ambassadeurs, pour écouter leurs raisons : Ils donnerent satisfaction, & tout le peuple s'appaisa. *" Josué " xxij. 11. " 12. 13. " 14. 33. "*

Un Levite dont la femme avoit été violée, & tuée, par quelques-uns de la tribu de Benjamin sans qu'on n'en eût fait aucune justice, toutes les Tribus s'assemblent pour punir cet attentat, & ils se disoient l'un à l'autre dans cette assemblée : Jamais il ne s'est fait telle chose en Israël ; jugez & ordonnez ce qu'il faut faire. *" Jud. " xix. 30. "*

C'étoit en effet une espéce de Republique, mais qui avoit Dieu pour Roi.

VII. PROPOSITION.

La Monarchie est la forme de Gouvernement
la plus commune, la plus ancienne,
& aussi la plus naturelle.

L E peuple d'Israël se reduisit de lui-même à la Monarchie, comme étant le
gouvernement universellement reçû. Eta-
blissez-nous un Roi pour nous juger, comme en ont tous les autres peuples.

1. Reg.
viij. 5.

Si Dieu se fâche, c'est à cause que jus-
ques-là il avoit gouverné ce peuple par lui-
même, & qu'il en étoit le vrai Roi. C'est
pourquoi il dit à Samuel : Ce n'est pas toi
qu'ils rejettent ; c'est moi qu'ils ne veulent
point pour regner sur eux.

Ibid.7.

Au reste ce gouvernement étoit tellement le plus naturel, qu'on le voit d'abord
dans tous les peuples.

Nous l'avons vû dans l'histoire sainte ;
mais ici un peu de recours aux histoires profanes, nous fera voir que ce qui a été en
Republique, a vêcu premierement sous des
Rois.

Rome a commencé par là, & y est enfin
revenuë comme à son état naturel.

Ce n'est que tard, & peu à peu que les
villes Grecques ont formé leurs Republiques. L'opinion ancienne de la Grece étoit
celle qu'exprime Homere par cette celebre
sentence dans l'Iliade. Plusieurs Princes
n'est pas une bonne chose : qu'il n'y ait
qu'un Prince & un Roi.

A present il n'y a point de Republique
qui n'ait été autrefois soûmise à des Mo-
narques.

narques. Les Suiffes étoient fujets des Princes de la maifon d'Auftriche. Les Provin-
ces-Unies ne font que fortir de la domination de la maifon d'Efpagne, & de celle
de la maifon de Bourgogne. Les villes libres d'Allemagne avoient leurs Seigneurs
particuliers, outre l'Empereur, qui étoit le
chef commun de tout le corps Germanique.
Les villes d'Italie qui fe font mifes en Republique du tems de l'Empereur Rodolphe,
ont acheté de lui leur liberté. Venife même,
qui fe vante d'être Republique dès fon origine, étoit fujette aux Empereurs fous le
regne de Charlemagne, & longtems après:
Elle fe forma depuis en état populaire, d'où
elle eft venuë affez tard à l'état où nous la
voyons.

Tout le monde donc commence par des
Monarchies, & prefque tout le monde s'y
eft confervé comme dans l'état le plus naturel.

Auffi avons-nous vû qu'il a fon fondement & fon modéle dans l'empire paternel,
c'eft-à-dire, dans la nature humaine.

Les hommes naiffent tous fujets; & l'empire paternel, qui les accoûtume à obéïr,
les accoûtume en même-tems à n'avoir
qu'un chef.

VIII. PROPOSITION.

*Le Gouvernement Monarchique eft le
meilleur.*

S'Il eft le plus naturel, il eft par confequent le plus durable, & dès-là auffi le
plus fort.

Tome I.   K

C'est aussi le plus opposé à la division, qui est le mal le plus essentiel des Etats, & la cause la plus certaine de leur ruïne; conformement à cette parole déja rapportée :

Matt. „ Tout Royaume divisé en lui-même sera
xij. 2 5. „ desolé : toute ville ou toute famille divisée
„ en elle-même ne subsistera pas.

Nous avons vû que nôtre Seigneur a suivi en cette sentence le progrès naturel du gouvernement, & semble avoir voulu marquer aux Royaumes, & aux villes, le même moyen de s'unir que la nature a établi dans les familles.

En effet, il est naturel, que quand les familles auront à s'unir, pour former un corps d'état, elles se rangent comme d'elles-mêmes au gouvernement qui leur est propre.

Quand on forme les Etats, on cherche à s'unir, & jamais on n'est plus uni que sous un seul chef. Jamais aussi on n'est plus fort, parce que tout va en concours.

Les armées, où paroît mieux la puissance humaine, veulent naturellement un seul chef : tout est en peril quand le commandement est partagé. Après la mort de Josué, les enfans d'Israël consulterent le
Jud j. 1. „ Seigneur, disant : Qui marchera devant
„ nous contre les Chananéens, & qui sera
„ nôtre capitaine dans cette guerre ? Et le
„ Seigneur répondit : ce sera la tribu de Ju-
„ da. Les Tribus égales entre elles veulent
„ qu'une d'elles commande. Au reste, il n'étoit pas besoin de donner un chef à cet-
Num j. „ te Tribu, puisque chaque Tribu avoit le
4. 5 &c. „ sien. Vous aurez des Princes & des chefs

de vos Tribus, & voici leurs noms, &c. "

Le gouvernement militaire demandant naturellement d'être exercé par un seul, il s'enfuit que cette forme de gouvernement est la plus propre à tous les Etats, qui font foibles & en proye au premier venu, s'ils ne font formez à la guerre.

Et cette forme de gouvernement à la fin doit prévaloir, parce que le gouvernement militaire, qui a la force en main, entraîne naturellement tout l'Etat après foi.

Cela doit fur tout arriver aux Etats guerriers, qui fe reduifent aifément en Monarchie ; comme a fait la Republique Romaine, & plufieurs autres de même nature.

Il vaut donc mieux qu'il foit établi d'abord, & avec douceur ; parce qu'il eft trop violent, quand il gagne le deffus par la force ouverte.

IX. PROPOSITION.

De toutes les Monarchies la meilleure eft la fuccefflive ou héréditaire, fur tout quand elle va de mâle en mâle, & d'aîné en aîné.

C'Eft celle que Dieu a établie dans fon peuple. Car il a choifi les Princes dans " *I. Paral.* la Tribu de Juda, & dans la Tribu de Ju- " xxviij. da il a choifi ma famille, c'eft David qui " 4. 5. 7. parle, & il m'a choifi parmi tous mes fre- " res ; & parmi mes enfans il a choifi mon " fils Salomon, pour être affis fur le trône " du Royaume du Seigneur fur tout Ifraël, " & il m'a dit : J'affermirai fon regne à ja- "

„ mais s'il persevere dans l'obéïssance qu'il
„ doit à mes loix.

Voilà donc la Royauté attachée par suc-
cession à la maison de David & de Salomon : Et le trône de David est affermi à
jamais.

En vertu de cette loi l'aîné devoit succeder au préjudice de ses freres. C'est pourquoi Adonias qui étoit l'aîné de David,
„ dit à Bethsabée mere de Salomon : Vous
„ sçavez que le Royaume étoit à moi , &
„ tout Israël m'avoit reconnu ; mais le Sei-
„ gneur a transferé le Royaume à mon frere
„ Salomon.

Il disoit vrai, & Salomon en tombe d'accord , lorsqu'il répond à sa mere, qui demandoit pour Adonias une grace , dont la
consequence étoit extrême selon les mœurs
„ de ces peuples : Demandez pour lui le
„ Royaume ; car il étoit mon aîné, & il a
„ dans ses interêts le Pontife Abiathar , &
„ Joab. Il veut dire, qu'il ne faut pas fortifier un Prince, qui a le titre naturel, & un
grand parti dans l'état.

A moins qu'il n'arrivât quelque chose
d'extraordinaire , l'aîné devoit succeder :
& à peine trouvera-t'on deux exemples du
contraire dans la maison de David, encore
étoit-ce au commencement.

X. PROPOSITION.

La Monarchie héréditaire a trois principaux
avantages.

TRois raisons font voir que ce gouvernement est le meilleur.

La premiere, c'eſt qu'il eſt le plus naturel, & qu'il ſe perpetuë de lui-même. Rien n'eſt plus durable qu'un Etat qui dure, & qui ſe perpetuë par les mêmes cauſes, qui font durer l'univers, & qui perpetuent le genre humain.

David touche cette raiſon quand il parle ainſi : C'a été peu pour vous, ô Seigneur, "II. Reg. de m'élever à la Royauté : Vous avez en- "vij. 19. core établi ma maiſon à l'avenir : Et c'eſt "là la loi d'Adam, ô Seigneur Dieu. C'eſt- "à-dire, que c'eſt l'ordre naturel que le fils ſuccede au pere.

Les peuples s'y accoûtument d'eux-mê- "Eccl. iv. mes. J'ai vû tous les vivans ſuivre le ſe- "15. cond, tout jeune qu'il eſt (c'eſt-à-dire, "le fils du Roi) qui doit occuper ſa place. "

Point de brigues, point de cabales, dans un Etat pour le faire un Roi, la nature en a fait un : le mort, diſons-nous, ſaiſit le vif, & le Roi ne meurt jamais.

Le gouvernement eſt le meilleur qui eſt le plus éloigné de l'anarchie. A une choſe auſſi neceſſaire que le gouvernement parmi les hommes, il faut donner les principes les plus aiſez, & l'ordre qui roule le mieux tout ſeul.

La ſeconde raiſon qui favoriſe ce gouvernement, c'eſt que c'eſt celui qui intereſſe le plus, à la conſervation de l'état, les puiſſances qui le conduiſent. Le Prince qui travaille pour ſon état, travaille pour ſes enfans ; & l'amour qu'il a pour ſon Royaume, confondu avec celui qu'il a pour ſa famille, lui devient naturel.

Il eſt naturel & doux de ne montrer au

Prince d'autre succeſſeur que ſon fils ; c'eſt-à-dire, un autre lui-même, ou ce qu'il a de plus proche. Alors il voit ſans envie paſſer ſon Royaume en d'autres mains ; & David entend avec joye cette acclamation de ſon peuple : *III.Reg. j. 47.* „ Que le nom de Salomon „ ſoit au-deſſus de vôtre nom, & ſon trône „ au-deſſus de vôtre trône.

Il ne faut point craindre ici les déſordres cauſez dans un Etat par le chagrin d'un Prince, ou d'un Magiſtrat qui ſe fâche de travailler pour ſon ſucceſſeur. David empêché de bâtir le Temple, ouvrage ſi glorieux & ſi neceſſaire autant à la Monarchie qu'à la Religion, ſe réjoüit de voir ce grand ouvrage reſervé à ſon fils Salomon ; & il en fait les préparatifs avec autant de ſoin, que ſi lui-même devoit en avoir l'honneur. *I. Par. XIX. 1.2.* „ Le Seigneur a choiſi mon fils Salomon „ pour faire ce grand ouvrage, de bâtir une „ maiſon non aux hommes, mais à Dieu „ même : & moi j'ai préparé de toutes mes „ forces tout ce qui étoit neceſſaire à bâtir le „ Temple de mon Dieu.

Il reçoit ici double joye, l'une de préparer du moins au Seigneur ſon Dieu l'édifice qu'il ne lui eſt pas permis de bâtir ; l'autre de donner à ſon fils les moyens de le conſtruire bien-tôt.

La troiſiéme raiſon eſt tirée de la dignité des maiſons, où les Royaumes ſont héréditaires.

I. Par. xvij. 17. 18. „ C'a été peu pour vous, ô Seigneur, de „ me faire Roi, vous avez établi ma maiſon „ à l'avenir, & vous m'avez rendu illuſtre „ au-deſſus de tous les hommes. Que peut

ajoûter David à tant de chofes , lui que "
vous avez glorifié fi hautement , & envers "
qui vous vous êtes montré fi magnifique. "

Cette dignité de la maifon de David s'augmentoit à mefure qu'on en voyoit naître
les Rois ; le trône de David , & les Princes de la maifon de David, devinrent l'objet le plus naturel de la vénération publique. Les peuples s'attachoient à cette maifon ; & un des moyens dont Dieu fe fervit
pour faire refpecter le Meffie , fut de l'en
faire naître. On le reclamoit avec amour   *Matth.*
fous le nom de fils de David.   XX. 30.

C'eft ainfi que les peuples s'attachoient   31. &c.
aux maifons Royales. La jaloufie qu'on a   xxj. 9.
naturellement contre ceux qu'on voit au-
deffus de foi , fe tourne ici en amour & en
refpect ; les grands mêmes obéïffent fans
répugnance à une maifon qu'on a toûjours
vû maîtreffe, & à laquelle on fçait que nulle
autre maifon ne peut jamais être égalée.

Il n'y a rien de plus fort pour éteindre
les partialitez , & tenir dans le devoir les
égaux, que l'ambition & la jaloufie rendent
incompatibles entre eux.

XI. PROPOSITION.

*C'eft un nouvel avantage d'exclure les
femmes de la fucceffion.*

PAr les trois raifons alleguées , il eft vi-
fible que les Royaumes héréditaires font
les plus fermes. Au refte , le peuple de
Dieu n'admettoit pas à la fucceffion , le
fexe qui eft né pour obéïr ; & la dignité des

maiſons regnantes ne paroiſſoit pas aſſez ſoûtenuë en la perſonne d'une femme, qui après tout étoit obligé de ſe faire un maître en ſe mariant.

Où les filles ſuccedent, les Royaumes ne ſortent pas ſeulement des maiſons regnantes ; mais de toute la nation : or il eſt bien plus convenable que le chef d'un Etat ne lui ſoit pas étranger : & c'eſt pourquoi Moïſe avoit établi cette loi : Vous ne pourrez pas établir ſur vous un Roi d'une autre nation ; mais il faut qu'il ſoit vôtre frere.

Deut.
xvij.15.

Ainſi la France où la ſucceſſion eſt reglée ſelon ces maximes, peut ſe glorifier d'avoir la meilleure conſtitution d'Etat qui ſoit poſſible, & la plus conforme à celle que Dieu même a établie. Ce qui montre tout enſemble, & la ſageſſe de nos ancêtres, & la protection particuliere de Dieu ſur ce Royaume.

XII. PROPOSITION.

On doit s'attacher à la forme de Gouvernement qu'on trouve établie dans ſon pays.

Rom.
xiij. 1.
2.

QUe toute ame ſoit ſoûmiſe aux puiſſances ſuperieures ; car il n'y a point de puiſſance qui ne ſoit de Dieu ; & toutes celles qui ſont, c'eſt Dieu qui les a établies : ainſi qui reſiſte à la puiſſance, reſiſte à l'ordre de Dieu.

Il n'y a aucune forme de gouvernement, ni aucun établiſſement humain, qui n'ait ſes inconveniens ; de ſorte qu'il faut demeurer dans l'état auquel un long tems a accoûtumé le peuple. C'eſt pourquoi Dieu prend en ſa protection tous les gouvernemens legitimes en quelque forme qu'ils ſoient établis : qui entreprend de les renverſer, n'eſt pas ſeulement ennemi public ; mais encore ennemi de Dieu.

ARTICLE II.

I. PROPOSITION.

Il y a un droit de conquête très-ancien, & atteſté par l'Ecriture.

DEs le tems de Jephté, le Roi des Ammonites ſe plaignoit, que le peuple d'Iſraël, en ſortant d'Egypte, avoit pris beaucoup de terres à ſes prédeceſſeurs, & il les redemandoit. Jephté établit le droit des Iſraëlites par deux titres inconteſtables ; l'un étoit une conquête legitime, & l'autre une poſſeſſion paiſible de trois cens ans. *Jud. xj. 13.*

Il allegue premierement le droit de conquête ; & pour montrer que cette conquête étoit legitime, il poſe pour fondement : Qu'Iſraël n'a rien pris de force aux Moabites, & aux Ammonites : Au contraire, qu'il a pris de grands détours pour ne point paſſer ſur leurs terres. " *Ib.* 15. " 16. 17. " *&c.* "

Il montre enſuite, que les places conteſtées n'étoient plus aux Ammonites, ni aux Moabites, quand les Iſraëlites les avoient priſes ; mais à Sehon Roi des Amorrhéens, qu'ils avoient vaincu par une juſte guerre.

Ib. 20. „ Car il avoit le premier marché contre eux,

21.   „ & Dieu l'avoit livré entre leurs mains.

Ib. 23.   Là il fait valoir le droit de conquête éta-

24. bli par le droit des gens, & reconnu par les Ammonites qui poſſédoient beaucoup de terres par ce ſeul titre.

De là il paſſe à la poſſeſſion, & il montre premierement, que les Moabites ne ſe plaignirent point des Iſraëlites lorſqu'ils conquirent ces places, où en effet les Moabites n'avoient plus rien.

Ib. 25. „ Valez-vous mieux que Balac Roi de „ Moab, ou pouvez-vous nous montrer qu'il „ ait inquieté les Iſraëlites, ou leur ait fait „ la guerre pour ces places?

Num. „ En effet il étoit conſtant par l'hiſtoire, *xxiv.* 25. que Balac n'avoit point fait la guerre, quoiqu'il en eût eu quelque deſſein.

Et non-ſeulement les Moabites ne s'étoient pas plaints ; mais même les Ammonites avoient laiſſé les Iſraëlites en poſſeſ-

*Jud.*xj. „ ſion paiſible durant trois cens ans. Pour-

26.   „ quoi, dit-il, n'avez-vous rien dit durant „ un ſi long tems ?

Ib. 27. „ Enfin il conclut ainſi. Ce n'eſt donc pas „ moi qui ai tort, c'eſt vous qui agiſſez mal „ contre moi, en me declarant la guerre in-„ juſtement. Le Seigneur ſoit juge en ce jour „ entre les enfans d'Iſraël, & les enfans „ d'Ammon.

A remonter encore plus haut, on voit Jacob uſer de ce droit dans la donation qu'il

Gen. „ fait à Joſeph, en cette ſorte. Je vous don-*xlviij.* „ ne par préciput ſur vos freres un heritage

22.   „ que j'ai enlevé de la main des Amorrhéens, „ par mon épée & par mon arc.

Il ne s'agit pas d'examiner ce que c'étoit, & comment Jacob l'avoit ôté aux Amorrhéens ; il suffit de voir que Jacob se l'attribuoit par le droit de conquête, comme par le fruit d'une juste guerre.

La memoire de cette donation de Jacob à Joseph, s'étoit conservée dans le peuple de Dieu comme d'une chose sainte & legitime jusqu'au tems de nôtre Seigneur, dont il est écrit : Qu'il vint auprès de l'heritage " *Joan.* que Jacob avoit donné à son fils Joseph.   " iv. 5.

On voit donc un domaine acquis par le droit des armes sur ceux qui le possedoient.

II. PROPOSITION.

Pour rendre le droit de conquête incontestable, la possession paisible y doit être jointe.

IL faut pourtant remarquer deux choses dans ce droit de conquête, l'une qu'il y faut joindre une possession paisible, ainsi qu'on a vû dans la discution de Jephté ; l'autre que pour rendre ce droit incontestable, on le confirme en offrant une composition amiable.

Ainsi le sage Simon le Machabée, querellé par le Roi d'Asie sur les villes d'Iope, & de Gazara, répondit : Pour ce qui est " *I. Mach.* de ces deux villes, elles ravageoient nôtre " xv. 35. pays, & pour cela nous vous offront cent " talens.   "

Quoique la conquête fût legitime, & que ceux d'Iope & de Gazara étant aggresseurs injustes, eussent été pris de bonne guerre : Simon offroit cent talens pour avoir la paix , & rendre fon droit inconteftable·

Ainfi on voit que ce droit de conquête, qui commence par la force, fe reduit, pour ainfi dire, au droit commun & naturel, du confentement des peuples , & par la poffeffion paifible : Et l'on préfuppofe, que la conquête a été fuivie d'un acquiefcement tacite des peuples foumis , qu'on avoit accoûtumé à l'obéïffance par un traitement honnête ; ou qu'il étoit intervenu quelque accord , femblable à celui qu'on a raporté entre Simon le Machabée , & les Rois d'Afie.

CONCLUSION.

Nous avons donc établi par les Ecritures que la Royauté a fon origine dans la divinité même:

Que Dieu auffi l'a exercé vifiblement fur les hommes dès les commencemens du monde :

Qu'il a continué cet exercice furnaturel, & miraculeux fur le peuple d'Ifraël , jufqu'au tems de l'établiffement des Rois :

Qu'alors il a choifi l'état monarchique, & héréditaire , comme le plus naturel , & le plus durable :

Que l'exclufion du fexe né pour obéïr, étoit naturel à la fouveraine puiffance.

Ainfi nous avons trouvé , que par l'ordre de la divine Providence , la conftitution de ce Royaume étoit dès fon origine la plus conforme à la volonté de Dieu , felon qu'elle eft declarée par fes Ecritures.

, Nous n'avons pourtant pas oublié: Qu'il

paroît dans l'antiquité d'autres formes de gouvernemens, fur lefquelles Dieu n'a rien prefcrit au genre humain : en forte que chaque peuple doit fuivre comme un ordre divin le gouvernement établi dans fon pays ; parce que Dieu eft un Dieu de paix, & qui veut la tranquillité des chofes humaines.

Mais comme nous écrivons dans un état monarchique, & pour un Prince que la fucceffion d'un fi grand Royaume regarde ; nous tournerons dorénavant toutes les inftructions que nous tirerons de l'Ecriture, au genre de gouvernement où nous vivons : quoique par les chofes qui fe diront fur cet état, il fera aifé de déterminer ce qui regarde les autres.

LIVRE TROISIEME,

OU L'ON COMMENCE

A EXPLIQUER LA NATURE ET LES PROPRIETEZ DE L'AU- TORITE' ROYALE.

ARTICLE PREMIER.

On en remarque les Caracteres essentiels.

UNIQUE PROPOSITION.

Il y a quatre caracteres, ou qualitez essen- tielles à l'Autorité Royale.

REMIEREMENT, l'Autorité Royale est sacrée :

Secondement, elle est paternelle :

Troisiémement, elle est absoluë :

Quatriémement, elle est soûmise à la raison.

C'est ce qu'il faut établir par ordre dans les articles suivans.

ARTICLE II.

L'Autorité Royale est sacrée.

I. PROPOSITION.

*Dieu établit les Rois comme ses Ministres,
& regne par eux sur les peuples.*

NOus avons déja vû que toute puissan- " Rom.
ce vient de Dieu. " xiij. 1.2.

Le Prince, ajoûte saint Paul, est mi- " Ibid. 4.
nistre de Dieu pour le bien : Si vous faites "
mal, tremblez ; car ce n'est pas en vain "
qu'il a le glaive : & il est ministre de Dieu, "
vangeur des mauvaises actions. "

Les Princes agissent donc comme minis-
tres de Dieu, & ses lieutenans sur la terre.
C'est par eux qu'il exerce son empire. Pen- " II. Par.
sez-vous pouvoir résister au Royaume du " xiij. 8.
Seigneur qu'il possede par les enfans de "
David. "

C'est pour cela que nous avons vû que
le trône Royal n'est pas le trône d'un
homme ; mais le trône de Dieu même.
Dieu a choisi mon fils Salomon pour le " I. Par.
placer dans le trône où regne le Seigneur "xxviij. 5.
sur Israël. Et encore : Salomon s'assit sur " Ibid.
le trône du Seigneur. "xxix. 23.

Et afin qu'on ne croye pas que cela soit
particulier aux Israëlites d'avoir des Rois
établis de Dieu ; voici ce que dit l'Eccle- " Eccl.
siastique. Dieu donne à chaque peuple son " xvij.
gouvernement, & Israël lui est manifeste- " 14. 15.
ment reservé. "

Il gouverne donc tous les peuples, & leur donne à tous, leurs Rois ; quoiqu'il gouverne Ifraël d'une maniere plus particuliere & plus déclarée.

II. PROPOSITION.

La perfonne des Rois eft facrée.

IL paroît de tout cela que la perfonne des Rois eft facrée, & qu'attenter fur eux c'eft un facrilege.

1. Reg. ix. 16. xvj. 3. &c, Dieu les fait oindre par fes Prophetes d'une onction facrée, comme il fait oindre les Pontifes & fes Autels.

Mais même fans l'application exterieure de cette onction, ils font facrez par leur charge, comme étant les reprefentans de la Majefté divine, députez par fa providence à l'execution de fes defleins. C'eft ainfi que Dieu même appelle Cyrus fon oint. Voici ce que dit le Seigneur à Cyrus, *If. xlv. 1.* „ mon oint que j'ai pris par la main pour lui „ affujettir tous les peuples.

Le titre de Chrift eft donné aux Rois, & on les voit par tout appellez les Chrifts, ou les oints du Seigneur.

Sous ce nom venerable, les Prophetes même les reverent, & les regardent comme affociez à l'empire fouverain de Dieu, dont ils exercent l'autorité fur le peuple. *1. Reg. xij. 3. 4. 5.* „ Parlez de moi hardiment devant le Seigneur, & devant fon Chrift ; dites fi j'ai „ pris le bœuf ou l'âne de quelqu'un ? Et ils „ répondirent : Jamais. Et Samuel dit : le „ Seigneur & fon Chrift font donc témoins

que

que vous n'avez aucune plainte à faire con- «
tre moi.   «

C'eſt ainſi que Samuel après avoir jugé
le peuple vingt & un an de la part de Dieu
avec une puiſſance abſoluë, rend compte de
ſa conduite devant Dieu , & devant Saül,
qu'il appelle enſemble à témoin ; & établit
ſon innocence ſur leur témoignage.

Il faut regarder les Rois comme des choſes ſacrées : & qui neglige de les garder eſt
digne de mort. Vive le Seigneur , dit Da-   « *I. Reg.*
vid aux Capitaines de Saül , vous êtes des   « *xxvj.16.*
enfans de mort , vous tous qui ne gardez   «
pas vôtre maître l'oint du Seigneur.   «

Qui garde la vie du Prince, met la ſien-   «
ne en la garde de Dieu même. Comme vô-   « *Ib. 24.*
tre vie a été chere & précieuſe à mes yeux,   «
dit David au Roi Saül; ainſi ſoit chere ma   «
vie devant Dieu même, & qu'il daigne me   «
délivrer de tout peril.   «

Dieu lui met deux fois entre les mains
Saül qui remuoit tout pour le perdre ; ſes
gens ſe preſſent de ſe défaire de ce Prince
injuſte & impie ; mais cette propoſition lui
fait horreur. Dieu , dit-il , ſoit à mon ſe- « *I. Reg.*
cours , & qu'il ne m'arrive pas de mettre   « *xxiv. 7.*
ma main ſur mon maître, l'oint du Sei-   « *11. &c.*
gneur.   « *xxj. 23.*

Loin d'attenter ſur ſa perſonne, il eſt
même ſaiſi de frayeur pour avoir coupé un
bout de ſon manteau, encore qu'il ne l'eût
fait que pour lui montrer combien religieuſement il l'avoit épargné. Le cœur de Da-   « *I. Reg.*
vid fut ſaiſi, parce qu'il avoit coupé le bord « *xxiv.6.*
du manteau de Saül. Tant la perſonne du   «
Prince lui paroît ſacrée , & tant il craint

Tome I.   L

d'avoir violé par la moindre irreverence le
relpect qui lui étoit dû.

III. PROPOSITION.

On doit obéir au Prince par principe de religion & de confcience.

SAint Paul après avoir dit que le Prince
eſt le miniſtre de Dieu, conclut ainſi.

Rom. „ Il eſt donc neceſſaire que vous lui ſoyez
xiij 5. „ ſoûmis, non-ſeulement par la crainte de
„ ſa colere, mais encore par l'obligation de
„ vôtre conſcience.

Ephef. „ C'eſt pourquoi : Il le faut ſervir non à
vj. 5.6. „ l'œil comme pour plaire aux hommes, mais
„ avec bonne volonté, avec crainte, avec
„ relpect, & d'un cœur ſincere comme à Je-
„ ſus-Chriſt.

Coloſſ. „ Et encore : Serviteurs, obéïſſez en tou-
iij. 22. „ tes choſes à vos maîtres temporels, ne les
23.24 „ ſervant point à l'œil comme pour plaire à
„ des hommes, mais en ſimplicité de cœur
„ & dans la crainte de Dieu. Faites de bon
„ cœur tout ce que vous faites comme ſer-
„ vant Dieu & non pas les hommes, aſſurez
„ de recevoir de Dieu même la recompenſe
„ de vos ſervices. Regardez Jeſus-Chriſt com-
„ me vôtre maître.

Si l'Apôtre parle ainſi de la ſervitude,
état contre la nature ; que devons-nous
penſer de la ſujettion legitime aux Princes,
& aux Magiſtrats protecteurs de la liberté
publique.

I.Pet. ij. „ C'eſt pourquoi ſaint Pierre dit : Soyez
13.14. „ donc ſoûmis pour l'amour de Dieu à l'or-

dre qui est établi parmi les hommes : soyez «
soûmis au Roi comme à celui qui a la puis- «
sance suprême : & à ceux à qui il donne «
son autorité , comme étant envoyez de lui «
pour la loüange des bonnes actions , & la «
punition des mauvaises. «

Quand même ils ne s'acquiteroient pas
de ce devoir , il faut respecter en eux leur
charge & leur ministere. Obéïssez à vos « Ib. 18.
maîtres , non-seulement à ceux qui sont «
bons & moderez , mais encore à ceux qui «
sont fâcheux & injustes. «

Il y a donc quelque chose de religieux «
dans le respect qu'on rend au Prince. Le
service de Dieu & le respect pour les Rois
sont choses unies ; & saint Pierre met ensemble ces deux devoirs : Craignez Dieu, « Ib. 17.
honorez le Roi. «

Aussi Dieu a-t'il mis dans les Princes
quelque chose de divin. J'ai dit : Vous êtes « Psalm.
des Dieux , & vous êtes tous enfans du « lxxxi.6.
Très-haut. C'est Dieu même que David fait «
parler ainsi.

De là vient que les serviteurs de Dieu
jurent par le salut & la vie du Roi, comme
par une chose divine & sacrée. Urie par-
lant à David : Par vôtre salut & par la con- « II. Reg.
servation de vôtre vie, je ne ferai point cet- « xj. 2.
te chose. « XIV. 15.

Encore même que le Roi soit infidéle ,
par la vuë qu'on doit avoir de l'ordre de
Dieu. Par le salut de Pharaon je ne vous «Gen.xlij·
laisserai point sortir d'ici. « 15. 16.

Il faut écouter ici les premiers Chrétiens,
& Tertullien qui parle ainsi au nom d'eux « Tert.
tous. Nous jurons, non par les genies des « Apol.

„ Cefars ; mais par leur vie & par leur falut,
„ qui eſt plus augufte que tous les genies. Ne
„ fçavez-vous pas que les genies font des de-
„ mons ? Mais nous qui regardons dans les
„ Empereurs le choix & le jugement de Dieu,
„ qui leur a donné le commandement fur
„ tous les peuples : nous refpeƈtons en eux
„ ce que Dieu y a mis , & nous tenons cela
„ à grand ferment.

Ibid. „ Il ajoûte : Que dirai-je davantage de nô-
„ tre Religion & de nôtre pieté pour l'Em-
„ pereur, que nous devons refpeƈter comme
„ celui que nôtre Dieu a choifi : enforte que
„ je puis dire que Cefar eſt plus à nous qu'à
„ vous , parce que c'eſt nôtre Dieu qui l'a
„ établi.

C'eſt donc l'efprit du Chriſtianifme de
faire refpeƈter les Rois avec une efpéce de
Religion , que le même Tertullien appelle
Ibid. „ très-bien : La Religion de la feconde Ma-
„ jeſté.

Cette feconde Majeſté n'eſt qu'un écou-
lement de la premiere , c'eſt-à-dire , de la
Divine ; qui pour le bien des chofes humaines a voulu faire réjaillir quelque partie
de fon éclat fur les Rois.

IV. PROPOSITION.

Les Rois doivent refpeƈter leur propre puif-
fance , & ne l'employer qu'au bien public.

LEur puiſſance venant d'enhaut , ainfi
qu'il a été dit ; ils ne doivent pas croire qu'ils en foient les maîtres pour en ufer
à leur gré ; mais ils doivent s'en fervir avec

crainte & retenuë, comme d'une chofe qui
leur vient de Dieu, & dont Dieu leur demandera compte. Ecoutez, ô Rois, & « *Sap. vj.*
comprenez : apprenez Juges de la terre : « *2. 3.*
prêtez l'oreille, ô vous qui tenez les peu- « *&c.*
ples fous vôtre Empire, & vous plaifez à «
voir la multitude qui vous environne : c'eſt «
Dieu qui vous a donné la puiſſance : vôtre «
force vient du Très-haut qui interrogera «
vos œuvres, & pénétrera le fond de vos «
penſées ; parce qu'étant les miniſtres de fon «
Royaume, vous n'avez pas bien jugé, & «
n'avez pas marché felon fes volontez. Il «
vous paroîtra bien-tôt d'une maniere terri- «
ble ; car à ceux qui commandent, eſt re- «
fervé le châtiment le plus dur. On aura «
pitié des petits & des foibles : mais les puiſ- «
fans feront puiſſamment tourmentez. Car «
Dieu ne redoute la puiſſance de perfonne, «
parce qu'il a fait les grands & les petits, & «
qu'il a foin également des uns & des autres. «
Et les plus forts feront tourmentez plus «
fortement. Je vous le dis, ô Rois, afin «
que vous foyez fages, & que vous ne tom- «
biez pas. «

Les Rois doivent donc trembler en fe
fervant de la puiſſance que Dieu leur donne, & fonger combien horrible eſt le facrilege d'employer au mal une puiſſance qui
vient de Dieu.

Nous avons vû les Rois affis dans le
trône du Seigneur, ayant en main l'épée
que lui-même leur a mis en main. Quelle
profanation & quelle audace aux Rois injuſtes, de s'affeoir dans le trône de Dieu
pour donner des arrêts contre fes loix, &

d'employer l'épée qu'il leur met en main, à faire des violences, & à égorger ses enfans?

Qu'ils respectent donc leur puissance ; parce que ce n'est pas leur puissance : mais la puissance de Dieu, dont il faut user saintement & religieusement. Saint Gregoire de Nazianze parle ainsi aux Empereurs.

Greg. „ Respectez vôtre pourpre : reconnoissez le
Naz. „ grand mystere de Dieu dans vos personnes:
„ il gouverne par lui-même les choses céles-
„ tes ; il partage celle de la terre avec vous.
„ Soyez donc des Dieux à vos sujets. C'est-
à-dire, gouvernez-les comme Dieu gouverne, d'une maniere noble, desinteressée, bien-faisante, en un mot, divine.

ARTICLE III.

L'autorité Royale est paternelle, & son propre caractere c'est la bonté.

APrès les choses qui ont été dites, cette verité n'a plus besoin de preuves.

Nous avons vû que les Rois tiennent la place de Dieu, qui est le vrai pere du genre humain.

Nous avons vû aussi que la premiere idée de puissance, qui ait été parmi les hommes, est celle de la puissance paternelle, & que l'on a fait les Rois sur le modéle des peres.

Aussi tout le monde est-il d'accord, que l'obéissance qui est duë à la puissance publique, ne se trouve dans le décalogue, que dans le précepte qui oblige à honorer ses parens,

Il paroît par tout cela que le nom de Roi est un nom de pere ; & que la bonté est le caractere le plus naturel des Rois.

Faisons néanmoins ici une reflexion particuliere sur une verité si importante.

I. PROPOSITION.

La bonté est une qualité Royale , & le vrai apanage de la grandeur.

LE Seigneur vôtre Dieu est le Dieu des " *Deut.* x. Dieux , & le Seigneur des Seigneurs : " 17. 18. un Dieu grand , puissant , redoutable, qui " n'a point d'égard aux personnes en juge- " ment, & ne reçoit pas de presens ; qui fait " justice au pupille & à la veuve ; qui aime " l'étranger, & lui donne sa nourriture & son " vêtement. "

Parce que Dieu est grand & plein en lui-même , il se tourne, pour ainsi dire , tout entier à faire du bien aux hommes, con- formement à cette parole : Selon sa gran- " *Eccl.* ij. deur , ainsi est sa misericorde. " 23.

Il met une image de sa grandeur dans les Rois , afin de les obliger à imiter sa bonté.

Il les éleve à un état où ils n'ont plus rien à désirer pour eux-mêmes. Nous avons oüi David disant : Que peut ajoûter vôtre " *II. Reg.* serviteur à toute cette grandeur dont vous " 7. 20. l'avez revêtu. "

Et en même-tems il leur déclare, qu'il *I. Par.* leur donne cette grandeur pour l'amour des xvij. 18. peuples. Parce que Dieu aimoit son peuple " *II. Par.* il vous a fait regner sur eux, Et encore : " ij. 11. Vous avez plû au Seigneur, il vous a placé " *III. Reg.*

L 4

x. 9.

fur le trône d’Ifraël ; & parce qu’il aimoit ce peuple il vous a fait leur Roi pour faire juftice & jugement.

C’eft pourquoi dans les endroits où nous lifons : Que le Royaume de David fut élevé fur le peuple : l’Hebreu & le Grec portent [pour le peuple.] Ce qui montre que la grandeur a pour objet le bien des peuples foûmis.

En effet, Dieu qui a formé tous les hommes d’une même terre pour le corps, & a mis également dans leurs ames fon image & fa reffemblance, n’a pas établi entr’eux tant de diftinctions, pour faire d’un côté des orgueilleux, & de l’autre des efclaves, & des miferables. Il n’a fait des grands que pour proteger les petits ; il n’a donné fa puiffance aux Rois, que pour procurer le bien public, & pour être le fupport du peuple.

II. PROPOSITION.

Le Prince n’eft pas né pour lui-même : mais
pour le public.

C’Eft une fuite de la propofition précédente, & Dieu confirme cette verité par l’exemple de Moïfe,

Il lui donne fon peuple à conduire, & en même-tems il fait qu’il s’oublie lui-même.

Après beaucoup de travaux, & après qu’il a fupporté l’ingratitude du peuple durant quarante ans pour le conduire en la terre promife, il en eft exclus : Dieu le lui déclare, & que cet honneur étoit refervé à Jofué,

Deut. xxj. 7.

Quant à Moïſe il lui dit : Ce ne ſera pas « *Num.*
vous qui introduirez ce peuple dans la terre « xx. 12,
que je leur donnerai. Comme s'il lui di- «
ſoit , vous en aurez le travail , & un autre
en aura le fruit.

Dieu lui déclare ſa mort prochaine : Moï-   *Num.*
ſe ſans s'étonner , & ſans ſonger à lui-mê-   xxvij.
me , le prie ſeulement de pourvoir au peu-   13.
ple. Que le Dieu de tous les eſprits donne « *Ib.* 16.
un conducteur à cette multitude, qui puiſ- « 17.
ſe marcher devant eux : qui le mene & le «
ramene, de peur que le peuple du Seigneur «
ne ſoit comme des brebis ſans paſteur.   «

Il lui ordonne une grande guerre en ces
termes : Vange ton peuple des Madianites, « *Num.*
& puis tu mourras. Il veut lui faire ſçavoir « xxxj. 2.
qu'il ne travaille pas pour lui-même , &
qu'il eſt fait pour les autres. Auſſi-tôt , &
ſans dire un mot ſur ſa mort prochaine ,
Moïſe donna ſes ordres pour la guerre, & *Ib.* 3. 7.
l'acheve tranquillement.

Il acheve le peu de vie qui lui reſte à enſeigner le peuple , & à lui donner les inſtructions qui compoſent le livre du Deuteronome. Et puis il meurt ſans aucune récompenſe ſur la terre , dans un tems où
Dieu les donnoit ſi liberalement. Aaron a
le Sacerdoce pour lui & pour ſa poſterité :
Caleb & ſa famille eſt pourvuë magnifique-
ment ; les autres reçoivent d'autres dons ;
Moïſe rien : on ne ſçait ce qui devient ſa
famille. C'eſt un perſonnage public né
pour le bien de l'univers, ce qui auſſi eſt
la veritable grandeur.

Puiſſent les Princes entendre , que leur
vraye gloire eſt de n'être pas pour eux-mê-

mes ; & que le bien public , qu'ils procu-
rent , leur eſt une aſſez digne récompenſe
ſur la terre, en attendant les biens éternels
que Dieu leur reſerve.

III. PROPOSITION.

Le Prince doit pourvoir aux beſoins du peuple.

1. Reg. V., 21.   LE Seigneur dit à David : Vous paî-
trez mon peuple d'Iſraël & vous en
ferez le conducteur.

Pſalm. lxxvij. 70. 71.   Dieu a choiſi David , & l'a tiré d'après
les brebis pour paître Jacob ſon ſerviteur,
& Iſraël ſon héritage. Il n'a fait que changer de troupeau : au lieu de paître les brebis , il paît des hommes. Paître dans la
langue ſainte , c'eſt gouverner , & le nom
de Paſteur ſignifie Prince , tant ces choſes
ſont unies.

Iſ. xliv. 28. & ailleurs.   J'ai dit à Cyrus , dit le Seigneur : Vous
êtes mon Paſteur. C'eſt-à-dire , vous êtes
le Prince que j'ai établi.

Ce n'eſt donc pas ſeulement Homere qui
appelle les Princes , Paſteurs des peuples :
c'eſt le ſaint Eſprit. Ce nom les avertit aſſez de pourvoir au beſoin de tout le troupeau , c'eſt-à-dire , de tout le peuple.

Quand la ſouveraine puiſſance fut donnée à Simon le Machabée, le decret en eſt
1. Mach., XIV. 42.   conçû en ces termes : Tout le peuple l'a
établi Prince , & il aura ſoin des Saints.
c'eſt-à-dire , du peuple Juif, qui s'appelloit
auſſi le peuple des Saints.

C'eſt un droit Royal de pourvoir aux be-

foins du peuple. Qui l'entreprend au préjudice du Prince, entreprend fur la Royauté : c'eft pour cela qu'elle eft établie, &
l'obligation d'avoir foin du peuple, eft le
fondement de tous les droits que les Sou-
verains ont fur leurs fujets.

C'eft pourquoi dans les grands befoins
le peuple a droit d'avoir recours à fon Prince. Dans une extrême famine, toute l'E- " *Gen xlj.*
gypte vient crier autour du Roi lui deman- " 5 5.
dant du pain. Les peuples affamez deman- "
dent du pain à leur Roi comme à leur pafteur, ou plûtôt comme à leur pere. Et la *Gen. xlj.*
prévoyance de Jofeph l'avoit mis en état 47.
d'y pourvoir.

Voici fur ces obligations du Prince une
belle fentence du Sage. Vous ont-ils fait " *Eccli.*
Prince ou Gouverneur ? Soyez parmi eux " xxxij. 1.
comme l'un d'eux : ayez foin d'eux & pre- " 2,
nez courage, & répofez-vous après avoir "
pourvû à tout. "
Cette fentence contient deux préceptes.

I. Précepte. Soyez parmi eux comme "
l'un d'eux. Ne foyez point orgueilleux : "
rendez-vous acceffible & familier : ne vous
croyez pas, comme on dit, d'un autre mé-
tail que vos fujets : mettez-vous à leur place, & foyez-leur tel que vous voudriez
qu'ils vous fuffent, s'ils étoient à la vôtre.

II. Précepte. Ayez foin d'eux, & repo- "
fez-vous après avoir pourvû à tout. Le re- "
pos alors vous eft permis ; le Prince eft un
perfonnage public, qui doit croire que quelque chofe lui manque à lui-même, quand
quelque chofe manque au peuple & à l'état.

IV. PROPOSITION.

Dans le peuple, ceux à qui le Prince doit le plus pourvoir, sont les foibles.

PArce qu'ils ont le plus befoin de celui qui eft par fa charge le pere & le protecteur de tous.

C'eft pour cela que Dieu recommande principalement aux Juges, & aux Magiftrats, les veuves, & les pupilles.

Job qui étoit un grand Prince, dit auffi :
Job. „ On me rendoit témoignage, que j'écou-
xxix. 11. „ tois le cri du pauvre, & délivrois le pupille
12. 13. „ qui n'avoit point de fecours ; la benedic-
„ tion de celui qui alloit perir, venoit fur
„ moi, & je confolois le cœur de la veuve.
Ibid. 15. „ Et encore: J'étois l'œil de l'aveugle, le pied
16. „ du boiteux, le pere des pauvres. Et encore:
Ibid. 25. „ Je tenois la premiere place ; affis au milieu
„ d'eux comme un Roi environné de fa cour
„ & de fon armée, j'étois le confolateur des
„ affligez.

Sa tendreffe pour les pauvres eft inexpli-
Job. „ cable. Si j'ai refufé aux pauvres ce qu'ils
xxxj. 16. „ demandoient, & fi j'ai fait attendre les yeux
17. 18. „ de la veuve, fi j'ai mangé feul mon pain,
&c. „ & ne l'ai pas partagé avec le pupille, parce
„ que la compaffion eft née avec moi, & a
„ crû dans mon cœur dès mon enfance : Si
„ j'ai dedaigné celui qui mouroit de froid fau-
„ te d'habits ; fi fes côtez ne m'ont pas beni,
„ & s'il n'a pas été rechauffé par la laine de
„ mes brebis, puiffe mon épaule fe feparer
„ de fa jointure, & que mon bras foit brifé
„ avec fes os. Etre impitoyable à fon peuple,

c'eſt ſe ſeparer de ſes propres membres, &
on merite de perdre ceux de ſon corps.

Il donne liberalement ; il donne penetré
de compaſſion ; il donne ſans faire attendre : qu'y a-t'il de plus paternel , & de plus
royal ?

Dans les vœux que David fit pour Salomon le jour de ſon ſacre, il ne parle que du
ſoin qu'il aura pour les pauvres, & met en
cela tout le bonheur de ſon regne. Il juge- « *Pſ. lxxj.*
ra le peuple avec équité, & fera juſtice au « *1. 4. 11.*
pauvre. Il ne ſe laſſe point de loüer cette « *12. &c.*
bonté pour les pauvres. Il protegera, dit-il, «
les pauvres du peuple, & il ſauvera les en- «
fans des pauvres, & il abattra leurs oppreſ- «
ſeurs. Et encore : Tous les Rois de la ter- «
re l'adoreront, & toutes les nations lui ſe- «
ront ſujettes ; parce qu'il délivrera le pau- «
vre des mains du puiſſant, le pauvre qui «
n'avoit point de ſecours. Il ſera bon au «
pauvre, & à l'indigent ; il ſauvera les ames «
des pauvres ; il les délivrera des uſures, & «
des violences, & leur nom ſera honorable «
devant lui. Ses bontez pour les pauvres lui «
attireront avec de grandes richeſſes la pro-
longation de ſes jours, & la benediction
de tous les peuples. Il vivra & l'or de Saba
lui ſera donné ; il ſera le ſujet de tous les
vœux; on ne ceſſera de le benir. Voilà un
regne merveilleux, & digne de figurer celui du Meſſie.

David avoit bien conçû que rien n'eſt
plus Royal, que d'être le ſecours de qui
n'en a point ; & c'eſt tout ce qu'il ſouhaite
au Roi ſon fils.

Ceux qui commandent les peuples, ſoit

Princes, soit Gouverneurs, doivent, à
l'exemple de Nehemias, soulager le peu-
II. Esdr. „ ple accablé. Les Gouverneurs qui m'avoient
v. 15. 16. „ précedé fouloient le peuple, & leurs servi-
17. 18. „ teurs tiroient beaucoup : & moi qui crai-
„ gnois Dieu, je n'en ai pas usé ainsi ; au
„ contraire, j'ai contribué à rebâtir les mu-
„ railles; je n'ai rien acquis dans le pays : plus
„ soigneux de donner que de m'enrichir ; &
„ je faisois travailler mes serviteurs : je tenois
„ une grande table, où venoient les Magis-
„ trats, & les principaux de la ville, sans
„ prendre les revenus assignez au Gouver-
„ neur ; car le peuple étoit fort appauvri.

C'est ainsi que Nehemias se réjoüissoit
d'avoir soulagé le pauvre peuple ; & il dit
Ibid. 19. „ ensuite plein de confiance : O Seigneur,
„ souvenez-vous de moi en bien, selon le
„ bien que j'ai fait à vôtre peuple.

V. PROPOSITION.

Le vrai caractere du Prince, est de pour-
voir aux besoins du peuple ; comme celui
du tyran, est de ne songer qu'à lui-même.

ARistote l'a dit ; mais le saint Esprit l'a
prononcé avec plus de force.

Il represente en un mot le caractere d'u-
ne ame superbe & tyranique, en lui faisant
Is. xlvij. „ dire : Je suis, & il n'y a que moi sur la terre.
10. Il maudit les Princes qui ne songent qu'à
eux-mêmes, par ces terribles paroles : Voici
Ezech. „ ce que dit le Seigneur : Malheur aux Pas-
XXXIV. 2. „ teurs d'Israël qui se paissent eux-mêmes.
3. 4. &c. „ Les troupeaux ne doivent-ils pas être nour-

ris par les pasteurs ? Vous mangiez le lait "
de mes brebis, & vous vous couvriez de "
leurs laines, & vous tuïez ce qu'il y avoit "
de plus gras dans le troupeau, & vous ne "
le paissiez pas : vous n'avez pas fortifié ce "
qui étoit foible, ni guéri ce qui étoit mala- "
de, ni remis ce qui étoit rompu, ni cher- "
ché ce qui étoit égaré, ni ramené ce qui "
étoit perdu : vous vous contentiez de leur "
parler durement & imperieusement : Et "
mes brebis dispersées, parce qu'elles n'a- "
voient pas de Pasteurs, ont été la proye des "
bêtes farouches ; elles ont erré dans toutes "
les montagnes, & dans toutes les collines ; "
& se sont répanduës sur toute la face de la "
terre, & personne ne les recherchoit, dit "
le Seigneur. Pour cela, ô Pasteurs, écou- "
tez la parole du Seigneur. Je vis éternelle- "
ment, dit le Seigneur, parce que mes bre- "
bis dispersées ont été en proye faute d'avoir "
des Pasteurs : car mes Pasteurs ne cher- "
choient point mon troupeau ; ces Pasteurs "
se paissoient eux-mêmes, & ne paissoient "
point mes brebis : & voici ce que dit le Sei- "
gneur : Je rechercherai mes brebis de la "
main de leurs Pasteurs, & je les chasserai "
afin qu'ils ne paissent plus mon troupeau, "
& ne se paissent plus eux-mêmes : & je dé- "
livrerai mon troupeau de leur bouche, & "
ils ne le devoreront plus. "

On voit ici : Premierement : Que le caractere du mauvais Prince est de se paître
lui-même, & de ne songer pas au troupeau.

Secondement : Que le saint Esprit lui
demande compte, non-seulement du mal
qu'il fait, mais encore de celui qui ne gué-
rit pas.

Troifiémement : Que tout le mal que
les ravifleurs font à fes peuples, pendant
qu'il les abandonne, & ne fonge qu'à fes
plaifirs, retombe fur lui.

VI. PROPOSITION.

*Le Prince inutile au bien du peuple, eſt
puni auſſi-bien que le méchant, qui
le tyranniſe.*

Matth.
xxiv. 15.
&c.

C'Eſt la regle de la juſtice divine, de ne
punir pas feulement les ferviteurs violens, qui abufent du pouvoir qu'il leur a
donné : mais encore les ferviteurs inutiles,
qui ne font pas profiter le talent qu'il leur
„ a mis en main. Jettez le ferviteur inutile
„ dans les tenebres exterieures : c'eſt-à-dire,
dans la prifon obfcure & profonde, qui eſt
Ibid. 25. „ hors de la maifon de Dieu : Là feront pleurs
30, „ & grincemens de dents.

C'eſt pourquoi nous venons d'entendre,
qu'il reprochoit aux Pafteurs, non-feulement qu'ils devoroient fon troupeau ; mais
qu'ils ne le gueriffoient pas, qu'ils le negli-
geoient, & le laiffoient devorer.

Mardochée manda auffi à la Reine Efther, dans le peril extrême du peuple de
Eſther. „ Dieu : Ne croyez pas vous pouvoir fauver
iv. 13. „ toute feule, parce que vous êtes la Reine,
14. „ & élevée au-deffus de tous les autres : car
„ fi vous vous taifez, les Juifs feront deli-
„ vrez par quelque autre voye ; & vous peri-
„ rez, vous & la maifon de vôtre pere.

VII. PRO-

VII. PROPOSITION.

La bonté du Prince ne doit pas être alterée
par l'ingratitude du Peuple.

IL n'y a rien de plus ingrat envers Moïse que le peuple Juif. Il n'y a rien de meilleur envers le peuple Juif que Moïse. On n'entend par tout dans l'Exode, & dans les Nombres, que des murmures insolens de ce peuple contre lui ; toutes leurs plaintes sont seditieuses , & jamais il n'entend de leur bouche des remontrances tranquilles. Des menaces ils passent aux effets. Tout le « *Num.* peuple crioit contre lui , & vouloit le lapi- « xiv. 4. der. Mais pendant cette fureur , il plaide « leur cause devant Dieu, qui vouloit les per- « dre. Je les fraperai de peste, & je les exter- « *Ibid.* 12. minerai , & je te ferai Prince d'une grande « 13. *&c.* Nation plus puissante que celle-ci : Oüi, « Seigneur répondit Moïse , afin que les « Egyptiens blasphêment contre vous. Glo- « rifiez plûtôt vôtre puissance , ô Dieu pa- « tient, & de grande misericorde, & pardon- « nez à ce peuple selon vos bontez infinies. «

Il ne répond pas seulement aux promesses que Dieu lui fait, occupé du peril de ce peuple ingrat, & s'oubliant toûjours luimême.

Bien plus il se dévoüe pour eux. Sei- « *Exode* gneur , ou pardonnez-leur ce peché , ou « xxiij. effacez moi de vôtre livre. C'est-à-dire , « 32. ôtez-moi la vie.

David imite Moïse. Malgré toutes ses *II. Reg.* bontez , son peuple avoit suivi la revolte xv. 20.

d'Abſalon, & depuis celle de Seba. Il ne leur
en eſt pas moins bon ; & même ne laiſſe
pas de ſe dévoüer lui, & toute ſa famille,
II. Reg. „ pour ce peuple tant de fois rebelle. Voyant
*xxiv.*17. „ l'Ange qui frapoit le peuple ; ô Seigneur,
„ s'écria-t'il, c'eſt moi qui ai peché ; c'eſt
„ moi qui ſuis coupable ; qu'ont fait ces bre-
„ bis que vous frapez ? tournez vôtre main
„ contre moi, & contre la maiſon de mon
„ pere.

VIII. PROPOSITION.

Le Prince ne doit rien donner à ſon reſſenti-
ment, ni à ſon humeur.

Job „ **A** Dieu ne plaiſe, dit Job, que je me
*xxxj.*29. „ ſois réjoüi de la chûte de mon enne-
30. „ mi, ou du mal qui lui arrivoit. Je n'ai pas
„ même peché contre lui par des paroles, ni
„ je n'ai fait aucune imprécation contre ſa vie.

Les commencemens de Saül ſont admi-
rables, lorſque la fortune n'avoit pas encore perverti en lui les bonnes diſpoſitions
qui l'avoient rendu digne de la Royauté.
Une partie du peuple avoit refuſé de lui
I. Reg. „ obéïr : Cet homme nous pourra-t'il ſauver ?
*x.*27. „ ils le mépriſerent, & ne lui apporterent pas
„ les preſens ordinaires en cette occaſion.
Comme donc il venoit de remporter une
glorieuſe victoire ; Tout le peuple dit à Sa-
I. Reg. „ muël : Qu'on nous donne ceux qui ont dit,
*xj.*12. „ Saül ne ſera pas nôtre Roi, & qu'on les
13. „ faſſe mourir. A quoi Saül répondit : Per-
„ ſonne ne ſera tué en ce jour, que Dieu a
„ ſauvé ſon peuple.

En ce jour de triomphe, & de falut, il ne pouvoit offrir à Dieu un plus digne facrifice que celui de la clemence.

Voici encore un exemple de cette vertu en la perfonne de David. Durant que Saül le perfecutoit, il étoit avec fes troupes vers le Carmel, où il y avoit un homme extraordinairement riche nommé Nabal. David le traitoit avec toute la bonté poffible : non-feulement il ne fouffroit pas que fes foldats lui fiffent aucun tort ; chofe difficile dans la licence de la guerre, & parmi des troupes tumultuairement ramaffées fans paye reglée, telles qu'étoient alors celles de David : mais les gens de Nabal confeffoient eux-mêmes, qu'il les protegeoit en toutes chofes. Ces hommes, difent-ils, nous font fort bons : nous n'avons jamais rien perdu parmi eux, & au contraire pendant que nous paiffions nos troupeaux, ils nous étoient nuit & jour comme un rampart. C'eft le vrai ufage de la puiffance ; Car que fert d'être le plus fort, fi ce n'eft pour foûtenir le plus foible ? *« 1. Reg. « XXV. 15. « « « «*

C'eft ainfi qu'en ufoit David : & cependant comme fes foldats en un jour de réjouiffance, vinrent demander à Nabal avec toute la douceur poffible, qu'il leur donnât fi peu qu'il voudroit ; cet homme feroce non-feulement le refufa ; mais encore il s'emporta contre David d'une maniere outrageufe, fans aucun refpect pour un fi grand homme, deftiné à la Royauté par ordre de Dieu ; & fans être touché de la perfecution qu'il fouffroit injuftement ; l'appellant au contraire, un valet rebelle qui vouloit faire le maître. *Ibid. 8, &c.*

A ce coup la douceur de David fut pouſſée à bout ; il couroit à la vangeance : mais
Dieu lui envoye Abigaïl femme de Nabal,
auſſi prudente que belle , qui lui parla en
ces termes : Que le Roi , Monſeigneur ,
„ ne prenne pas garde aux emportemens de
„ cet inſenſé. Vive le Seigneur qui vous a
„ empêché de verſer le ſang , & a conſervé
„ vos mains pures & innocentes ; le Seigneur
„ vous fera une maiſon puiſſante , & fidéle,
„ parce que vous combattez pour lui. A Dieu
„ ne plaiſe qu’il vous arrive de faire aucun
„ mal dans tout le cours de vôtre vie : Quand
„ le Seigneur aura accompli ce qu’il vous a
„ promis , & qu’il vous aura établi Roi ſur
„ ſon peuple d’Iſraël , vous n’aurez point le
„ regret d’avoir répandu le ſang innocent, ni
„ de vous être vangé vous-même ; & cette
„ triſte penſée ne viendra pas vous troubler
„ au milieu de vôtre gloire; & Monſeigneur
„ ſe reſſouviendra de ſa ſervante.

Elle parloit à David comme aſſurée de
ſa bonté , & le touchoit en effet par où il
étoit ſenſible , lui faiſant voir que la grandeur n’étoit donnée aux hommes que pour
bien faire , comme il avoit toûjours fait;
& qu’au reſte toute ſa puiſſance n’auroit
plus d’agrément pour lui , s’il pouvoit ſe
reprocher d’en avoir uſé avec violence.

David penetré de ce diſcours , s’écrie :
„ Beni ſoit le Dieu d’Iſraël qui vous a en-
„ voyée à ma rencontre : beni ſoit vôtre diſ-
„ cours, qui a calmé ma colere : & benie
„ ſoyez-vous vous-même , vous qui m’avez
„ empêché de verſer du ſang , & de me van-
„ ger de ma main.

Ibid.25.
26. &c.

Ibid.32.
33.

Comme il goûte la douceur de dompter ſa colere : & dans quelle horreur entre-t'il de l'action qu'il alloit faire ?

Il reconnoît qu'en effet la puiſſance doit être odieuſe, même à celui qui l'a en main, quand elle le porte à ſacrifier le ſang innocent à ſon reſſentiment particulier. Ce n'eſt pas être puiſſant, que de n'avoir pû reſiſter à la tentation de la puiſſance ; & quand on en a abuſé , on ſent toûjours en ſoi-même qu'on ne la meritoit pas.

Voilà quel étoit David : & il n'y a rien qui faſſe plus déplorer , ce que l'amour & le plaiſir peuvent ſur les hommes , que de voir un ſi bon Prince pouſſé juſqu'au meurtre d'Urie par cette aveugle paſſion.

Si le Prince ne doit rien donner à ſes reſſentimens particuliers , à plus forte raiſon ne doit-il pas ſe laiſſer maîtriſer par ſon humeur , ni par des averſions , ou des inclinations irregulieres : mais il doit agir toûjours par raiſon , comme on le dira dans la ſuite.

IX. PROPOSITION.

Un bon Prince épargne le ſang humain.

QUi me donnera, avoit dit David, qui « *II. Reg.* me donnera de l'eau de la cîterne de « xxiij. 15. Bethléem? Auſſi-tôt trois vaillans hommes « 16. 17. percerent le camp des Philiſtins , & lui ap- « porterent de l'eau de cette cîterne : mais il « ne voulut pas en boire , & la répandit de- « vant Dieu en effuſion, diſant : Le Seigneur « me ſoit propice ; à Dieu ne plaiſe que je «

„ boive le fang de ces hommes, & le peril de
„ leurs ames.

'Ambr. „   Il fent, dit faint Ambroife, fa confcien-
l. 1. „ ce bleffée par le peril où ces vaillans hom-
Apol. „ mes s'étoient mis pour le fatisfaire, & cette
David.„ eau qu'il voit achetée au prix du fang, ne
  , „ lui caufe plus que de l'horreur.

X. PROPOSITION.

Un bon Prince détefte les actions fan- guinaires.

Pfalm „ Retirez-vous de moi gens fanguinaires,
cxxxviij. „ difoit David. Il n'y a rien qui s'accor-
18. de moins avec le protecteur de la vie, &
du falut de tout le peuple, que les hommes
cruels & violens.

Après le meurtre d'Urie, le même David qu'un amour aveugle avoit jetté contre
fa nature dans cette action fanguinaire,
croyoit toûjours nager dans le fang, &
ayant horreur de lui-même, il s'écrioit :
Pf. l. 16. „ O Seigneur délivrez-moi du fang.

Les violences & les cruautez toûjours
détefables, le font encore plus dans les
Princes établis pour les empêcher, & les
punir. Dieu qui avoit fupporté avec patience les impietez d'Achab & de Jefabel, laiffe
partir la derniere & irrevocable fentence,
après qu'ils ont répandu le fang de Naboth.
Auffi-tôt Elie eft envoyé pour dire à ce Roi
III Reg. „ cruel : Tu as tué, & tu as poffedé le bien
xxj. 19. „ de Naboth, & tu ajoûteras encore à tes
23. 24. „ crimes : mais voici ce que dit le Seigneur :
„ Au même lieu où les chiens ont leché le

fang de Naboth , ils lecheront auſſi ton «
fang, & je ruïnerai ta maiſon fans qu'il en «
reſte un ſeul homme, & les chiens mange- «
ront le corps de ta femme Jezabel. Si Achab «
meurt dans la ville, les chiens le mange- «
ront, & s'il meurt à la campagne, il ſera «
donné aux oiſeaux.   «

Antiochus, ſurnommé l'Illuſtre , Roi
de Syrie, perit d'une maniere moins violente en apparence, mais non moins terrible. Dieu le punit en l'abandonnant aux
reproches de ſa conſcience, & à des chagrins furieux qui ſe tournerent enfin en maladie incurable.

Son avarice l'avoit engagé à piller le
Temple de Jeruſalem, & enſuite à perſe-
cuter le peuple de Dieu. Il fit de grands
meurtres, & parla avec grand orgueil. Et
voilà que tout d'un coup entendant parler
des victoires des Juifs, qu'il perſecutoit à
toute outrance, il fut ſaiſi de frayeur à ce «
diſcours, & fut jetté dans un grand trou- «
ble : il ſe mit au lit, & tomba dans une «
profonde triſteſſe; parce que ſes deſſeins ne «
lui avoient pas réüſſi. Il fut pluſieurs jours «
en cet état : ſa triſteſſe ſe renouvelloit & «
s'augmentoit tous les jours, & il ſe ſentoit «
mourir. Alors appellant tous ſes courtiſans «
il leur dit : Le ſommeil s'eſt retiré de mes «
yeux, je n'ai plus de force, & mon cœur «
eſt abattu par de cruelles inquiétudes. En «
quel abîme de triſteſſe ſuis-je plongé ? Quel- «
le horrible agitation ſens-je en moi-même, «
moi qui étois ſi heureux, & ſi cheri de tou- «
te ma cour dans ma puiſſance ! maintenant «
je me reſſouviens des maux, & des pilleries «

I. Mach.
j. 23. 24.
25.

I. Mach.
vj. 8. 9.
10.

M 4

„ que j'ai faites dans Jerusalem , & des or-
„ dres que j'ai donnez sans raison pour faire
„ perir les peuples de la Judée. Je connois
„ que c'est pour cela que m'arrivent les maux
„ où je suis ; & voilà que je peris accablé de
„ tristesse dans une terre étrangere.

II.Mach.   Il se joignit à cette tristesse, des douleurs
ix. 5. 9.   d'entrailles, & des ulceres par tout le corps:
12.   il devint insupportable à lui-même, aussi-
bien qu'aux autres , par la puanteur qu'ex-
haloient ses membres pourris. En vain re-
connut-il la puissance divine par ces paro-
„ les : Il est juste d'être soûmis à Dieu , &
„ qu'un mortel ne s'égale pas à lui. Dieu re-
Ibid.13.„ jetta des soûmissions forcées. Et ce mé-
„ chant le prioit en vain dans un tems où
„ Dieu avoit resolu de ne lui plus faire de mi-
„ sericorde.

Ibid.28.„   Ainsi mourut ce meurtrier & ce blasphe-
„ mateur, traité comme il avoit traité les au-
„ tres. C'est-à-dire , qu'il trouva Dieu im-
pitoyable comme il l'avoit été.

Voilà ce qui arrive aux Rois violens, &
sanguinaires. Ceux qui oppriment le peuple, & l'épuisent par de cruelles vexations,
doivent craindre la même vangeance, puis-
Eccli. „ qu'il est écrit : Le pain est la vie du pauvre;
XXIV.25.„ qui le lui ôte, est un homme sanguinaire.

XI. PROPOSITION.

Les bons Princes exposent leur vie pour le
salut de leur peuple , & la conservent
aussi pour l'amour d'eux.

L'Un & l'autre nous paroît par ces deux
exemples,

Pendant la revolte d'Abſalon, David mit ſon armée en bataille, & voulut marcher avec elle à ſon ordinaire. Mais le peuple lui dit: Vous ne viendrez pas; car quand nous ſeront défaits, les rebelles ne croiront pas pour cela avoir vaincu. Vous êtes vous ſeul compté pour dix-mille, & il vaut mieux que vous demeuriez dans la ville, pour nous ſauver tous. Le Roi répondit: Je ſuivrai vos conſeils. *II. Reg.* xviij. 3. 4.

Il cede ſans réſiſtance, il ne fait aucun ſemblant de ſe retirer à regret: en un mot, il ne fait point le vaillant; c'eſt qu'il l'étoit.

Dans un combat des Philiſtins contre David, comme les forces lui manquoient, un Philiſtin alloit le percer; Abiſaï, fils de Servia, le défendit, & tua le Philiſtin: alors les gens de David lui dirent avec ſerment: Vous ne viendrez plus avec nous à la guerre, pour ne point éteindre la lumiere d'Iſraël. *II. Reg.* xxj. 15. 16. 17.

La valeur de David s'étoit fait ſentir aux Philiſtins, à ce fier geant Goliat; & même aux ours, & aux lions qu'il dechiroit comme agneaux. Cependant nous ne liſons point qu'il ait combattu depuis ce tems. Il ne faut pas moins eſtimer la condeſcendance d'un Roi ſi vaillant qui ſe conſerve pour ſon Etat, que la pieté de ſes ſujets. *I. Reg.* xvij. 36.

Eccli. xlvij. 3.

Au reſte l'Hiſtoire des Rois, & celle des Machabées ſont pleines de fameux exemples de Princes, qui ont expoſé leur vie pour le peuple, & il eſt inutile de les rapporter.

L'antiquité Payenne a admiré ceux qui ſe ſont dévoüez pour leur patrie. Saül au commencement de son regne , & David à la fin du sien , se sont dévoüez à la vangeance divine pour sauver leur peuple.

Nous avons déja rapporté l'exemple de David : voyons celui de Saül.

Saül victorieux resolu de poursuivre les ennemis jusqu'au bout, selon une coûtume ancienne , dont on voit des exemples dans toutes les Nations : Engagea tout le peuple *I. Reg.* „ par ce serment : Maudit celui qui mangera *xiv. 24.* „ jusqu'au soir , & jusqu'à ce que je me sois vangé de mes ennemis. C'est-à-dire, des *Ibid.27.* Philistins ennemis de l'Etat. Jonathas qui n'avoit point oüi ce serment de son pere, mangea contre l'ordre dans son extrême *Ibid. 37.* besoin ; & Dieu qui vouloit montrer, ou combien étoit redoutable la religion du serment, ou combien on doit être prompt à sçavoir les ordres publics, témoigna sa colere contre tout le peuple. Sur cela que fait *Ibid.39.* „ Saül ? Vive Dieu , le Sauveur d'Israël , *40. 41.* „ dit-il , si la faute est arrivée par mon fils „ Jonathas, il sera irremissiblement puni de „ mort , Separez-vous d'un côté , & moi je „ serai de l'autre avec Jonathas. Ô Seigneur „ Dieu d'Israël, faites connoître en qui est la „ faute qui vous a mis en colere contre vô- „ tre peuple. Si elle est en moi , ou en Jo- „ nathas , faites-le connoître. Aussi-tôt le „ sort fut jetté ; Dieu le gouverna , tout le peuple fut délivré ; il ne restoit que Saül & *Ibid.42.* „ Jonathas. Saül poursuit sans hesiter : Jettez „ le sort entre moi & Jonathas : il tombe sur Jonathas ; ce jeune Prince avoüe ce qu'il avoit fait ; son pere persiste invinciblement à vouloir le faire mourir ; il fallut que tout

le peuple s'unit pour empêcher l'execution ;
mais du côté de Saül le vœu fut accompli,   *Ibid.* 45.
& Jonathas fut dévoüé à la mort fans s'y
oppofer.

XII. PROPOSITION.

Le Gouvernement doit être doux.

NE foyez pas comme un lion dans vô-   " *Eccl.* iv.
tre maifon , opprimant vos fujets &   " 35.
vos domeftiques.   "

Le Prince ne doit être redoutable qu'aux
méchans. Car , comme dit l'Apôtre , il   " *Rom.*
n'eft pas donné pour faire craindre ceux qui   " xiij. 3.
font bien , mais ceux qui font mal. Vou-   " 4.
lez vous ne craindre pas le Prince ? faites   "
bien, & vous n'aurez de lui que des loüan-   "
ges. Car il eſt le miniſtre de Dieu pour le   "
bien : que fi vous faites mal, tremblez ; car   "
ce n'eſt pas en vain qu'il porte l'épée.   "

Ainfi le gouvernement eſt doux de fa nature , & le Prince ne doit être rude , qu'y
étant forcé par les crimes.

Hors de là il lui convient d'être bon,
affable, indulgent , en ·forte qu'on fente à
peine qu'il foit le maître. Vous ont-ils fait   " *Eccli.*
leur Prince, ou leur gouverneur ? foyez   " xxxij. 1.
parmi eux comme l'un d'eux.   "

C'eſt au Prince de pratiquer ce precepte
de l'Ecclefiaſtique : Prêtez l'oreille au pau-   " *Eccli.* iv.
vre fans chagrin ; rendez - lui ce que vous   " 8.
lui devez , & répondez - lui paifiblement &   "
avec douceur.   "

La douceur aide à entendre & à bien répondre. Soyez doux à écouter la parole   " *Eccli.* v.
13.

„ afin de la concevoir , & de rendre avec fa-
„ geffe une réponfe veritable.

Par la douceur on expedie mieux les affaires , & on acquiert une grande gloire.
Eccli.iij. „ Mon fils faites vos affaires avec douceur,
19.   „ & vous éleverez vôtre gloire au-deffus de
„ tous les hommes.

Num. „   Moïfe étoit le plus doux de tous les
xij. 3. „ hommes. Et par là le plus digne de commander fous un Dieu , qui eft la bonté
Eccli. „ même. Il a été fanctifié par fa foi & par fa
xlv. 4. „ douceur , & Dieu l'a choifi parmi tous les
„ hommes, pour être le conducteur de fon
„ peuple.

Job. „   Nous avons vû la bonté & la douceur
xxix.25. „ de Job : Qui affis au milieu du peuple com-
„ me un Roi environné de fa cour , étoit le
„ confolateur des affligez.

Moïfe ne fe laffoit jamais d'écouter le
peuple, tout ingrat qu'étoit ce peuple à fes
Exode „ bontez : Et il y paffoit depuis le matin juf-
xviij.13. „ qu'au foir.

David étoit tendre & bon. Nathan le
prend par la pitié , & commence par cet
endroit comme par le plus fenfible à lui
II.Reg. „ faire entendre fon crime. Un pauvre hom-
xij. 3.4. „ me n'avoit , dit-il , qu'une petite brebis ;
„ elle couchoit dans fon fein , & il l'aimoit
„ comme fa fille : & un riche la lui a ravie
„ & tuée , &c.

Cette femme de Thecua qui venoit lui
perfuader de rappeller Abfalon , le prend
II.Reg. „ par le même endroit : Helas ! je fuis une
xiv.5.6. „ femme veuve ; un de mes fils a tué fon
7.8. „ frere ; & ma parenté affemblée me veut
„ encore ôter celui qui me refte , & éteindre

r'étincelle qui m'est demeurée : & le Roi "
lui dit : Allez , j'y donnerai ordre. "

Elle acheve de le toucher en lui repre-
sentant le bien du peuple, comme la chose
qui lui étoit la plus chere. D'où vous vient " *Ibid. 15.*
cette pensée contre le peuple de Dieu , & "
pourquoi ne rappellez-vous pas vôtre fils "
banni que tout le peuple desire ? "

On peut voir par les choses qui ont été
dites, que toute la vie de ce Prince est pleine de bonté, & de douceur. Ce n'est donc
pas sans raison que nous lisons dans un
Pseaume , qui apparemment est de Salo- " *Psalm.*
mon : O Seigneur, souvenez-vous de Da- " cxxxj. 1.
vid & de toute sa douceur.

Ainsi parmi tant de belles qualitez de David, son fils n'en trouve point de plus memorable ni de plus agréable à Dieu, que
sa grande douceur.

Il n'y a rien aussi que les peuples celebrent
tant. Nous avons oüi dire que les Rois de " *III. Reg.*
la maison d'Israël sont doux & clemens. " xx. 31.
Les Syriens parlent ainsi à leur Roi Bena-
dad prisonnier d'un Roi d'Israël. Belle reputation de ces Rois parmi les peuples étrangers , & qualité vraiment royale !

XIII. PROPOSITION.

Les Princes sont faits pour être aimez.

Nous avons déja rapporté cette parabo- " *I. Par.*
le : Salomon s'assit dans le trône du " xxix. 23.
Seigneur, & il plût à tous, & tout le mon- "
de lui obéit. "

On ne connoît pas ce jeune Prince : il

fe montre, & gagne les cœurs par la feule
vûë. Le trône du Seigneur où il eſt aſſis
fait qu'on l'aime naturellement, & rend
l'obéïſſance agréable.

De ce trait naturel des peuples pour leurs
Princes, naît la memorable difpute entre
ceux de Juda, & les autres Ifraëlites, à
qui ferviroit mieux le Roi. Ces derniers
II. Reg.,, vinrent à David, & lui dirent : Pourquoi
xix. 41. ,, nos freres de Juda nous ont-ils derobé
42. 43. ,, le Roi, & l'ont-ils ramené à fa maifon,
,, comme fi c'étoit à eux de le fervir ? Et
,, ceux de Juda répondirent : C'eſt que le
,, Roi m'eſt plus proche qu'à vous, & qu'il
,, eſt de nôtre Tribu, pourquoi vous fâchez-
,, vous, l'avons nous fait par interêt ? nous
,, a-t'on donné des prefens ou quelque chofe
,, pour fubfifter ? Et ceux d'Ifraël répondirent:
,, Nous fommes dix fois plus que vous, &
,, nous avons plus de part que vous en la per-
,, fonne du Roi : vous nous avez fait injure
,, de ne nous avertir pas les premiers pour
,, ramener nôtre Roi. Ceux de Juda répon-
,, dirent durement à ceux d'Ifraël.

Chacun veut avoir le Roi, chacun paf-
fionné pour lui envie aux autres la gloire
de le poffeder : il en arriveroit quelque fedition, fi le Prince, qui en effet eſt un bien
public, ne fe donnoit également à tous.

Il y a un charme pour les peuples dans
la vûë du Prince ; & rien ne lui eſt plus
Prov. ,, aifé que de fe faire aimer avec paffion. La
xvj. 15. ,, vie eſt dans la gayeté du vifage du Roi, &
,, fa clemence eſt comme la pluye du foir ou
,, de l'arriere-faifon. La pluye qui vient alors
rafraîchir la terre deffechée par l'ardeur

du jour ou de l'Eté, n'eſt pas plus agréable qu'un Prince, qui tempere ſon autorité par la douceur ; & ſon viſage ravit tout le monde quand il eſt ſerein.

Job explique admirablement ce charme ſecret du Prince. Ils attendoient mes paro- « *Job.*
les comme la roſée, & ils y ouvroient leur « XXIX. 23
bouche comme on fait à la pluye du ſoir. « 24.
Si je leur ſouriois, ils avoient peine à le «
croire, & ils ne laiſſoient point tomber à «
terre les rayons de mon viſage. Après le «
grand chaud du jour ou de l'Eté, c'eſt-à-
dire, après le trouble & l'affliction, ſes paroles étoient conſolantes ; les peuples étoient ravis de le voir paſſer ; & heureux d'avoir un regard, ils le recueilloient comme quelque choſe de précieux.

Que le Prince ſoit donc facile à diſtribuer des regards benins, & à dire des paroles obligeantes. La roſée rafraîchit l'ar- « *Eccli.*
deur, & une douce parole vaut mieux qu'un « XVIIj. 16.
preſent. «

Et encore : Une douce parole multiplie « *Ibid.* vj.
les amis, & adoucit les ennemis ; & une « 5.
agréable donne l'abondance. «

Il y faut pourtant joindre les effets. L'homme qui donne des eſperances trom- « *Prov.*
peuſes, & n'accomplit pas ſes promeſſes, « XXV. 14.
c'eſt une nuée & un vent qui n'eſt pas ſuivi «
de la pluye. «

Un Prince bienfaiſant eſt adoré par ſon peuple. Tout le pays fut en repos durant « *I. Mach.*
les jours de Simon : il cherchoit le bien de « XIV. 4.
ſa nation : auſſi ſa puiſſance & ſa gloire fai- «
ſoient le plaiſir de tout le peuple. «

Que la puiſſance eſt affermie quand elle

est ainsi cherie par les peuples ; & que Sa-
Prov. „ lomon a raison de dire : La bonté , & la
xx,28. „ justice gardent le Roi , & son trône est af-
„ fermi par sa clemence.

Voilà une belle garde pour le Roi, & un
digne soûtien de son trône.

XIV. PROPOSITION.

Un Prince qui se fait haïr par ses violences,
est toûjours à la veille de perir.

IL est regardé non comme un homme,
Prov. „ mais comme une bête feroce. Le Prince
xxviij. „ impitoyable est un lion rugissant, & un ours
15. „ affamé.

Il se peut assurer qu'il vit au milieu de ses
ennemis. Comme il n'aime personne, per-
Isaïe „ sonne ne l'aime. Il dit en son cœur, je
xlvij. „ suis, & il n'y a que moi sur la terre : il lui
10.11. „ viendra du mal sans qu'il sçache de quel
„ côté : il tombera dans une misere inévita-
„ ble. La calamité viendra sur lui lorsqu'il
„ y pensera le moins.
Eccli. „   Brisez la tête des Princes ennemis qui di-
xxxvj. „ sent , il n'y a que nous. Ce n'est pas com-
12. me nous verrons, qu'il soit permis d'attenter sur eux : à Dieu ne plaise ! mais le saint
Esprit nous apprend qu'ils ne meritent pas
de vivre, & qu'ils ont tout à craindre, tant
des peuples poussez à bout par leur violen-
Pf.l. „ ce, que de Dieu qui a prononcé : Que les
27. „ hommes sanguinaires & trompeurs ne ver-
„ ront pas la moitié de leurs jours.

XV. PRO-

XV. PROPOSITION.

Le Prince doit se garder des paroles rudes,
& mocqueuses.

NOus avons vû que le Prince doit tenir
ses mains nettes de sang & de violence : mais il doit aussi retenir sa langue, dont
les blessures souvent ne sont pas moins dangereuses, selon cette parole de David : Leur « *Ps. l* vj.6
langue est une épée affilée. Et encore : Ils « *Psam.*
ont éguisé leurs langues comme des lan- « cxxxix.
gues de serpent. Leur morsure est venimeu- « 3.
se & mortelle.   «

La colere du Prince declarée par ses paroles, cause des meurtres, & verifie ce que
dit le Sage : L'indignation du Roi annonce « *Prov.*
la mort.   « xvj. 14.

Son discours, loin d'être emporté & violent, ne doit pas même être rude. De tels
discours alienent tous les esprits. Une dou- « *Prov.*
ce parole abat la colere, un discours rude « xv. 1.
met en fureur.   «

Sur tout un discours mocqueur est insupportable en sa bouche. N'offensez point « *Eccli.*
vôtre serviteur qui travaille de bonne foi, « vij. 22.
& qui vous donne sa vie. Et encore : Ne « *Ibid.* 12.
vous mocquez pas de l'affligé, car il y a «
un Dieu qui voit tout, qui éleve, & qui «
abaisse.   «
Ne vous fiez donc pas à vôtre puissance; «
& qu'elle ne vous emporte pas à des mocqueries insolentes. Il n'y a rien de plus
odieux. Que peut-on attendre d'un Prince,

dont on ne reçoit pas même d'honnêtes paroles ?

Au contraire il est de la bonté du Prince de reprimer les médisances, & les railleries outrageuses. Le moyen en est aisé; un *Prov.* „regard severe suffit. Le vent de bize dissipe *XXV. 23.* „la pluye, & un visage triste arrête une langue médisante.

La médisance n'est jamais plus insolente, que lorsqu'elle a osé paroître devant la face du Prince ; & c'est-là par conséquent qu'elle doit être le plus reprimée.

LIVRE QUATRIÉME.

SUITE DES CARACTERES
DE LA ROYAUTE'.

ARTICLE PREMIER.

L'Autorité Royale est absoluë.

P O U R rendre ce terme odieux & insupportable, plusieurs affectent de confondre le gouvernement absolu, & le gouvernement arbitraire. Mais il n'y a rien de plus distingué, ainsi que nous le ferons voir lorsque nous parlerons de la justice.

I. PROPOSITION.

Le Prince ne doit rendre compte à personne de ce qu'il ordonne.

O Bservez les commandemens qui sor- " *Eccli.*
tent de la bouche du Roi, & gardez " viij. 2.
le serment que vous lui avez prêté. Ne " 3. 4. 5.
songez pas à échaper de devant sa face, & "
ne demeurez pas dans de mauvaises œuvres, "
parce qu'il fera tout ce qu'il voudra; la pa- "

N 2

„ role du Roi eſt puiſſante, & perſonne ne
„ lui peut dire, pourquoi faites-vous ainſi ?
„ Qui obéit, n'aura point de mal.

Sans cette autorité abſoluë, il ne peut
ni faire le bien, ni reprimer le mal : il faut
que ſa puiſſance ſoit telle que perſonne ne
puiſſe eſperer de lui échaper : & enfin la
ſeule défenſe des particuliers contre la puiſſance publique, doit être leur innocence.

Cette doctrine eſt conforme à ce que dit
Rom. „ ſaint Paul. Voulez-vous ne craindre point
xiij. 3. „ la puiſſance ? faites le bien.

II. PROPOSITION.

*Quand le Prince a jugé, il n'y a point
d'autre jugement.*

LEs jugemens ſouverains ſont attribuez
à Dieu même. Quand Joſaphat établit
II. Par. „ des Juges pour juger le peuple : Ce n'eſt
xix. 6. „ pas, diſoit-il, au nom des hommes que
„ vous jugez, mais au nom de Dieu.
Eccli „ Ce qui fait dire à l'Eccleſiaſtique : Ne
viij. 17. „ jugez point contre le Juge. A plus forte
raiſon contre le ſouverain Juge, qui eſt le
Ibid. „ Roi. Et la raiſon qu'il en apporte : C'eſt
„ qu'il juge ſelon la juſtice. Ce n'eſt pas qu'il
y juge toûjours : mais c'eſt qu'il eſt reputé
y juger ; & que perſonne n'a droit de juger,
ni de revoir après lui.

Il faut donc obéir aux Princes comme à
la juſtice même, ſans quoi il n'y a point
d'ordre ni de fin dans les affaires.

Ils ſont des Dieux, & participent en quelque façon à l'indépendance divine. J'ai dit,

vous êtes des Dieux, & vous êtes tous en- « *Pfalm.*
fans du Très-haut. « lxxxj. 6.

Il n'y a que Dieu qui puiſſe juger de leurs
jugemens, & de leurs perſonnes. Dieu a « *Ibid* 1.
pris ſa ſéance dans l'aſſemblée des Dieux, «
& aſſis au milieu il juge les Dieux. «

C'eſt pour cela que ſaint Gregoire Evêque de Tours, diſoit au Roi Chilperic dans
un Concile : Nous vous parlons ; mais « *Greg.*
vous nous écoûtez ſi vous voulez. Si vous « *Tur. lib.*
ne voûlez pas, qui vous condamnera ſinon « vj. *Hiſt.*
celui qui a dit, qu'il étoit la juſtice même ? «

De là vient que celui qui ne veut pas
obéïr au Prince, n'eſt pas renvoyé à un
autre tribunal ; mais il eſt condamné irre-
miſſiblement à mort, comme l'ennemi du
repos public, & de la ſocieté humaine. Qui « *Deut.*
ſera orgueilleux & ne voudra pas obéïr au « xvij. 12.
commandement du Pontife, & à l'ordon- « 13.
nance du Juge, il mourra, & vous ôterez «
le mal du milieu de vous. Et encore : Qui « *Joſ.* j. 18.
reſuſera d'obéïr à tous vos ordres, qu'il «
meure. C'eſt le peuple qui parle ainſi à Joſué. «

Le Prince ſe peut redreſſer lui-même,
quand il connoît qu'il a mal fait; mais contre ſon autorité il ne peut y avoir de remede que dans ſon autorité.

C'eſt pourquoi il doit bien prendre garde
à ce qu'il ordonne. Prenez garde à ce que « *II. Par.*
vous faites ; tout ce que vous jugerez, re- « xix. 6. 7.
tombera ſur vous; ayez la crainte de Dieu ; «
faites tout avec grand ſoin. «

C'eſt ainſi que Joſaphat inſtruiſoit les Juges à qui il confioit ſon autorité : combien
y penſoit-il quand il avoit à juger lui-même ?

III. PROPOSITION.

*Il n'y a point de force coactive contre
le Prince.*

ON appelle force coactive, une puiffance pour contraindre à executer ce qui
eft ordonné légitimement. Au Prince feul
appartient le commandement legitime ; à
lui feul appartient auffi la force coactive.

C'eft auffi pour cela que faint Paul ne
Rom. „ donne le glaive qu'à lui feul. Si vous ne
xiij. 4. „ faites pas bien , craignez ; car ce n'eft pas
„ en vain qu'il a le glaive.

Il n'y a dans un Etat que le Prince qui
foit armé ; autrement tout eft en confufion,
& l'Etat retombe en Anarchie.

Qui fe fait un Prince fouverain, lui met
en main tout enfemble, & l'autorité fouveraine de juger, & toutes les forces de
I. Reg. „ l'Etat. Nôtre Roi nous jugera , & il mar-
viij. 20. „ chera devant nous, & il conduira nos guer-
„ res. C'eft ce que dit le peuple Juif quand il
demanda un Roi. Samuël leur declare fur
ce fondement , que la puiffance de leur
Prince fera abfoluë , fans pouvoir être re-
I. Reg. „ ftrainte par aucune autre puiffance. Voici
viij. 2. „ le droit du Roi qui regnera fur vous, dit le
&c. „ Seigneur : Il prendra vos enfans, & les met-
„ tra à fon fervice : il fe faifira de vos terres,
„ & de tout ce que vous aurez de meilleur,
„ pour le donner à fes ferviteurs , & le refte.

Eft-ce qu'ils auront droit de faire tout
cela licitement ? à Dieu ne plaife. Car Dieu
ne donne point de tels pouvoirs : mais ils
auront droit de le faire impunément à l'é-

gard de la justice humaine. C'est pourquoi David disoit : J'ai peché contre vous seul : *Pf. l. 6.* ô Seigneur, ayez pitié de moi! Parce qu'il étoit Roi, dit saint Jerôme sur ce passage, *Hier. in* & n'avoit que Dieu seul à craindre. *Pf. l.*

Et saint Ambroise dit sur ces mêmes paroles : J'ai peché contre vous seul. Il étoit *Amb. in* Roi : il n'étoit assujetti à aucunes loix, par- *Pf. l. &* ce que les Rois sont affranchis des peines *Apolog.* qui lient les criminels. Car l'autorité du *David.* commandement ne permet pas que les loix les condamnent au supplice. David donc n'a point peché contre celui qui n'avoit point d'action pour le faire châtier.

Quand la souveraine puissance fut accordée à Simon le Machabée, on exprima en ces termes le pouvoir qui lui fut donné. Qu'il seroit le Prince, & le Capitaine ge- *I. Mach.* neral de tout le peuple, & qu'il auroit soin *xiv. 42.* des saints : (c'est ainsi qu'on appelloit les *43. 44.* Juifs :) & qu'il établiroit les directeurs de *45.* tous les ouvrages publics, & de tout le pays; & les gouverneurs qui commanderoient les armes & les garnisons ; & que ce seroit à lui de prendre soin du peuple, & que tout le monde recevroit ses ordres, & que tous les actes & decrets publics seroient écrits en son nom, & qu'il porteroit la pourpre & l'or, & qu'aucun du peuple ni des prê- tres ne feroit contre ses ordres, ni ne s'y pourroit opposer, ni ne tiendroit d'assem- blée sans sa permission, ni ne porteroit la pourpre ou la boucle d'or, qui est la mar- que du Prince ; & que quiconque feroit au contraire, feroit criminel. Le peuple con- sentit à ce decret, & Simon accepta la puis-

<table>
<tr><td>Ibid. 46
47. 48.
49.</td><td>„ fance fouveraine à ces conditions. Et il fut
„ dit, que cette ordonnance feroit gravée en
„ cuivre, & affichée au parvis du Temple au
„ lieu le plus frequenté ; & que l'original en
„ demeureroit dans les archives publiques en-
„ tre les mains de Simon & de fes enfans.</td></tr>
</table>

Voilà ce qui fe peut appeller la loi royale des Juifs, où tout le pouvoir des Rois eft excellemment expliqué. Au Prince feul appartient le foin general du peuple : c'eft là le premier article & le fondement de tous les autres : à lui les ouvrages publics ; à lui les places & les armes ; à lui les decrets & les ordonnances ; à lui les marques de diftinction : nulle puiffance que dépendante de la fienne ; nulle affemblée que par fon autorité.

C'eft ainfi que pour le bien d'un Etat, on en réünit en un toute la force. Mettre la force hors de là, c'eft divifer l'Etat ; c'eft ruïner la paix publique ; c'eft faire deux maîtres contre cet oracle de l'Evangile.

<table>
<tr><td>Matth.
vj. 24.</td><td>„ Nul ne peut fervir deux maîtres.</td></tr>
</table>

Le Prince eft par fa charge le pere du peuple ; il eft par fa grandeur au-deffus des petits interêts, bien plus, toute fa grandeur & fon interêt naturel, c'eft que le peuple foit confervé ; puifqu'enfin le peuple manquant, il n'eft plus Prince. Il n'y a donc rien de mieux, que de laiffer tout le pouvoir de l'Etat à celui qui a le plus d'interêt à la confervation & à la grandeur de l'Etat même.

IV. PROPOSITION.

Les Rois ne font pas pour cela affranchis des loix.

QUand vous vous ferez établi un Roi, « *Deut.*
il ne lui fera pas permis de multiplier « *xvij. 16.*
fans mefure fes chevaux & fes équipages ; « *17. &c.*
ni d'avoir une fi grande quantité de femmes «
qui amolliffent fon courage, ni d'entaffer «
des fommes immenfes d'or & d'argent. Et «
quand il fera aflis dans fon trône, il pren- «
dra foin de décrire cette loi, dont il rece- «
vra un exemplaire de la main des prêtres «
de la tribu de Lévi, & l'aura toûjours en «
main, la lifant tous les jours de fa vie, «
afin qu'il apprenne à craindre Dieu, & à «
garder fes ordonnances & fes jugemens. «
Que fon cœur ne s'enfle pas au-deffus de «
fes freres, & qu'il marche dans la loi de «
Dieu, fans fe détourner à droit & à gauche, «
afin qu'il regne longtems lui & fes enfans. «

Il faut remarquer que cette loi ne com-
prenoit pas feulement la Religion, mais
encore la loi du Royaume à laquelle le
Prince étoit foûmis autant que les autres,
ou plus que les autres, par la droiture de
fa volonté.

C'eft-ce que les Princes ont peine à entendre. Quel Prince me trouverez-vous, « *Ambr. l.*
dit faint Ambroife, qui croye, que ce qui « *11. Apol.*
n'eft pas bien, ne foit pas permis ; qui fe « *David.*
tienne obligé à fes propres loix ; qui croye «
que la puiffance ne doive pas fe permettre «
ce qui eft défendu par la juftice ? Car la «
puiffance ne détruit pas les obligations de «

„ la juſtice ; mais au contraire c’eſt en obſer-
„ vant ce que preſcrit la juſtice, que la puiſ-
„ ſance s’exempte de crime : & le Roi n’eſt
„ pas affranchi des loix ; mais s’il peche, il
„ détruit les loix par ſon exemple. Il ajoûte :
„ Celui qui juge les autres, peut-il éviter ſon
„ propre jugement, & doit-il faire ce qu’il
„ condamne ?

De là cette belle loi d’un Empereur Ro-
L. Dign. „ main. C’eſt une parole digne de la majeſté
C de Le- „ du Prince, de ſe reconnoître ſoûmis aux
gib. „ loix.

Les Rois ſont donc ſoûmis comme les autres à l’équité des loix, & parce qu’ils doivent être juſtes, & parce qu’ils doivent au peuple l’exemple de garder la juſtice ; mais ils ne ſont pas ſoûmis aux peines des loix : ou, comme parle la Théologie, ils ſont ſoûmis aux loix, non quant à la puiſ-ſance coactive, mais quant à la puiſſance directive.

V. PROPOSITION.

*Le Peuple doit ſe tenir en repos ſous l’au-
torité du Prince.*

Jud. ix. C Eſt-ce qui paroît dans l’Apologue où
8. 9. 10. les arbres ſe choiſiſſent un Roi. Ils
11. 12. 13. s’adreſſent à l’olivier, au figuier, & à la vigne. Ces arbres délicieux contens de leur abondance naturelle, ne voulurent pas ſe charger des ſoins du gouvernement. Alors
Ibid. 14. „ tous les arbres dirent au buiſſon : Venez &
„ regnez ſur nous. Le buiſſon eſt accoûtu-mé aux épines & aux ſoins. Il eſt le ſeul

qui naiſſe armé, il a ſa garde naturelle dans ſes épines. Par là il pouvoit paroître digne de regner. Auſſi le fait-on parler comme il appartient à un Roi. Il répondit aux arbres qui l'avoient élû : Si vous me faites vrayement vôtre Roi, repoſez-vous ſous mon ombre; ſinon il ſortira du buiſſon un feu qui devorera les cédres du Liban. *« Ibid. 15.*

Auſſi-tôt qu'il y a un Roi, le peuple n'a qu'à demeurer en repos ſous ſon autorité. Que ſi le peuple impatient ſe remuë, & ne veut pas ſe tenir tranquille ſous l'autorité Royale, le feu de la diviſion ſe mettra dans l'état, & conſumera le buiſſon avec tous les autres arbres, c'eſt-à-dire, le Roi & les peuples : les cédres du Liban ſeront brûlez, avec la grande puiſſance qui eſt la Royale, les autres puiſſances ſeront renverſées, & tout l'Etat ne ſera plus qu'une même cendre.

Quand un Roi eſt autoriſé : Chacun demeure en repos, & ſans crainte ſous ſa vigne, & ſous ſon figuier, d'un bout du Royaume à l'autre. *« III. Reg. iv. 25.*

Tel étoit l'état du peuple Juif ſous Salomon. Et de même ſous Simon le Machabée. Chacun cultivoit ſa terre en paix : les vieillards aſſis dans les ruës, parloient enſemble du bien public, & les jeunes gens ſe paroient, & prenoient l'habit militaire. Chacun aſſis ſous ſa vigne, & ſous ſon figuier, vivoit ſans crainte. *« I. Mach. xiv. 8. 9. 12.*

Pour joüir de ce repos, il ne faut pas ſeulement la paix au-dehors, il faut la paix au-dedans, ſous l'autorité d'un Prince abſolu.

VI. PROPOSITION.

Le Peuple doit craindre le Prince ; mais le
Prince ne doit craindre que de faire mal.

Deut. „ QUi fera orgueilleux & ne voudra pas
XVij.12. „ obéïr au commandement du Pontife,
13.   „ & à l'ordonnance du Juge, il mourra, &
„ vous ôterez le mal du milieu de vous : &
„ tout le peuple qui entendra fon fupplice,
„ craindra ; afin que perfonne ne fe laiffe
„ emporter à l'orgueil.

La crainte eft un frein neceffaire aux
hommes à caufe de leur orgueil, & de leur
indocilité naturelle.

Il faut donc que le peuple craigne le
Prince ; mais fi le Prince craint le peuple,
tout eft perdu. La molleffe d'Aaron à qui
Moïfe avoit laiffé le commandement pendant qu'il étoit fur la montagne, fut caufe
Exod. „ de l'adoration du Veau d'or. Que vous a
XXXij.21.„ fait ce peuple, lui dit Moïfe, & pourquoi
„ l'avez-vous induit à un fi grand mal ? Il
impute le crime du peuple à Aaron, qui
ne l'avoit pas reprimé, quoiqu'il en eût le
pouvoir.

„ Remarquez ces termes : Que vous a fait
„ ce peuple, pour l'induire à un fi grand mal ?
C'eft être ennemi du peuple, que de ne lui
refifter pas dans ces occafions.

*Ibid.*22 „ Aaron lui répondit : Que Monfeigneur
23.   „ ne fe fâche point contre moi ; vous fçavez
„ que ce peuple eft enclin au mal : ils me
„ font venus dire : faites des Dieux qui nous
„ précedent ; car nous ne fçavons ce qu'eft
„ devenu Moïfe qui nous a tirez d'Egypte.

Quelle excufe à un Magiftrat fouverain de craindre de fâcher le peuple ? Dieu ne " *Deut.* la reçoit pas, & irrité au dernier point con- " ix. 20, tre Aaron, il voulut l'écrafer : mais Moïfe " pria pour lui. "

Saül penfe s'excufer fur le peuple, de ce qu'il n'a pas executé les ordres de Dieu. Vaine excufe que Dieu rejette; car il étoit établi pour refifter au peuple, lorfqu'il fe portoit au mal. Ecoutez, lui dit Samuel, " *I. Reg.* ce que le Seigneur a prononcé contre vous. " xv. 16. Vous avez rejetté fa parole, il vous a auffi " 23.24. rejetté ; & vous ne ferez pas Roi. Saül dit " à Samuel : J'ai peché d'avoir defobeï au " Seigneur & à vous en craignant le peuple, " & cedant à fes difcours. "

Le Prince doit refufer avec fermeté les importuns qui lui demandent des cho- fes injuftes. La crainte de fâcher, pouffée trop avant, degenere en foibleffe crimi- nelle. Il y en a qui perdent leur ame par " *Eccl.* xx. une mauvaife honte : l'imprudent qu'ils " 24. n'ofent refufer, les fait perir.

VII. PROPOSITION.

Le Prince fe doit faire craindre des grands & des petits.

SAlomon dès le commencement de fon regne parle ferme à Adonias fon frere. Auffi-tôt que Salomon eut été couronné, Adonias lui envoya dire : Que le Roi Sa- " *III Reg.* lomon me jure qu'il ne fera point mourir " j. 51. 54. fon ferviteur. Salomon répondit : S'il fait " fon devoir il ne perdra pas un feul cheveu, " finon il mourra. "

III. Reg.　　Dans la suite, Adonias cabala pour se
ij. 22 23.　faire Roi, & Salomon le fit mourir.

24. 25.　　Il fit dire au grand prêtre Abiathar, qui
Ibid. 16. „ avoit suivi le parti d'Adonias : Retirez-vous
„ à la campagne dans vôtre maison ; vous
„ meritez la mort ; mais je vous pardonne,
„ parce que vous avez porté l'Arche du Sei-
„ gneur devant mon pere David, & que vous
„ l'avez fidellement servi.

Sa dignité & ses services lui sauverent la vie : mais il lui en coûta la souverai-ne Sacrificature, & il fut banni de Jerusa-lem.

Joab le plus grand capitaine de son tems, & le plus puissant homme du Royaume, étoit aussi du même parti. Ayant apris que Salomon l'avoit sçû, il se refugia au coin de l'autel, où Salomon ordonna à Banaias

Ibid. 28. „ de le tuer. Ainsi, dit-il, vous éloignerez
31. 32. „ de moi & de la maison de mon pere, le
33. „ sang innocent que Joab a répandu, en tuant
„ deux hommes de bien, & qui valoient mieux
„ que lui, Abner fils de Ner, & Amasa fils de
„ Jether : & leur sang retombera sur sa tête.

L'autel n'est pas fait pour servir d'azile aux assassins ; & l'autorité Royale se doit faire sentir aux méchans, quelques grands qu'ils soient.

Dans le nouveau Testament, & parmi des peuples plus humains, il faut moins faire de ces executions sanglantes qu'il ne s'en faisoit dans l'ancienne loi & parmi les Juifs, peuple dur & enclin à la revolte. Mais enfin le repos public oblige les Rois à tenir tout le monde en crainte, & plus encore les grands que les particuliers ; par-

ce que c'eſt du côté des grands, qu'il peut
arriver de plus grands troubles.

VIII. PROPOSITION.

L'Autorité Royale doit être invincible.

S'Il y a dans un Etat quelque autorité
capable d'arrêter le cours de la puiſſance publique, & de l'embarraſſer dans ſon
exercice, perſonne n'eſt en ſureté. Jeremie
executoit les ordres de Dieu, en déclarant
que la ville en punition de ſes crimes, ſeroit livrée au Roi de Babylone. Les grands « *Jerem.*
s'aſſemblerent autour du Roi & lui dirent: « xxxviij.
Nous vous prions que cet homme ſoit mis « 4. 5.
à mort ; car il abat par malice le courage «
des gens de guerre, & de tout le peuple : «
c'eſt un méchant qui ne veut pas le bien de «
l'Etat, mais ſa ruïne. Le Roi Sedecias leur «
répondit : Il eſt en vos mains ; car le Roi «
ne vous peut rien refuſer. Le gouverne- «
ment étoit foible, & l'autorité Royale n'é-
toit plus un refuge à l'innocent perſecuté.

Le Roi vouloit le ſauver, parce qu'il
ſçavoit que Dieu lui avoit commandé de
parler comme il l'avoit fait. Il fit venir Je- « *Ibid.* 14.
remie auprès de lui en particulier, & il lui « 24. 25.
dit : Vous ne mourrez pas ; mais que les « 26.
Seigneurs ne ſçachent point ce qui ſe paſſe «
entre nous ; & s'ils entendent dire que vous «
m'avez parlé, & qu'ils vous demandent, «
qu'eſt-ce que le Roi vous a dit ? répondez, «
je me ſuis jetté aux pieds du Roi, afin qu'il «
ne me renvoyât pas dans ma priſon pour y «
mourir. Prince foible qui craignoit les «

grands, & qui perdit bien-tôt son Royaume, n’osant suivre les conseils que lui donnoit Jeremie par ordre de Dieu.

Evilmerodac Roi de Babylone, fut un de ces Princes foibles, qui se laissent mener par force. Par son ordre Daniel avoit découvert les fourbes des prêtres de Bel, & avoit fait crever le Dragon sacré que les *Dan.* „ Babyloniens adoroient. Ce que les Sei-
xiv. 27. „ gneurs ayant oüi, ils entrerent dans une
28. „ grande colere ; & s’étant assemblez contre
„ le Roi, ils disoient : Le Roi s’est fait Juif,
„ & il a renversé Bel, il a tué le Dragon &
„ les Prêtres. Et ayant dit ces choses entre
„ eux, ils vinrent au Roi : Livrez-nous Da-
„ niel, lui dirent-ils, autrement nous vous
„ ferons mourir, vous, & vôtre maison.
Ibid. 29. Il leur accorda leur demande ; & si Dieu
&c. délivra Daniel des bêtes farouches, ce Roi n’en étoit pas moins coupable de sa mort, à laquelle il avoit donné son consentement.

On entreprend aisément contre un Prin-
Berof Ap. ce foible. Celui-ci qui se laisse intimider
Jos. L. 1. par les menaces qu’on lui fait de le faire
Cont. A- mourir lui & sa maison, fut tué en une au-
tion. tre occasion pour ses débauches, & ses in-
justices : car tout Prince foible est injuste, & sa maison perdit la Royauté.

Ainsi ces foiblesses sont pernicieuses aux particuliers, à l’Etat, & au Prince même, contre qui on ose tout, quand il se laisse entamer.

Le Prophete Daniel fut encore exposé
Dan. vj. „ aux bêtes farouches, par la foiblesse de Da-
3. 4. 6. „ rius le Mede. Il vouloit donner à Daniel
7. „ le gouvernement du Royaume ; parce que.

l’esprit

l'esprit de Dieu paroissoit en lui, plus que «
dans tous les autres hommes. Les Grands, «
& les Satrapes jaloux de sa grandeur, cher- «
cherent l'occasion de le perdre, & surpri- «
rent le Roi. Puissiez-vous vivre à jamais, «
ô Roi Darius! Les Grands de vôtre Royau- «
me, & les Magistrats, & les Satrapes, les «
Senateurs, & les Juges, sont d'avis qu'on «
publie un édit Royal, par lequel il étoit «
fait défenses d'adresser durant trente jours «
aucune priere à qui que ce soit, Dieu ou «
homme, excepté à vous. «

Le Roi fit cette loi autant tyrannique *Ibid. 8*
qu'impie, selon la forme la plus autenti- *9.*
que, & qui la rendoit irrevocable parmi
les Medes & les Perses. On ne doit point
d'obéïssance aux Rois contre Dieu. Ainsi « *Ibid. 10*
Daniel prioit à son ordinaire trois fois le « *11.*
jour, ses fenêtres ouvertes, tournées vers «
Jerusalem. Ceux qui avoient conseillé la «
loi, entrerent en foule, & le trouverent «
en prieres.

Ils firent leur plainte au Roi ; & pour le
presser davantage, ils le prennent par la
coûtume des Medes & des Perses, & par
sa propre autorité. Sçachez, ô Roi, que « *Ibid. 15.*
c'est une loi inviolable parmi les Medes & «
les Perses, que toute ordonnance faite par «
le Roi ne peut être changée.

Darius abandonna Daniel qui l'avoit si « *Ibid. 16.*
bien servi, & se contenta d'en témoigner *18,*
une sensible douleur. Dieu délivra ce Prophete encore une fois, mais le Roi l'avoit
immmolé autant qu'il étoit en lui à la fureur des lions, & à la jalousie des grands
plus furieux que les lions mêmes.

Tome I. O

Un Roi est bien foible qui répand le
sang innocent, pour n'avoir pû resister aux
Grands de son Royaume, ni revoquer une
loi injuste, & faite par une surprise éviden-
te. Assuerus, Roi du même peuple, re-
voqua bien la loi publiée contre les Juifs,
quand il en connut l'injustice, quoiqu'elle
eût été faite de la maniere la plus autenti-
que.

*Esth.*viij. 5. 8.

C'est une chose pitoyable de voir Pilate
dans l'histoire de la Passion. Il sçavoit que
» les Juifs lui amenoient, & accusoient Jesus
» par envie.

Matth. » xxvij. 18.

» Il leur avoit declaré : qu'il ne voyoit en
» cet homme aucune cause de mort. Il leur
» dit encore une fois : Vous l'accusez d'avoir
» excité le peuple à sedition, & voilà que
» l'interrogeant devant vous je n'ai rien trou-
» vé de ce que vous lui reprochez. Herode,
» à qui je l'ai renvoyé, ne l'a pas non plus
» trouvé digne de mort. Et ils se mirent à
» crier : Faites-le mourir ; mettez en liberté
» Barrabas, qui avoit été arrêté pour sedition,
» & pour meurtre. Pilate leur parla encore,
» pensant délivrer Jesus : Et ils crierent de
» nouveau : Crucifiez-le, crucifiez-le. Et il
» leur dit pour la troisiéme fois : Mais quel
» mal a-t'il fait ? pour moi je ne le trouve
» pas digne de mort! je le châtierai & le ren-
» voyerai : Et ils faisoient des efforts horri-
» bles, criant qu'on le crucifiât, & leurs cris
» s'augmentoient toûjours. Enfin Pilate leur
» accorda leur demande. Il délivra leur meur-
» trier & le seditieux, & abandonna Jesus à
» leur volonté.

Marc. » xv. 10.

Luc. » xxiij.4

*Ibid.*14. » 15.&c. »

Pourquoi tant contester pour enfin abandonner la juſtice ? Toutes ſes excuſes le condamnent. Prenez-le vous-mêmes, leur dit-il, & jugez-le ſelon vôtre loi. Et encore : Prenez-le vous-mêmes, & crucifiez-le. Comme ſi un Magiſtrat étoit innocent, de laiſſer faire un crime qu'il peut empêcher. « *Joan.* xviij. 31. « xix. 6.

On lui allegue la raiſon d'Etat : Si vous le renvoyez, vous offenſerez Ceſar. Qui ſe fait Roi eſt ſon ennemi. Mais il ſçavoit bien, & Jeſus le lui avoit declaré : Que ſon Royaume n'étoit pas de ce monde. Il craignit les mouvemens du peuple, & les méaces qu'ils lui faiſoient, de ſe plaindre de lui à Ceſar. Il ne devoit craindre que de mal faire. « *Ibid.* « xix. 12. « « *Ibid.* « xviij. 36.

C'eſt en vain : Qu'il lave ſes mains devant tout le peuple en diſant : Je ſuis innocent du ſang de cet homme juſte ; c'eſt à vous à y aviſer. L'Eccleſiaſtique le condamne. Ne ſoyez point juge, ſi vous ne pouvez enfoncer par force l'iniquité : autrement vous craindrez la face du puiſſant, & vôtre juſtice trebuchera. « *Matth.* « xvij. 24. « « « *Eccl.* vij. « 6. « «

Cette foibleſſe des Juges eſt deplorée par le Prophete. Le Grand ſollicite, & le Juge ne peut rien refuſer. « *Mich.* « vij. 3.

Que ſi le Prince lui-même, qui eſt le Juge des Juges, craint les Grands, qui aura-t'il de ferme dans l'Etat ? Il faut donc que l'autorité ſoit invincible, & que rien ne puiſſe forcer le rampart, à l'abri duquel le repos public, & le ſalut des particuliers eſt à couvert.

IX. PROPOSITION.

La fermeté est un caractere essentiel à la Royauté.

QUand Dieu établit Josué pour être Prince, & Capitaine general, il dit à Moïse : Donne tes ordres à Josué, & l'af-fermis, & le fortifie : car il conduira le peuple, & lui partagera la terre que tu ne feras seulement que voir.

Quand il eut été designé successeur de Moïse qui alloit mourir : Dieu lui dit lui-même : Sois ferme & fort : car tu intro-duiras mon peuple dans la terre que je lui ai promise, & je serai avec toi.

Quand après la mort de Moïse, il se met à la tête du peuple ; Dieu lui dit encore: Moïse mon serviteur est mort : leve-toi & passe le Jourdain : sois ferme, courageux, & fort. Et encore : Sois ferme, & fort, & garde la loi que Moïse mon serviteur t'a donnée. Et encore : Je te le commande, sois ferme & fort, & ne crains point, ne tremble point : je suis avec toi. De même que s'il lui disoit : Si tu tremble, tout trem-ble avec toi. Quand la tête est ébranlée, tout le corps chancelle : le Prince doit être fort : car il est le fondement du repos pu-blic, dans la paix, & dans la guerre.

Aussi-tôt Josué commande avec fermeté. Il donna ses ordres aux chefs, & leur dit: Traversez le camp, & commandez à tout le peuple qu'il se tienne prêt ; nous allons passer le Jourdain. Il parla aussi à ceux de

Deut.iij. 28.

Deut. xxxj. 23.

Jos. j. 6. 7. 9.

Ibid. 10. 11. 12. 13. 14.

Ruben , & de Gad , & à la demie tribu de
Manaſſé : Souvenez-vous des ordres que "
vous a donné Moïſe, & marchez avec vos "
armes devant vos freres , & combattez vail- "
lamment. "

Il n'heſite en rien , il parle ferme , & le
peuple le demande ainſi pour ſa propre ſu-
reté. Qui ne vous obéïra qu'il meure : ſeu- " *Ibid. 18.*
lement ſoyez ferme , & agiſſez en homme. "

Le moyen d'affermir le Prince, c'eſt d'é-
tablir l'autorité, & qu'il voye que tout eſt
en lui. Aſſuré de l'obéïſſance , il n'eſt en
peine que de lui-même : en s'affermiſſant
il a tout fait , & tout ſuit : autrement il
heſite, il tâtonne, & tout ſe fait mollement.
Le chef tremble quand il eſt mal aſſuré de
ſes membres.

Voilà comme Dieu inſtale les Princes :
il affermit leur puiſſance , & leur ordonne
d'en uſer avec fermeté.

David ſuit cet exemple , & parle ainſi à
Salomon. Dieu ſoit avec vous mon fils : " *I. Par.*
Qu'il vous donne la prudence , & le ſens " *xxij. 12.*
qu'il faut pour gouverner ſon peuple. Vous " *12. 13.*
réüſſirez ſi vous gardez les preceptes que "
Dieu a donné par Moïſe : Soyez ferme, "
agiſſez en homme ; ne craignez point, ne "
tremblez point. "

Il lui réïtere en mourant la même choſe : "
& voici les dernieres paroles de ce grand
Roi à ſon fils. J'entre dans le chemin de " *III. Reg.*
toute la terre : Soyez ferme , & agiſſez en " *ij. 2. 3.*
homme , & gardez les commandemens du "
Seigneur vôtre Dieu. Toûjours la fermeté "
& le courage : rien n'eſt plus neceſſaire pour "
ſoûtenir l'autorité ; mais toûjours la loi de

Dieu devant les yeux : on n’est ferme que
quand on la suit.

Nehemias sçavoit bien, que la puissance
publique devoit être menée avec fermeté.
II. Esdr. „Tout le monde vouloit m’intimider, es-
vi. 9.10 „perant que nous cesserions de travailler aux
11. 12. 13 „murailles de la ville, & moi je m’affermis-
„sois davantage. Semaïas me disoit : Enfer-
„mons-nous dans la maison de Dieu au mi-
„lieu du temple ; car on viendra cette nuit
„pour vous tuer : Et je répondis : Mes sem-
„blables ne fuïent jamais. Je connus que ces
„faux prophetes n’étoient pas envoyez de
„Dieu, & qu’ils avoient été gagnez pour
„m’épouvanter, afin que je pechasse, &
„qu’ils eussent quelque reproche à me faire.

Ceux qui intimident le Prince, & l’em-
pêchent d’agir avec force, sont maudits de
Ibid. 14. „Dieu. O Seigneur, souvenez-vous de moi,
„& faites à Tobie, à Sanaballat, & aux pro-
„phetes qui vouloient m’effrayer, faites leur
„Seigneur selon leurs œuvres.

X. PROPOSITION.

*Le Prince doit être ferme contre son propre
conseil, & ses favoris : lorsqu’ils veulent
le faire servir à leurs interêts particuliers.*

OUtre la fermeté contre les perils, il y
a une autre sorte de fermeté qui n’est
pas moins necessaire au Prince : c’est la fermeté contre l’artifice de ses favoris, & contre l’ascendant qu’ils prennent sur lui.

La foiblesse d’Assuerus Roi de Perse, fait
pitié dans le livre d’Esther. Aman irrité

Contre les Juifs par la querelle particuliere qu'il avoit avec Mardochée, entreprend de le perdre avec tout son peuple. Il veut faire du Roi l'inſtrument de ſa vangeance ; & faiſant le zelé pour le bien de l'Etat, il parle ainſi. Il y a un peuple diſperſé par « *Eſth* iij. toutes les provinces de vôtre Royaume, « 8. 9. 10 qui a des loix, & des ceremonies particu- « 11. lieres, & mépriſe les ordres du Roi. Vous « ſçavez qu'il eſt dangereux à l'Etat qu'il ne « devienne inſolent par l'impunité ; ordon- « nez, s'il vous plaît, qu'il periſſe, & je « ferai entrer dix mille talens dans vos coffres. « Le Roi tira de ſa main l'anneau dont il ſe « ſervoit, & le donnant à Aman : Cet ar- « gent, dit-il eſt à vous, & pour le peuple « faites-en ce que vous voudrez. Auſſi-tôt *Ibid.* 12. les ordres ſont expediez, les couriers ſont *&c.* dépêchez par tout le Royaume, & la facilité du Roi va faire perir cent millions d'hommes en un moment.

Que les Princes doivent prendre garde à ne ſe pas rendre aiſément ! Aux autres la difficulté de l'execution donne lieu à de meilleurs conſeils ; dans le Prince à qui parler c'eſt faire, on ne peut comprendre combien la facilité eſt déteſtable.

Il n'en coûte que trois mots à Aſſuerus, & la peine de tirer ſon anneau de ſon doigt : par un ſi petit mouvement cent millions d'innocens vont être égorgez, & leur ennemi va s'enrichir de leurs dépoüilles.

Tenez-vous donc ferme, ô Prince ! Plus il vous eſt facile d'executer vos deſſeins, plus vous devez être difficile à vous laiſſer ébranler pour les prendre.

C'eſt à vous principalement que s'adreſſe cette parole du Sage : Ne tournez pas à tout vent, & n'entrez pas en toutes voyes.

Eccli. v. 11.

Le Prince aiſé à mener, & trop prompt à ſe reſoudre, perd tout.

Aſſuerus fut trop heureux de s'être raviſé, & d'avoir pû revoquer ſes ordres avant leur execution. Elle eſt ordinairement trop prompte, & ne vous laiſſe que le repentir d'avoir fait un mal irreparable.

XI. PROPOSITION.

Il ne faut pas aiſément changer d'avis après une meure déliberation.

MAis autant qu'il faut être lent à ſe reſoudre, autant faut-il être ferme, quand on s'eſt déterminé avec connoiſſance. N'entrez point en toutes voyes : vous a dit le Sage : Et il ajoûte : C'eſt ainſi que va le pecheur, dont la langue eſt double. C'eſt-à-dire, qu'il dit & ſe dédit ſans jamais s'arrêter à rien. Il pourſuit : Soyez fermes dans la verité de vôtre ſens, & que vôtre diſcours ſoit un. Qu'il ne change pas aiſé-ment, ſelon le Grec.

Eccli. v. 11. 12.

ARTICLE II.

De la mollesse , de l'irresolution, & de la fausse fermeté.

I. PROPOSITION.

La mollesse est l'ennemie du gouvernement: caractere du paresseux, & de l'esprit indecis.

LA main des forts dominera ; la main nonchalante payera tribut. Un grand Roi le dit. C'est Salomon. Au lieu des forts , l'Hebreu porte : De ceux qui font appliquez & attentifs : L'attention est la force de l'ame. " *Prov.* " xij. 24.

Le paresseux veut & ne veut pas : les hommes laborieux s'engraisseront. L'Hebreu porte encore : Les hommes attentifs, & appliquez. " *Prov.* " xiij. 4. " "

Celui qui veut mollement , veut sans vouloir : il n'y a rien de moins propre à exercer le commandement, qui n'est qu'une volonté ferme & resoluë.

Il ne veut rien; il n'a que des desirs languissans. Les desirs tuent le paresseux ; il ne veut point travailler : il ne fait que souhaiter tout le long du jour. Il voudroit toûjours, il ne veut jamais. " *Prov.* " xxj. 25. " "

Aussi rien ne lui réüssit, il perd toutes les affaires. Qui est mol , & languissant dans son ouvrage ; est frere du dissipateur. " *Prov.* " xviij. 9.

Nous avons dit que la crainte ne con-

vient pas au commandement : le parefleux
craint toûjours, tout lui paroît impoflible :

Prov. „ le parefleux dit : Il y a un lion dans le che-
xxij. 13. „ min , je ferai tué au milieu des ruës : Et
Prov. „ encore : Le parefleux dit : Il y a un lion
xxvj. 13. „ dans le chemin ; une lionne attend fur le
14. 15. „ paflage : le parefleux fe roule en fon lit,
„ comme une porte fur fon gond. Aflez de
„ mouvement, peu d'action. Et enfuite : Le
„ parefleux cache fa main fous fes bras, &
„ ce lui eft un travail de la porter jufqu'à fa
„ bouche.

Comment aidera les autres celui qui ne
Prov. „ fçait pas s'aider lui-même ? La crainte abat
xviij. 8. „ le parefleux ; les effeminez manqueront de
„ tout.

Eccli. **x.** „ La negligence abat les toits ; les mains
18. „ languiflantes font entrer la pluye de tous
„ côtez dans les maifons.

Eccli. „ Tout eft foible fous un parefleux. Soyez
xxxj. 27. „ prompts dans tous vos ouvrages, & la foi-
„ blefle ne viendra jamais au devant de vous,
„ pour traverfer vos defleins.

Les affaires en effet font difficiles, on
n'en furmonte la difficulté que par une acti-
vité infatigable. On manque tous les jours
tant d'entreprifes , que ce n'eft qu'à force
d'agir fans cefle qu'on affure le fuccès de
Eccl. **xj.** „ fes defleins. Semez donc le matin ; ne cef-
6. „ fez pas le foir ; vous ne fçavez lequel des
„ deux profitera ; & fi c'eft tous les deux ,
„ tant mieux pour vous.

II. PROPOSITION.

Il y a une fauſſe fermeté.

L'Opiniâtreté invincible de Pharaon le fait voir. C'étoit endurciſſement, & non fermeté. Cette dureté eſt fatale à lui & à ſon Royaume. L'Ecriture en fait foi dans tout le livre de l'Exode.

La force du commandement pouſſée trop loin ; jamais plier, jamais condeſcendre, jamais ſe relâcher, s'acharner à vouloir être obéï à quelque prix que ce ſoit ; c'eſt un terrible fleau de Dieu ſur les Rois, & ſur les peuples.

Celui qui a dit : Ne tournez pas à tout « *Eccli.* V. vent : Avoit dit un peu auparavant : Ne « 11. forcez point le cours d'un fleuve. Il y a « *Eccli.* iv. une legereté, & auſſi une roideur exceſſive.   32.

Une fauſſe fermeté conſeillée à Roboam par de jeunes gens ſans experience , lui fit perdre dix Tribus. Le peuple demandoit d'être un peu ſoulagé des impôts très-grands que Salomon exigeoit : ſoit qu'ils ſe plaigniſſent ſans raiſon d'un Prince qui avoit rendu l'or & l'argent commun dans Jeruſalem; ou qu'en effet Salomon les eût grevez dans le tems qu'il donna tout à ſes paſſions ; les vieillards qui connoiſſoient l'état des affaires , & l'humeur du peuple Juif, lui conſeilloient de l'appaiſer avec de dou-ces paroles ſuivies de quelques effets. Si « *III. Reg.* vous donnez quelque choſe à leurs prieres, « xii. 7. & que vous leur parliez doucement , ils « vous ſerviront toute vôtre vie.   «

Mais la jeuneſſe temeraire qu'il conſulta

dans la fuite, fe mocqua de la prévoyance
des vieillards, & lui confeilla, non un fim-
ple refus, mais un refus accompagné de
paroles dures, & de menaces infupporta-
bles. Mon petit doigt, leur dit-il, eft plus
gros que tout le corps de mon pere : mon
pere vous a foulez, & moi je vous foule-
rai encore davantage : mon pere vous a
foüetté avec des verges, & moi je vous
foüetterai avec des chaînes de fer : & le
Roi n'acquiefça pas au defir du peuple, parce que Dieu s'étoit éloigné de lui, & vouloit accomplir ce qu'il avoit dit contre Salomon : Qu'en punition de fes crimes il
partageroit fon Royaume après fa mort.

Ainfi cette dureté de Roboam étoit un
fleau envoyé de Dieu, & une jufte punition tant de Salomon que de lui.

Les jeunes gens qu'il confultoit ne manquoient pas de pretexte ; il faut foutenir
l'autorité ; qui fe laiffe aller au commencement, on lui met à la fin le pied fur la
gorge : mais par-deffus tout cela il falloit
connoître les difpofitions prefentes, & ce-
der à une force qu'on ne pouvoit vaincre.
Les bonnes maximes outrées perdent tout.
Qui ne veut jamais plier, caffe tout à coup.

III. PROPOSITION.

Le Prince doit commencer par foi-même à
commander avec fermeté, & fe rendre
maître de fes paffions.

NE marchez point après vos defirs, retirez-vous de vôtre propre volonté.

Si vous suivez vos defirs, vous donnerez «
beaucoup de joye à vos ennemis. Il faut «
donc refifter à fes propres volontez, & être
ferme premierement contre foi-même.

Le premier de tous les Empires eft ce-
lui qu'on a fur fes defirs. Ta cupidité te « *Gen. iv.*
fera foûmife, & tu la domineras.   « 7.

C'eft la fource, & le fondement de toute l'autorité. Qui l'a fur foi-même, merite
de l'avoir fur les autres. Qui n'eft pas maître de fes paffions n'a rien de fort ; car il
eft foible dans le principe.

Sedecias qui difoit aux grands : Le Roi « *Jerem.*
ne vous peut rien refufer : N'étoit foible « xxxviij.
devant eux, que parce qu'il l'étoit en lui-   5.
même, & ne fçavoit pas maîtrifer fa crainte.

Evilmerodac abattu par la même paffion,
fe laiffa maltraiter & abattre par les Seigneurs qui lui difoient : Livrez-nous Da- « *Dan.*
niel, ou nous vous tuërons.   « xiv. 28.

Si Darius eût eu affez de force fur lui-
même pour foûtenir la juftice, il auroit eu
de l'autorité fur les grands qui lui demandoient le même Prophete, & n'auroit pas
eu la foibleffe de facrifier un innocent à
leur jaloufie.

Pilate avoit fuccombé interieurement à
la tentation de la faveur, quand il fe laiffa
forcer à crucifier Jefus-Chrift. Il avoit beau
avoir en main la toute-puiffance Romaine
dans la Judée ; il n'étoit pas puiffant, puifqu'il ne pût refifter à l'iniquité connuë.

David quelque grand Roi qu'il fût n'é-
toit plus puiffant, quand fa puiffance ne lui
fervit qu'à des actions qu'il a pleurées toute
fa vie, & qu'il eût voulu n'avoir pas pû,
faire.

Salomon n'étoit plus puiſſant, quand ſa puiſſance le rendit le plus foible de tous les hommes.

Herode n'étoit point puiſſant, lorſque deſirant de ſauver ſaint Jean-Baptiſte, dont une malheureuſe lui demandoit la tête; il *Marc.vj.* n'oſa le faire : De peur de la fâcher. Il *26.* entra dans ſon crime quelque égard pour les aſſiſtans, devant leſquels il craignit de paroître foible, s'il manquoit d'accomplir *Matth.* le ſerment qu'il avoit fait. Le Roi étoit fâ- *xiv. 9.* ché d'avoir promis la tête de ſaint Jean- Baptiſte; mais à cauſe du ſerment qu'il avoit fait, & des aſſiſtans, il commanda qu'on la donnât.

C'eſt la plus grande de toutes les foibleſ- ſes, que de craindre de paroître foible.

Tout cela fait connoître qu'il n'y a point de puiſſance, ſi on n'eſt premierement puiſ- ſant ſur ſoi-même; ni de fermeté veritable, ſi on n'eſt premierement ferme contre ſes propres paſſions.

Aug. L. Il faut ſouhaiter, dit ſaint Auguſtin, d'a- *xiij. de* voir une volonté droite, avant que de ſou- *Trin. c.* haiter d'avoir une grande puiſſance. *13.*

IV. PROPOSITION.

La crainte de Dieu eſt le vrai contrepoids de la puiſſance : le Prince le craint d'autant plus qu'il ne doit craindre que lui.

POur établir ſolidement le repos public, & affermir un état ; nous avons vû que le Prince a dû recevoir une puiſſance indé- pendante de toute autre puiſſance qui ſoit ſur la terre. Mais il ne faut pas pour cela qu'il s'oublie, ni qu'il s'emporte, puiſque moins il a de compte à rendre aux hommes, plus il a de compte à rendre à Dieu.

Les méchans qui n'ont rien à craindre des hommes, ſont d'autant plus malheureux, qu'ils ſont reſervez comme Caïn à la vangeance divine.

Dieu mit un ſigne ſur Caïn, afin que perſonne ne le tuât. Ce n'eſt pas qu'il pardonnât à ce parricide : mais il falloit une main divine pour le punir comme il meritoit. « *Gen.* iv. « 15.

Il traite les Rois avec les mêmes rigueurs. L'impunité à l'égard des hommes les ſoumet à des peines plus terribles devant Dieu. Nous avons vû que la primauté de leur état leur attire une primauté dans les ſupplices. La miſericorde eſt pour les petits ; mais les puiſſans ſeront puiſſamment tourmentez : aux plus grands eſt preparé un plus grand tourment. « *Sap.* vj. « 7. 9. « «

Conſiderez comme Dieu les frappe dés cette vie. Voyez comme il traite un Achab : comme il traite un Antiochus : comme il traite un Nabuchodonoſor qu'il relegue parmi les bêtes : un Balthazar, à qui il dénonce ſa mort, & la ruine de ſon Royaume, au milieu d'une grande fête qu'il faiſoit à toute ſa cour : Enfin comme il traite tant de méchans Rois : il n'épargne pas la grandeur ; mais plûtôt il la fait ſervir d'exemple.

Que ne fera-t'il point contre les Rois impenitens ? s'il traite ſi rudement David humilié devant lui, qui lui demande pardon. Pourquoi as-tu mepriſé ma parole, & «

II. Reg. „ as-tu fait le mal devant mes yeux ? tu as tué
xij. 9.   „ Urie par le glaive des enfans d’Ammon ;
10. &c. „ tu lui as ravi sa femme. Le glaive s’atta-
         „ chera à ta maison à jamais , parce que tu
         „ m’as meprisé. Et voici ce que dit le Sei-
         „ gneur. Je susciterai contre toi ton propre
         „ fils : je te ravirai tes femmes , & les don-
         „ nerai à un autre qui en abusera publique-
         „ ment , & à la lumiere du soleil. Tu l’as
         „ fait en secret & tu as crû pouvoir cacher
         „ ton crime ; & moi j’en ferai le châtiment
         „ à la vûë de tout le peuple , & devant le so-
         „ leil ; parce que tu as fait blasphemer les
         „ ennemis du Seigneur.

Dieu le fit comme il l’avoit dit , & il n’est pas necessaire de rapporter ici la revolte d’Absalon & toutes ses suites.

Ces châtimens font trembler. Mais tout ce que Dieu exerce de rigueur & de vangeance sur la terre , n’est qu’une ombre à comparaison des rigueurs du siécle futur.

Hebr. X. „ C’est une chose horrible de tomber entre
31.   „ les mains du Dieu vivant.

Il vit éternellement, sa colere est implacable , & toûjours vivante ; sa puissance est invincible ; il n’oublie jamais ; il ne se lasse jamais ; rien ne lui échape.

LIVRE CINQUIEME.

QRATRIEME ET DERNIER CARACTERE DE L'AUTORITÉ' ROYALE.

ARTICLE PREMIER.

Que l'Autorité Royale est soûmise à la raison.

I. PROPOSITION.

Le Gouvernement est un ouvrage de raison,
& d'intelligence.

MAINTENAINT ô Rois entendez ; « *Pf.* ij.
soyez instruits Juges de la terre.   « 10.
Tous les hommes sont faits pour
entendre ; mais vous principalement sur qui tout un grand peuple se repose ; qui devez être l'ame & l'intelligence
d'un Etat , en qui se doit trouver la raison
premiere de tous ses mouvemens ; moins
vous avez à rendre de raison aux autres,
plus vous devez avoir de raison & d'intelligence en vous-mêmes.

Le contraire d'agir par raison, c'est agir
par passion , ou par humeur. Agir par humeur ainsi qu'agissoit Saül contre David ,

ou pouſſé par jalouſie, ou poſſedé par ſa
melancolie noire, entraîne toute ſorte d'ir-
regularité, d'inconſtance, d'inegalité, de
bizarerie, d'injuſtice, d'étourdiſſement dans
la conduite.

N'eût-on qu'un cheval à gouverner, &
des troupeaux à conduire, on ne le peut
faire ſans raiſon : combien plus en a-t'on
beſoin pour mener les hommes, & un troupeau raiſonnable ?

Pſalm. „   Le Seigneur a pris David comme il me-
lxxvij. „ noit les brebis, pour lui donner à conduire
70.71. „ Jacob ſon ſerviteur, & Iſraël ſon heritage:
72.   „ & il les a conduits dans l'innocence de ſon
     „ cœur, d'une main habile & iutelligente.

     Tout ſe fait parmi les hommes par l'in-
Prov. „ telligence, & par le conſeil. Les maiſons
xxiv. 2. „ ſe bâtiſſent par la ſageſſe, & s'affermiſſent
3.4.5. „ par la prudence. L'habileté remplit les gre-
6.   „ niers, & amaſſe les richeſſes. L'homme
     „ ſage eſt courageux : l'homme habile eſt ro-
     „ buſte & fort, parce que la guerre ſe fait
     „ par conduite, & par induſtrie : Et le ſalut
     „ ſe trouve où il y a beaucoup de conſeil.

Prov. „   La Sageſſe dit elle-même : C'eſt par moi
viij.15. „ que les Rois regnent, par moi les Legiſla-
     „ teurs preſcrivent ce qui eſt juſte.

     Elle eſt tellement née pour commander,
qu'elle donne l'empire à qui eſt né dans la
Prov. „ ſervitude. Le ſage ſerviteur commandera
xvij. 2 „ aux enfans de la maiſon qui ne ſont pas ſa-
     „ ges, & il fera leurs partages. Et encore :
Eccli.x. „ Les perſonnes libres s'aſſujettiront à un
2. 8.   „ ſerviteur ſenſé.

     Dieu en inſtallant Joſué, lui ordonne
d'étudier la loi de Moïſe, qui étoit la loi

du Royaume : Afin , dit-il , que vous en- « *Jof.* j.
tendiez tout ce que vous faites. Et encore: « 7. 8.
Alors vous conduirez vos deſſeins, & vous «
entendrez ce que vous faites. «

David en dit autant à Salomon, dans les
dernieres inſtructions qu'il lui donna en
mourant. Prenez garde à obſerver la loi de « *III.Reg.*
Dieu, afin que vous entendiez tout ce que « ij. 3.
vous faites , & de quel côté vous aurez à «
tourner. «

Qu'on ne vous tourne point , tournez-
vous vous-mêmes avec connoiſſance ; que
la raiſon dirige tous vos mouvemens : ſça-
chez ce que vous faites , & pourquoi vous
le faites.

Salomon avoit appris de Dieu même,
combien la ſageſſe étoit neceſſaire pour gouverner un grand peuple. Dieu lui apparût « *III.Reg.*
en ſonge durant la nuit , & lui dit : De- « iij. 5.6.
mandez-moi ce que vous voudrez : Salo- « 7. *&c.*
mon répondit : Ô Seigneur ! vous avez uſé « *II. Par.*
d'une grande miſericorde envers mon pere « i 7. 8.
David : comme il a marché devant vous « *&c.*
en juſtice & en verité & d'un cœur droit, «
vous lui avez auſſi gardé vos grandes miſe- «
ricordes , & vous lui avez donné un fils «
aſſis ſur ſon trône : & maintenant ô Sei- «
gneur Dieu ! vous avez fait regner vôtre «
ſerviteur à la place de David ſon pere : & «
moi je ſuis un jeune homme qui ne ſçais «
pas encore entrer ni ſortir. (C'eſt-à-dire, qui «
ne ſçais pas me conduire : qui ne ſçais par
où commencer, ni par où finir les affaires.)
Et je me trouve au milieu du peuple que «
vous avez choiſi , peuple infini & innom- «
brable. Donnez donc à vôtre ſerviteur la «

„ fageffe , & l'intelligence , & un cœur do-
„ cile ; afin qu'il puiffe juger & gouverner
„ vôtre peuple , & difcerner entre le bien &
„ le mal. Car qui pourra gouverner & juger
„ ce peuple immenfé ? La demande de Sa-
„ lomon plût au Seigneur : Et il lui dit :
„ Parce que vous avez demandé cette chofe;
„ & que vous n'avez point demandé une lon-
„ gue vie , ni de grandes richeffes , ou de
„ vous vanger de vos ennemis ; mais que
„ vous avez demandé la fageffe pour juger
„ avec difcernement : J'ai fait felon vos pa-
„ roles , & je vous ai donné un cœur fage &
„ intelligent , enforte qu'il n'y eut jamais ,
„ ni jamais il n'y aura un homme fi fage que
„ vous. Mais je vous ai encore donné ce
„ que vous ne m'avez pas demandé , c'eft-à-
„ dire , les richeffes & la gloire ; & jamais
„ il n'y a eu Roi qui en eut tant que vous en
„ aurez.

Ce fonge de Salomon étoit une extafe,
où l'efprit de ce grand Roi feparé des fens
& uni à Dieu , joüiffoit de la veritable intelligence.

Il vit en cet état , que la fageffe eft la
feule grace qu'un Prince devoit demander
à Dieu. Il vit le poids des affaires , & la
multitude immenfe du peuple qu'il avoit à
conduire. Tant d'humeurs; tant d'interêts;
tant d'artifices ; tant de paffions ; tant de
furprifes à craindre ; tant de chofes à con-
fiderer ; tant de monde de tous côtez à
écouter, & à connoître ; quel efprit y peut
fuffire ?

Je fuis jeune , dit-il , & je ne fçais pas
encore me conduire. L'efprit ne lui man-

quoit pas, non plus que la refolution. Car il avoit déja parlé d'un ton de maître à fon frere Adonias : & dés le commencement de fon regne il avoit pris fon parti dans une conjonÉ‹ure decifive, avec autant de prudence qu'on en pouvoit defirer : & toutefois il tremble encore, quand il voit cette fuite immenfe de foins, & d'affaires qui accompagnent la Royauté : & il voit bien qu'il n'en peut fortir, que par une fageffe confommée.

Il la demande à Dieu, & Dieu la lui donne : mais en même tems il lui donne tout le refte qu'il n'avoit pas demandé : c'eft-à-dire, & les richeffes, & la gloire.

Il apprend aux Rois, que rien ne leur manque quand ils ont la fageffe, & qu'elle feule leur attire tous les autres biens.

Nous trouvons un beau commentaire de la priere de Salomon dans le livre de la fageffe, qui fait parler ainfi ce fage Roi. J'ai « *Sap.* defiré le bon fens, & il m'a été donné; « vij. 7 8. j'ai invoqué l'efprit de fageffe, & il eft ve- « 9. *&c.* nu fur moi. J'ai preferé la fageffe aux « Royaumes & aux trônes; au prix de la fa- « geffe les richeffes m'ont paru comme rien : « devant elle l'or m'a femblé un grain de fa- « ble, & l'argent comme de la boüe : elle « eft plus aimable que la fanté, & la bonne « grace, Je l'ai mife devant moi comme un « flambeau, parce que fa lumiere ne s'éteint « jamais. Tous les biens me font venus avec « elle, & j'ai reçu de fes mains la gloire, & « des richeffes immenfes. «

II. PROPOSITION.

La veritable fermeté est le fruit de l'intelligence.

Prov. „ COnsiderez ce qui est droit, & que vos
iv. 25. „ yeux precedent vos pas, dressez-vous
26. „ un chemin & toutes vos démarches seront
„ fermes. Qui voit devant soi marche sû-
„ rement.

Autant donc que la fermeté est necessaire
au gouvernement, autant a-t'il besoin de
la sagesse.

Eccl. „ Le caractere de la sagesse est d'avoir une
xxvij. „ conduite suivie. L'homme sage est perma-
12. „ nent comme le soleil ; le fol change com-
„ me la lune.

Le plus sage de tous les Rois fait dire ces
Prov. „ paroles à la sagesse : A moi appartient le
viij. 14. „ conseil & l'équité, à moi la prudence, à
„ moi la force.

Ces choses, à le bien prendre, sont in-
separables.

Prov. „ L'homme sage est courageux, l'homme
xxiv. 5. „ habile est robuste & fort.

Les brutaux n'ont qu'une fausse hardiesse.
I. Reg. „ Nabal étoit imperieux, & personne n'osoit
xxv. 17. „ lui parler dans sa maison. Tant qu'il crut
n'avoir rien à craindre de David, il disoit
Ib. 10. „ insolemment : Qu'ai-je affaire de David,
„ qui est le fils d'Isaï ? Aussi-tôt qu'il eut appris que David avoit juré sa perte, quoiqu'on lui eût dit que sa femme l'avoit ap-
Ib. 37. „ paisé : Le cœur lui manqua, il demeura
38. „ comme une pierre, & mourut au bout de
„ dix jours.

Roboam eſt mepriſé par ſon peu de ſens. *Eccl.*
Salomon laiſſa après lui la folie de ſa na- xlvij.
tion ; Roboam, qui manquoit de pruden- 27.28.
ce, & qui diviſa le peuple par les mauvais
conſeils qu'il ſuivit.

Comme il n'avoit point de ſageſſe il n'a-
voit point de fermeté, & ſon propre fils eſt
contraint de dire : Roboam étoit un hom- *II. Par.*
me mal-habile, & d'un courage tremblant, xiij. 7.
& il n'eut pas la force de reſiſter aux rebelles. Au lieu de mal-habile & de courage
tremblant ; l'Hebreu porté : C'étoit un en- *II. Par.*
fant tendre de cœur. Ce n'eſt pas qu'il ne *II. Par.*
leur ait fait la guerre. Roboam & Jeroboam xij. 15.
eurent toûjours la guerre entre eux.

Il n'eſt point accuſé d'avoir manqué de
courage militaire ; mais c'eſt qu'il n'avoit
pas cette force qui fait prendre, & ſuivre
avec reſolution un bon conſeil. A voir
pourtant de quel ton il parla à tout le peuple, on le croiroit ferme & reſolu. Mais
il n'étoit ferme qu'en paroles, & au premier mouvement de la ſedition, on lui
voit honteuſement prendre la fuite. Roboam *II. Par.*
envoya Aduram qui avoit la charge de le- x. 8.
ver les tributs, & les enfans d'Iſraël le la- 19.
piderent. Ce que Roboam n'eut pas plûtôt
ſçû, qu'il ſe preſſa de monter dans ſon cha-
riot, & s'enfuit en Jeruſalem ; & le peuple
d'Iſraël ſe ſepara de la maiſon de David.

Voilà l'homme qui ſe vantoit d'être plus
puiſſant que Salomon : il parle ſuperbe-
ment, quand il croit qu'il fera peur à un
peuple ſuppliant. A la premiere émeute,
il tremble lui-même, & il affermit les rebelles par ſa fuite precipitée.

P 4

II. Reg. Ce n'est pas ainsi qu'avoit fait son ayeul
xv. 14. David. Quand il apprit la revolte d'Absa-
15. 17. lon , il vit ce qu'il y avoit à craindre, & se
18. 28. retira promptement , mais en bon ordre &
„ sans trop de précipitation : Marchant à pied
„ avec ses gardes , & ce qu'il avoit de meil-
„ leures troupes, & se posta dans un lieu de-
„ sert & de difficile accés : en attendant qu'il
„ eût des nouvelles de ceux qu'il avoit laissés
„ pour observer les mouvemens du peuple.

Ib. 30. „   Il est vrai qu'il alloit en signe de douleur :
„ Nuds pieds, & la tête couverte, lui & tout
„ le peuple pleurant. Cela étoit d'un bon
Roi , & d'un bon Pere, qui voyoit son fils
bien-aimé à la tête des rebelles, & combien
de sang il falloit répandre ; & que c'étoit
son peché qui attiroit tous ces malheurs sur
sa maison , & sur son peuple.

Il s'abaissoit sous la main de Dieu, attendant l'évenement avec un courage inébran-
Ib. 25. „ lable : Si je suis agréable à Dieu, il me ré-
26.   „ tablira dans Jerusalem : Que s'il me dit :
„ Tu ne me plais pas : Il est le maître ; qu'il
„ fasse ce qu'il trouvera le meilleur.

Etant donc ainsi resolu , il pourvoyoit à
tout avec une prudence d'esprit admirable ;
Ib. 33. & il trouva sans hesiter ce beau moyen qui
34.   dissipa les conseils d'Absalon , & d'A-
chitophel.

Et quant après la victoire, il vit Seba,
fils de Bochri , qui ramassoit les restes des
seditieux ; il ne se reposa pas sur l'avantage
qu'il venoit de remporter. Et il dit à Abi-
II Reg „ saï : Seba nous fera plus de peine qu'Absa-
xx. 6. „ lon : prenez donc tout ce qu'il y a ici de
„ gens de guerre , de peur qu'il ne se jette

dans quelque ville forte, & ne nous échape. «
Par cet ordre il affura le repos public, &
étouffa la fedition dans fa naiffance.

Voilà une homme vraiment fort, qui
fçait craindre où il faut ; & qui fçait prendre à propos les bons confeils.

III. PROPOSITION.

*La fageffe du Prince rend le Peuple
heureux.*

LE Roi infenfé perdra fon peuple : les « *Eccli.* x.
villes feront habitées par la prudence « 3.
de leurs Princes. «

Voici les fruits bien-heureux du fage gou- «
vernement de Salomon. Le peuple de Juda « *III. Reg.*
& d'Ifraël étoit innombrable ; ils bûvoient, « iv. 20.
ils mangeoient, & ils vivoient à leur aife : « 25.
Et ils demeuroient fans rien craindre cha- «
cun dans fa vigne, & fous fon figuier. «

L'or & l'argent étoient communs en Je- « *III. Reg.*
rufalem comme les pierres : & les cedres « x. 27.
naiffoient dans les vallées en auffi grande « *II. Par.*
quantité que les fycomores. « j. 15.

Sous un Prince fage tout abonde ; les
hommes, les biens de la terre, l'or & l'argent. Le bon ordre amene tous les biens.

La même chofe arriva fous Simon le
Machabée. Son caractere étoit la fageffe.
Parmi les Machabées, enfans de Mathatias, Judas étoit le fort : & Simon étoit le
fage. Mathatias l'avoit bien connu, lorf- « *I. Mach.*
qu'il parle ainfi à fes enfans : Vôtre frere « ij 66.
Simon eft homme de bon confeil : Ecou- « *Ibid.* 65.
tez-le en toutes chofes, & regardez-le com- «
me vôtre pere. «

Nous avons déja vû comme le peuple fut heureux fous fa conduite ; mais il faut voir le particulier.

Il avoit trouvé ~~les~~ affaires en mauvais état : Sous lui les Juifs furent affranchis du joug des gentils.

Toute la terre de Juda étoit en repos durant les jours de Simon : il chercha le bien de fes citoïens ; aufli prenoient-ils plaifir à voir fa gloire & fa grandeur. Il prit Joppé & y fit un port, & il s'ouvrit un paffage dans les ifles de la mer. Il étendit les bornes de fa nation, & fit beaucoup de conquêtes. Perfonne ne lui pouvoit refifter. Chacun cultivoit fa terre en paix ; la terre de Juda & les arbres produifoient leurs fruits : les vieillards affis dans les places publiques ne parloient que de l'abondance où on vivoit : la jeuneffe prenoit plaifir à fe parer de riches habillemens, & portoit l'habit militaire. Il pourvoyoit à la fubfiftance des villes, & les fortifioit : la paix étoit fur la terre, & Ifraël vivoit en grande joie, chacun dans fa vigne & fous fon figuier fans avoir aucune crainte : perfonne ne les attaquoit ; les Rois ennemis étoient abatus : il protegeoit les foibles ; il faifoit obferver la loi : il ôtoit les méchans de deffus la terre ; il ornoit le temple, & augmentoit les vaiffeaux facrez. Enfin il faifoit juftice ; il gardoit la foi ; & ne fongeoit qu'au bonheur, & à la grandeur de fon peuple.

Que ne fait point un fage Prince ? Sous lui les guerres réüffiffent ; la paix s'établit ; la juftice regne ; les loix gouvernent ; la religion fleurit ; le commerce & la naviga-

1. *Mach.* xiij 41.

1. *Mach.* xiv. 4. 5. 6. *&c.*

Ibid. 35.

tion enrichiffent le païs ; la terre même femble produire les fruits plus volontiers. Tels font les effets de la fageffe. Le Sage n'avoit-il pas raifon de dire : Tous les biens « *Sap.* vij. me font venus avec elle. « 11.

Qu'on doive tant de biens aux foins & à la prudence d'un feul homme ? peut-on l'aimer affez ? Nous voyons auffi que la grandeur de Simon faifoit les delices du peuple. Il n'y a rien qu'ils ne lui accordent. *I. Mach.* xiv. 14.

Quand Dieu veut rendre un peuple heu- 35.46. reux, il lui envoye un Prince fage. Hiram admirant Salomon qui fçavoit tout faire à propos, lui écrivoit : Parce que Dieu a ai- « *II. Par.* mé fon peuple, il vous a fait Roi : Et il « ij. 11. ajoûtoit : Beni foit le Dieu d'Ifraël qui a « 12. fait le ciel & la terre, & qui a donné à Da- « vid un fils fage, habile, fenfé & prudent. «

Heureux vos fujets & vos domeftiques, « *III. Reg.* qui font tous les jours devant vous, & « x. 8. 9. écoutent vôtre fageffe : s'écrioit la Reine « de Saba. Beni foit le Seigneur vôtre Dieu « à qui vous avez plû ; qui vous a fait Roi « d'Ifraël, parce qu'il aimoit ce peuple d'un « amour éternel ; & vous a établi pour y fai- « re juftice, & jugement. «

IV. PROPOSITION.

La fageffe fauve les Etats plûtôt que la force.

IL y avoit une petite ville, & peu de « *Eccli.* ix. monde dedans. Un grand Roi eft venu « 14. 15. contre elle ; il l'a enceinte de tranchées, « 16. où il a bâti des forts de tous côtez, & il a « formé un fiege devant cette place. Il s'y «

„ eſt trouvé un homme pauvre & ſage , & il
„ a délivré ſa ville par ſa ſageſſe : Et j'ai dit
„ en moi-même : Que la ſageſſe vaut mieux
„ que la force.

C'eſt ainſi que Salomon nous explique
les effets de la ſageſſe. Et il repete encore
Ibid.18.„ une fois : La ſageſſe vaut mieux que les
„ armes ; mais qui manque en une choſe,
„ perd de grands biens.

Les combats ſont hazardeux ; la guerre
eſt fâcheuſe pour les deux partis : la ſageſſe
qui prend garde à tout & ne neglige rien,
à des voyes non-ſeulement plus douces &
plus raiſonnables , mais encore plus ſures.

II. Reg.
xx. 14.
&c.
Dans la revolte de Seba contre David,
le rebelle ſe retira dans Abela , ville importante , où Joab ne tarda pas à l'aſſieger
par ordre de David. Pendant qu'on en ruinoit les murailles , une femme de la ville
demanda à parler à Joab , & lui tint ce diſcours au nom de la ville qu'elle introdui-
Ibid.18.„ ſoit comme lui parlant. Il y a un certain
&c. „ proverbe , que qui veut ſçavoir la verité la
„ demande à Abela (Cette ville étoit en reputation d'avoir beaucoup de ſages citoïens
qu'on venoit conſulter de tous côtez.)
„ C'eſt moi qui réponds la verité aux Iſraëli-
„ tes ; cependant vous voulez me détruire &
„ ruiner une mere en Iſraël ? (c'eſt-à-dire,
„ une ville capitale.) Pourquoi renverſez-
„ vous l'heritage du Seigneur , & une ville
„ qu'il a donnée à ſon peuple. A Dieu ne
„ plaiſe , répondit Joab , que je veüille la
„ renverſer ; mais Seba s'eſt ſoulevé contre
„ le Roi , livrez-le tout ſeul , & nous laiſſe-
„ rons la ville en repos. La femme lui ré-

pondit : On vous jettera fa tête du haut de "
la muraille. Elle parla au peuple affemblé "
& difcourut fagement ; de forte qu'on re- "
folut de faire ce qu'elle avoit dit, & Joab "
renvoya l'armée.   "

Voilà une ville fauvée par la fageffe. La
fageffe finit tout à coup, fans rien hazarder, & en ne perdant que le feul coupable,
une guerre qui avoit donné tant d'appre-
henfion à David.

Bethulie affiegée par Holopherne, eft *Judith.*
fauvée par les confeils de Judith, qui em- viij. 9.
pêche premierement, qu'on ne fuive la per- 10. 28.
nicieufe refolution de fe rendre déja prife ix. 10.
dans le confeil : & enfuite fait perir les en- *&c.*
nemis, par une conduite auffi fage que hardie.

Ainfi on voit que la fageffe eft la plus
fure défenfe des Etats. La guerre met tout " *Eccli.*
en hazard. L'Empire du fage eft ftable.   " x. 1.

La fageffe fortifie le fage plus que s'il *Eccli.*
étoit foutenu par les principaux de la ville. vij. 20.

V. PROPOSITION.

Les Sages font craints, & refpectez.

DAvid étoit vaillant, & fçavoit parfaitement l'art de la guerre. Ce n'eft pas
ce qui donnoit le plus de crainte à Saül.
Mais il le craignoit parce qu'il étoit très- " *I. Reg.*
prudent en toutes chofes.   " 18.

David lui-même craignoit plus le feul
Achitophel, que tout le peuple qui étoit
avec Abfalon ; parce qu'en ce tems : On " *II.Reg.*
confultoit Achitophel comme fi ç'eut été " xvj.23.
un Dieu.   "

C'étoit autant la fageffe que la puiffance de Salomon, qui tenoit en crainte fes voifins, & confervoit fon Royaume dans une paix profonde.

II. Par. xvij. 7. 8. &c. Ibid. 10. 11. ,, Parce que Jofaphat étoit fage, inftruit de la ,, loi, & prenant foin d'en faire inftruire le peu- ,, ple, tous fes voifins, le craignoient. Le Sei- ,, gneur répandit la terreur fur les Royaumes ,, voifins, & ils n'ofoient faire la guerre à Jo- ,, faphat : les Philiftins lui apportoient des pre- ,, fens, & les Arabes lui payoient tribut.

Jofaphat étoit belliqueux : mais l'Ecriture attribuë tous ces beaux effets à la pieté, & à la fageffe de ce Roi, qui n'avoit pas encore fait la guerre, dans le tems qu'il étoit fi redouté de fes voifins.

Si la fageffe fait refpecter le Prince au-dehors, il ne faut pas s'étonner qu'elle le faffe refpecter au-dedans. Quand Salomon eut rendu ce jugement memorable, où il *III. Reg. iij. 28.* ,, montra un fi grand difcernement : Tout ,, Ifraël entendit la fentence que le Roi avoit ,, prononcée, & ils craignirent le Roi, voyant ,, que la fageffe de Dieu étoit en lui.

Il y a quelque chofe de divin à ne fe trom-per pas, & rien n'infpire tant de refpect, ni tant de crainte.

Et voyez comme l'Ecriture marque ex-actement l'effet naturel de chaque chofe. *I. Par. xxix. 23.* . La bonne grace de Salomon lui avoit déja ,, attiré l'amour des peuples. Il parut dans le ,, trône de fon pere, & il plût à tous.

Voici quelque chofe de plus grand. Il montra un difcernement exquis, & on le craignit de cette crainte refpectueufe, qui tient tout le monde dans le devoir.

C'eſt donc avec raiſon qu'on lui fait dire :
La ſageſſe vaut mieux que les forces, & « *Sap.* vj,
l'homme prudent eſt au-deſſus de l'hom- « 1.
me fort. «

VI. PROPOSITION.

C'eſt Dieu qui donne la ſageſſe.

TOute ſageſſe vient du Seigneur ; elle « *Eccl.* j.
a été avec lui devant tous les ſiecles, « 1. 2. 3.
& y ſera à jamais. Qui a compté le ſable « 4. &c.
de la mer, & les goutes de pluye, & les «
jours du monde ? Qui a meſuré la hauteur «
des cieux, & la largeur de la terre ; & les «
profondeurs de l'abîme ? Qui a penetré cet- «
te ſageſſe de Dieu qui a precedé toutes cho- «
ſes ? La ſageſſe a été produite la premiere ; «
l'intelligence eſt engendrée devant tous les «
ſiecles. A qui a été connuë la ſource de la «
ſageſſe, & qui a découvert toutes ſes adreſ- «
ſes ? Il n'y a qu'un ſeul ſage, un ſeul re- «
doutable ; C'eſt le Seigneur aſſis ſur le trô- «
ne de la ſageſſe. C'eſt lui qui l'a créée par «
ſon Eſprit, & qui l'a connuë, & qui l'a «
comptée, & qui en ſçait toutes les meſures. «
Il l'a répanduë ſur tous ſes ouvrages, & «
ſur toute chair, à chacun ſelon qu'il lui a «
plû, & il l'a donnée à ceux qui l'aiment. «
C'eſt par où commence l'Eccleſiaſtique.

Dieu eſt le ſeul ſage ; en lui eſt la ſource
de la ſageſſe, & c'eſt lui ſeul qui la donne.

C'eſt à lui que la demande le Sage. O « *Sap.* ix.
Dieu de mes peres ! ô Seigneur miſericor- « j. 4. 7.
dieux, qui avez tout fait par vôtre parole ! « 8. &c.
Donnez-moi la ſageſſe qui eſt toûjours au- «

„ près de vôtre trône. Vous m'avez fait Roi,
„ & vous m'avez ordonné de vous bâtir un
„ temple. Vôtre fageſſe eſt avec vous ; elle
„ entend tous vos ouvrages : elle étoit avec
„ vous quand vous avez fait le monde ; elle
„ ſçavoit ce qui vous plaiſoit , & ce qui étoit
„ droit dans tous vos commandemens : en-
„ voïez-la moi des cieux , du trône ſublime
„ où vous êtes aſſis plein de gloire & de ma-
„ jeſté ; afin qu'elle ſoit toûjours & travaille
„ toûjours avec moi , & que je connoiſſe ce
„ qui vous eſt agréable : car elle ſçait tout :
„ elle me fera obſerver une juſte mediocrité
„ dans toutes mes actions , & me gardera
„ par ſa puiſſance. Et ma conduite vous plai-
„ ra , & je gouvernerai vôtre peuple avec ju-
„ ſtice; & je ferai digne du trône de mon pere.

    Qui deſire ainſi la ſageſſe , & qui la de-
mande à Dieu avec cette ardeur , ne man-
III. Reg. „ que jamais de l'obtenir. Je t'ai donné un
iij. 12. „ cœur ſage, & intelligent. Et encore : Dieu
III. Reg. „ donna la ſageſſe à Salomon , & une pru-
iv. 29. „ dence exquiſe, & une étenduë de cœur,)
„ c'eſt-à-dire, d'intelligence,) comme le
„ ſable de la mer.

    Il lui a donné la ſageſſe , pour l'intelli-
gence de la loi & des maximes ; la prudence pour l'application ; l'étenduë de connoiſſance, c'eſt-à-dire , une grande capacité , pour comprendre les difficultez , &
toutes les minuties des affaires. Dieu ſeul
donne tout cela.

VII. PROPOSITION.

Il faut étudier la sagesse.

Dieu la donne, il est vrai ; mais Dieu la donne à ceux qui la cherchent.

J'aime ceux qui m'aiment, dit la Sagesse " *Prov.*
elle-même, & qui me cherche du matin " viij.17.
me trouve. "

Le commencement de la sagesse est un " *Sap. vj.*
veritable desir de la sçavoir. " 18.

Aimez mes discours, dit-elle, & desirez " *Ibid.* 12.
de les entendre, & vous aurez la science. "

La sagesse se laisse voir facilement à ceux " *Ibid.* 13.
qui l'aiment, & se laisse trouver à ceux qui " 14. 15.
la cherchent : elle prévient ceux qui la de- " 16. 17.
sirent, & se montre la premiere à eux : qui "
s'éveille du matin pour penser à elle, ne "
sera pas rebuté, il la trouvera à sa porte. "
Y penser, c'est la perfection : qui veille "
pour l'obtenir sera bien-tôt content : car "
elle tourne de tous côtez pour se donner à "
ceux qui sont dignes d'elle ; elle leur appa- "
roît avec un visage agréable, & n'oublie "
rien pour aller à leur rencontre. "

Elle est bonne, elle est accessible : mais il faut l'aimer, & travailler pour l'avoir.

Il ne faut pas plaindre les peines qu'on
prendra à cette recherche, on en est bien-
tôt récompensé. Mon fils, faites-vous in- " *Eccli.*
struire dés vôtre jeunesse, & la sagesse vous " vj. 18.
suivra jusqu'aux cheveux gris : cultivez-la " 19. 20.
avec soin comme celui qui laboure & qui "
seme, & attendez ses bons fruits. Vous "
travaillerez un peu pour l'acquerir, & vous "

*Ibid.*25.„ ne tarderez pas à manger ſes fruits : Mettez
26. 27. „ vos pieds dans ſes entraves, vôtre col dans
„ ſes liens, vôtre épaule ſous ſon joug. A la
„ fin vous y trouverez le repos, & elle vous
„ tournera en plaiſir.

VIII. PROPOSITION.

*Le Princes doit étudier & faire étudier les
choſes utiles : Quelle doit être ſon étude.*

IL ne faut pas s'imaginer le Prince un
livre à la main, avec un front ſoucieux,
& des yeux profondement attachez à la lecture. Son livre principal eſt le monde : ſon
étude c'eſt d'être attentif à ce qui ſe paſſe
devant lui pour en profiter.

Ce n'eſt pas que la lecture ne lui ſoit
utile, & le plus ſage des Rois ne l'a pas
negligée.

*Eccli.*xij.„ Comme l'Eccleſiaſte, (c'eſt Salomon,)
9. 10. 11.„ étoit très-ſage, il a inſtruit ſon peuple, &
„ il a recherché les ſages ſentences. L'Eccle-
„ ſiaſte a étudié pour trouver des diſcours uti-
„ les, & il a écrit des choſes droites, des
„ paroles veritables. Les diſcours des ſages
„ ſont comme un aiguillon dans le cœur ;
„ les maîtres qui les ont ramaſſez étoient con-
„ duits par un ſeul paſteur. C'étoit le Roi,
qui prenoit ſoin & de chercher par lui-même, & de faire chercher aux autres les diſcours utiles à la vie.

*Ibid.*12.„ Mon fils n'en deſirez pas davantage.
„ C'eſt-à-dire, renfermez-vous dans les cho-
„ ſes profitables. Laiſſez les livres de curio-
„ ſité : On multiplie les livres ſans fin, &

de trop longues fpeculations épuifent le
corps.

Les vraies études font celles qui apprennent les chofes utiles à la vie humaine. Il
y en a qui font dignes de l'application du
Prince habile. Dans les autres, c'eft affez
pour lui d'exciter l'induftrie des fçavans par
les récompenfes; dont la principale eft toûjours aux efprits bien-faits l'agrément &
l'eftime d'un maître entendu.

Il ne convient pas au Prince de fe fati-
guer par de longues & curieufes lectures.
Qu'il life peu de livres, qu'il life comme
Salomon les difcours fenfez & utiles. Sur
tout qu'il life l'Evangile, & qu'il le medite.
C'eft là fa loi, & la volonté du Seigneur.

IX. PROPOSITION.

Le Prince doit fçavoir la Loi.

IL eft fait pour juger, & c'eft la premiere
inftitution de la Royauté. Faites-nous " *I. Reg.*
un Roi qui nous juge. Et encore : Nous " viij. 5.
voulons être comme les autres nations, & " 20.
avoir un Roi qui nous juge. "

Auffi avons-nous vû que Dieu comman- *Deut.*
de aux Rois d'écrire la loi de Moïfe, d'en xvij.18.
avoir toûjours avec eux un exemplaire au- 19.
tentique, & de la lire tous les jours de
leur vie.

C'eft pour cela que dans leur facre on la
leur mettoit en main. Ils amenerent au tem- " *II. Par.*
ple le fils du Roi, & lui mirent le diadê- " xxiij.
me, & la marque royale fur la tête : ils " 11.
lui mirent auffi la loi à la main, & le firent "

„ Roi. Le pontife Joïada & ſes enfans le ſa-
„ crerent , & tout le peuple s’écria : Vive
„ le Roi.

Le Prince doit croire auſſi que dans la
nouvelle alliance il reçoit l’Evangile de la
main de Dieu , pour ſe regler par cette
lecture.

Le peuple doit ſçavoir la loi, ſans doute :
du moins dans ſes principaux points ; & ſe
faire inſtruire du reſte dans les occurrences ;
car il la doit pratiquer. Mais le Prince qui
outre cela la doit faire pratiquer aux autres,
& juger ſelon ſes decrets , la doit ſçavoir
beaucoup davantage.

On ne ſçait ce qu’on fait , quand on va
ſans regle , & qu’on n’a pas la loi pour
guide : la ſurpriſe , la prévention , l’inte-
Prov. „ rêt , & les paſſions offuſquent tout. Le
xxviij. „ Prince ignorant opprime ſans y penſer plu-
16. „ ſieurs perſonnes , & fait triompher la ca-
„ lomnie.

Prov. „ Mais le commandement eſt un flambeau
vj. 23. „ devant les yeux ; la loi eſt une lumiere. Le
„ Prince qui la ſuit voit clair , & tout l’Etat
„ eſt éclairé.

Matth „ Que ſi l’œil de l’état, (c’eſt-à-dire , le
vj. 23. „ Prince ,) eſt obſcurci, que ſeront les te-
„ nebres même , & combien tenebreux ſera
„ tout le corps ?

Qu’il ſçache donc le fond de la loi par
laquelle il doit gouverner. Et s’il ne peut
pas deſcendre à toutes les ordonnances particulieres, que les affaires font naître tous
les jours, qu’il ſçache du moins les grands
principes de la juſtice, pour n’être jamais
ſurpris. C’étoit le Deuteronome, & le fon-

dement de la loi, que Dieu l'obligeoit d'é-
tudier & de fçavoir.

Que la vie du Prince eſt ſerieuſe ! il doit
ſans ceſſe mediter la loi. Auſſi n'y a-t'il
rien parmi les hommes de plus ſerieux, ni
de plus grave, que l'office de la Royauté.

X. PROPOSITION.

Le Prince doit ſçavoir les affaires.

AInſi a-t'on vû Jephté élu Prince du
peuple de Dieu, prouver par la diſcuſſion des droits de ce peuple, que le Roi
des Ammonites leur faiſoit injuſtement la
guerre.

On voit l'affaire diſcutée avec toute
l'exactitude poſſible. Dans cette diſcuſſion
les principes du droit ſont joints par Jephté
avec la recherche des faits, & la connoiſſance des antiquitez. C'eſt-ce qu'on appelle ſçavoir les affaires.

Le Prince qui ſçait ces choſes, met vi-
ſiblement la raiſon de ſon côté; ſes peuples
ſont encouragez à ſoutenir la guerre, par
l'aſſurance de leur bon droit : ſes ennemis
ſont rallentis : les voiſins n'ont rien à dire.

Une ſemblable diſcuſſion fit beaucoup
d'honneur à Simon le Machabée. Le Roi
d'Aſie lui envoya redemander par Atheno-
bius la citadelle de Jeruſalem, avec Joppé
& Gazara, places importantes qu'il ſoûtenoit être de ſon Royaume.

Simon ſur cette demande fait premierement les diſtinctions neceſſaires. Il diſtin-
gue les anciennes terres qui appartenoient

" *Jud.* xj.
" 1 5. *&c.*
" *Supr. p.*
" 76. *&c.*
"

" *I. Mach.*
" xv. 28.
" *&c.*
"
"
"

de tout tems aux Juifs, d'avec celles qu'ils avoient conquifes depuis peu.

Ibid.33. „ Nous n'avons, dit-il, rien ufurpé fur
34. „ nos voifins, & ne poffedons rien du bien
„ d'autrui ; mais l'heritage de nos peres, que
„ nos ennemis ont poffedé quelque tems in-
„ juftement, dans lequel nous fommes ren-
„ trez auffi-tôt que nous en avons trouvé
„ l'occafion : & nous ne faifons que reven-
„ diquer l'heritage de nos peres.

On a vû les offres qu'il fit pour Joppé, & pour Gazara, encore qu'il les eût prifes par une bonne & jufte guerre ; & il fe mit *Ibid.35.* „ fi bien à la raifon : Qu'Atenobius envoyé „ du Roi d'Afie n'eut rien à répondre.

Il eft beau, & utile, que les affaires d'une certaine importance foient difcutées autant qu'il fe peut par le Prince même avec un fi grand raifonnement. Quand il s'en fie tout-à-fait aux autres, il s'expofe à être trompé, ou à voir fes droits negligez. Perfonne ne pénêtre plus dans les affaires, que celui qui y a le principal interêt.

XI. PROPOSITION.

Le Prince doit fçavoir connoître les occafions, & les tems.

C'Eft une des principales parties de la fcience des affaires, qui toutes dépendent de là.

Eccli.iij. „ Chaque chofe a fon tems, & tout paffe
1. 2. &c. „ fous le ciel dans l'efpace qui lui eft mar-
„ qué. Il y a le tems de naître, & le tems de
„ mourir ; le tems de planter ; le tems d'ar-

racher ; le tems de bleſſer, & le tems de «
guerir ; le tems de bâtir, & le tems d'abat- «
tre ; le tems de pleurer, & le tems de rire ; «
le tems d'amaſſer, & le tems de répandre ; «
le tems de couper, & le tems de coudre ; «
(c'eſt-à-dire, le tems de s'unir, & le tems «
de rompre,) le tems de parler, & le tems «
de ſe taire ; le tems de guerre, & le tems «
de paix. Dieu même fait tout en certains «
tems. «

Si toutes choſes dépendent du tems, la
ſcience des tems eſt donc la vraye ſcience
des affaires, & le vrai ouvrage du Sage.
Auſſi eſt-il écrit : Que le cœur du Sage « *Eccli.*
connoît le tems, & regle ſur cela ſon juge- « viij. 5.
ment. «

C'eſt pourquoi il faut dans les affaires
beaucoup d'application, & de travail. Cha- « *Ibid.* 6.
que affaire a ſon tems, & ſon occaſion ; & « 7. 8.
la vie de l'homme eſt pleine d'affliction, «
parce qu'il ne ſçait point le paſſé, & il n'a «
point de meſſager qui lui annonce l'avenir. «
Il ne peut rien ſur les vents ; il n'a point «
de pouvoir ſur la mort ; il ne peut differer «
quand on vient lui faire la guerre. Nul ne «
fait ce qu'il veut : une force majeure do-
mine par tout : les momens paſſent rapidement, & avec une extrême précipitation :
qui les manque, manque tout.

Cette ſcience des tems a fait la principale
loüange de la ſageſſe de Salomon. Beni « *II. Par.*
ſoit le Dieu d'Iſraël qui a donné à David « ij. 12.
un fils habile, aviſé, ſage & prudent pour «
bâtir un temple au Seigneur, & un palais «
pour ſa perſonne. Dans une profonde paix, «
dans une grande abondance, après les pré-

paratifs faits par son pere. C'étoit le tems d'entreprendre de si grands ouvrages.

Parce que les Machabées prirent bien leur tems, ils engagerent les Romains à les proteger, & ils s'affranchirent des Rois *1 Mach.* „ de Syrie qui les opprimoient. Jonathas vit *xij. 1.* „ que le tems étoit favorable, & il envoya „ renouveller l'alliance avec les Romains.

Il faudroit transcrire toutes les Histoires saintes, & profanes, pour marquer ce que peuvent dans les affaires les tems & les contre-tems.

Il y a encore dans les choses certains tems à observer, pour garder les bien-séan*Eccli. iv.* „ ces, & entretenir l'ordre. Mon fils obser*23.* „ vez les tems, & évitez le mal.

Les tems reglent toutes les actions jus*Eccli. x.* „ qu'aux moindres. Malheur à toi terre dont *16. 17.* „ les Rois se gouvernent en enfans, & man„ gent dès le matin. Heureuse la terre dont „ le Roi n'a que de grandes pensées ; dont „ les Princes mangent dans le tems, pour la „ necessité, & non pour la délicatesse. C'est une espéce de similitude pour montrer que le tems gouverne tout, & que chaque chose a un tems propre.

XII. PROPOSITION.

Le Prince doit connoître les Hommes.

C'Est-là sans doute sa plus grande affaire, de sçavoir ce qu'il faut croire des hommes, & à quoi ils sont propres.

Il faut avant toutes choses qu'il connoisse le naturel de son peuple : & c'est ce que le Sage lui preſcrit en la figure d'un paſteur : Connoiſſez, dit-il, la face de vôtre brebis, & conſiderez vôtre troupeau. " *Prov.* " xxvij. 23.

Sans regarder aux conditions, il doit juger de chacun, par ce qu'il eſt dans ſon fond. Ne mepriſez pas le pauvre, qui eſt homme de bien : n'élevez pas le riche à cauſe qu'il eſt puiſſant. Et encore : Ne loüez, ni ne mépriſez l'homme par ce qui paroît à la vûë : l'abeille eſt petite, & il n'y a rien de plus doux que ce qu'elle fait. " *Eccli.*x. " 26. " *Eccli.*xj. " 2. 3. " "

Il faut ſur tout qu'il connoiſſe ſes courtiſans. Prenez garde à ceux qui vous environnent, & tenez conſeil avec les ſages. " *Eccli.* ix. " 21.

Autrement tout ira au hazard dans un Etat, & il y arrivera ce que déplore le Sage. J'ai vû ſous le ſoleil qu'on ne confie pas la courſe au plus vîte, ni la guerre au plus vaillant : que ce n'eſt point aux ſages qu'on donne du pain, ni aux plus habiles qu'on donne les richeſſes ; & que ce ne ſont pas les plus intelligens qui plaiſent le plus. Mais que la rencontre & le hazard font tout ſur la terre. " *Eccli.*ix. " 11. " " " " "

C'eſt ce qui arrive ſous un Prince inconſideré, qui ne ſçait pas choiſir les hommes ; mais qui prend ceux que le hazard & l'occaſion, ou ſon humeur lui preſentent.

La ſurpriſe & l'erreur confondent tout dans un tel regne. J'ai vû ſous le ſoleil un mal, où le Prince ſe laiſſe aller par ſurpriſe : un fol tient les hautes places, & les grands ſont à ſes pieds. " *Eccli.* x. " 5. 6. " "

Le Prince, qui choiſit mal, eſt puni par ſon propre choix. Celui qui envoye porter des paroles par un fol, ſera condamné par ſes propres œuvres. " *Prov.* " xxvj. 6. "

David pour avoir bien connu les hommes fauva fes affaires dans la revolte d'Abfalon. Il vit que toute la force du parti rebelle étoit dans les confeils d'Achitophel, & tourna tout fon efprit à les détruire. Il connut la capacité, & la fidelité de Chufai. C'étoit un fage vieillard qui le voyant contraint de prendre la fuite : Vint à lui la tête couverte de pouffiere, & les habits déchirez. David lui dit : Si vous venez avec moi, vous me ferez à charge : Si vous faites femblant de fuivre le parti d'Abfalon, vous diffiperez le confeil d'Achitophel.

II.Reg. *xv.32.* *33.34.*

Il ne fe trompa point dans fa penfée. Chufai empêcha Abfalon de fuivre un confeil d'Achitophel, qui ruinoit David fans refource. Achitophel fentit auffi-tôt que les affaires étoient perduës, & fe fit perir par un cordeau.

II.Reg. *xvij.7.* *&c.* *Ibid.23.*

David non content d'envoyer Chufai, lui donna des perfonnes affidées. Il ne falloit pas s'y tromper ; car au moindre faux pas, le precipice étoit inévitable. Voici donc ce que David dit à Chufai. Tout ce que vous apprendrez des deffeins d'Abfalon, dites-le aux prêtres Sadoc & Abiathar : ils ont deux enfans par qui vous me manderez toutes les nouvelles.

II. Reg. *xv.35.* *36.*

Chufai n'y manqua pas. Après avoir rompu les deffeins d'Achitophel, il manda à David par ces deux hommes tout ce qui s'étoit paffé, & lui donna un avis qui fauva l'Etat.

II. Reg. *xvij.15.* *16.*

Ainfi David pour avoir connu les hommes dont il fe fervoit, reprit le deffus : & rétablit fes affaires prefque defefperées.

Au contraire Roboam pour avoir mal connu l'humeur de fon peuple, & l'efprit de Jeroboam qui le foulevoit, perdit dix tribus : c'eft-à-dire, plus de la moitié de fon Royaume.

Le Prince qui s'habituë à bien connoître les hommes, paroît en tout infpiré d'en-haut : tant il donne droit au but. Joab avoit envoyé une femme habile pour infinuer quelque chofe à David. Ce Prince connut d'abord de qui venoit le confeil. Il répon-dit à cette femme : Dites-moi la verité ; « *II. Reg.* n'eft-ce pas Joab qui vous envoye me par- « xiv. 18. ler ? Seigneur ! lui dit-elle, par le falut de « 19. 20. vôtre ame, vous ne vous êtes détourné ni « à droit, ni à gauche. Vôtre ferviteur Joab « m'a mis à la bouche toutes les paroles que « j'ai dites : Mais vous, Seigneur, vous êtes « fage comme un ange de Dieu, & il n'y a « rien fur la terre que vous ne fçachiez. «

C'eft ce que vouloit dire Salomon dans cette belle fentence. La prophétie eft dans « *Prov.* les lévres du Roi ; il ne fe trompe point « xvj. 10. dans fon jugement. «

Ce fage Roi l'avoit éprouvé, dans ce jugement memorable qu'il rendit entre ces deux meres. Parce qu'il connut la nature, & les effets des paffions, la malice & la diffimulation ne put fe cacher à fes yeux : Et tout le peuple connut que la fageffe de « *III. Reg.* Dieu étoit en lui. « iij. 28.

Outre que la grande experience, & la connoiffance des hommes, donnent à un Prince appliqué un difcernement delicat ; Dieu l'aide en effet quand il s'applique : Car « *Prov.* le cœur du Roi eft entre fes mains. « xxj. 1.

C'eſt Dieu qui mit dans le cœur de David, ces ſalutaires conſeils qui lui remirent *II. Reg.* » la couronne ſur la tête. Ce ne fut pas la *xvij. 14.* » prudence de David : ce fut le Seigneur lui-» même, qui diſſipa les conſeils utiles d'A-» chitophel.

II. Reg. » Auſſi s'étoit-il d'abord tourné à Dieu. *xv. 31.* » O Seigneur ! confondez le conſeil d'Achi-» tophel.

Voilà donc deux choſes que le Prince doit faire : Premierement s'appliquer de tou-te ſa force à bien connoître les hommes. Secondement, dans cette application at-tendre les lumieres d'enhaut, & les deman-der avec ardeur ; car la choſe eſt delicate, & enveloppée.

Il ne ſe peut rien ajoûter à ce que dit ſur ce ſujet l'Eccleſiaſtique. Je rapporterai ſon diſcours comme il eſt porté dans le grec bien plus clair que nôtre verſion lati-*Eccli.* » ne : Tout conſeiller vante ſon conſeil : mais *xxxvij.* » il y en a qui conſeillent pour eux-mêmes : *8. 9.* » Gardez-vous donc d'un conſeiller, & re-*&c.* » gardez avant toutes choſes quel beſoin vous » en avez, & quels ſont ſes interêts. Car » ſouvent il conſeillera pour lui-même, & » hazardera vos affaires pour faire les ſiennes. » Il vous dira : vous faites bien, & il prendra » garde cependant à ce qui vous arrivera pour » en profiter. Ne conſultez donc pas avec » un homme ſuſpect. Regardez les vûës d'un » chacun. Ne prenez pas l'avis d'une femme » ſur celle dont elle eſt jalouſe, ni d'un hom-» me timide ſur la guerre, ni du marchand » ſur la difficulté des voitures, ni du vendeur » ſur le prix de ſes marchandiſes. [Chacun

se fera valoir, & regardera son profit.] Ne "
consultez non plus l'envieux sur la récom- "
pense des services : ni celui dont le cœur "
est dur sur les liberalitez, & sur les graces : "
ni l'homme lent sur quelque entreprise que "
ce soit : ni le mercenaire que vous avez à "
vôtre service, sur la fin de l'ouvrage qu'il "
a entrepris : [car il a interêt de le faire du- "
rer le plus qu'il pourra :] ni un serviteur "
paresseux sur les travaux qu'il faut entre- "
prendre. Ne prenez point de tels conseils : "
Mais ayez auprès de vous un homme reli- "
gieux qui garde les commandemens ; dont "
l'esprit revienne au vôtre, & qui compatisse "
à vos maux quand vous tomberez. Et fai- "
tes-vous un conseil dans vôtre cœur ; car "
vous n'en trouverez point de plus fidéle. "
L'esprit d'un homme lui rapporte plus de "
nouvelles que sept sentinelles mises sur de "
hauts lieux pour découvrir, & pour obser- "
ver. Et par-dessus tout cela, priez le Sei- "
gneur, afin qu'il conduise vos voyes. "

XIII. PROPOSITION.

Le Prince doit se connoître lui-même.

MAis, de tous les hommes que le Prince doit connoître, celui qui lui importe plus de bien connoître, c'est lui-
même.

Mon fils, éprouvez vôtre ame dans tou- " *Eccli.*
te vôtre vie ; & si elle vous semble mau- " xxxvij.
vaise, ne lui donnez pas de pouvoir. C'est- " 30.
à-dire, ne vous laissez pas aller à ses desirs. "
Le Grec porte : Mon fils, éprouvez vôtre "

„ ame ; connoiſſez ce qui lui eſt mauvais, &
„ gardez-vous de lui donner.

Tout ne convient pas à tous ; il faut ſçavoir à quoi on eſt propre. Tel homme qui feroit grand employé à certaines choſes, ſe rend mépriſable , parce qu'il ſe donne à celles où il n'eſt pas propre.

Connoître ſes défauts , eſt une grande ſcience. Car on les corrige , ou on y ſup-*Pſalm.* „ plée par d'autres moyens. Mais, qui con-
xviij. 3.„ noît ſes fautes ? dit le Pſalmiſte. Nul ne les connoît par lui-même , il faut avoir quelque ami fidéle qui vous les montre.
Prov. „ Le Sage nous le conſeille. Qui aime à ſça-
xij. 1. „ voir, aime à être enſeigné : qui haït d'être „ repris , eſt inſenſé.

En effet, c'eſt un caractere de folie d'a-dorer toutes ſes penſées; de croire être ſans défaut , & de ne pouvoir ſouffrir d'en être
Eccli. „ averti. L'inſenſé marchant dans ſa voye ,
x. 3. „ trouve tous les autres fols. Et encore : Ne
Eccli. „ conferez point avec le fol , qui ne peut ai-
viij. 20.„ mer que ce qui lui plaît.
Eccli. „ Le Sage dit au contraire : Qui donnera
xxiij. „ un coup de foüet à mes penſées, & une ſage
2. 3. „ inſtruction à mon cœur ; afin que je ne „ m'épargne pas moi-même, & que je con-„ noiſſe mes défauts : de peur que mes igno-„ rances & mes fautes ne ſe multiplient , & „ que je ne donne de la joie à mes ennemis „ qui me verront tomber à leurs pieds.

Voilà ce qui arrive à l'inſenſé qui ne veut pas connoître ſes fautes. Les Princes ac-coûtumez à la flaterie ſont ſujets plus que tous les autres hommes à ce défaut. Parmi une infinité d'exemples je n'en rapporterai qu'un ſeul.

Achab ne vouloit point entendre le feul
prophete qui lui difoit la verité, parce qu'il
la difoit fans flaterie. Jofaphat Roi de Ju-
da dit à Achab Roi d'Ifraël : N'y a-t'il pas « *III. Reg.*
ici quelque Prophete du Seigneur ? Il nous « *xxij.*7.8
en refte encore un, répondit le Roi d'If- « *II. Par.*
raël, qui s'appelle Michée, fils de Jemla; « *xviij.* 6.
mais je le hai, parce qu'il ne me prophetife « 7.
que du mal, & jamais du bien. «

Il le reprenoit de fes crimes, & l'aver-
tiffoit des juftes jugemens de Dieu, afin
qu'il les évitât. Achab ne pouvoit fouffrir
fes difcours. Il aimoit mieux être environné d'une troupe de prophetes flateurs, qui
ne lui chantoient que fes loüanges, & des
triomphes imaginaires. Il voulut être trompé, & il le fut. Dieu le livra à l'efprit d'erreur, qui remplit le cœur de fes prophetes
de flateries, & d'illufions, aufquelles il
crut pour fon malheur ; & il perit dans la
guerre, où fes prophetes lui annonçoient
tant d'heureux fuccés.

Au contraire le pieux Roi Jofaphat reprend le Roi d'Ifraël, qui ne vouloit pas
qu'on écoutât ce prophete de malheurs. Ne « *Ibid.*
parlez pas ainfi, Roi d'Ifraël. Il faut écouter ceux qui nous montrent de la part de
Dieu, & nos fautes, & fes jugemens.

Le même Roi Jofaphat au retour de la
guerre où il avoit été avec Achab, écouta
avec foumiffion le prophete Jehu qui lui
dit : Vous donnez fecours à un impie, & « *II. Par.*
vous faites amitié avec les ennemis de Dieu: « *xxix.* 2.
vous meritiez fa colere ; mais il s'eft trou- « 3.
vé en vous de bonnes œuvres. «

Il marchoit en tout fur les pas de fon pere

II. Reg. David, qui recevant avec refpect les juftes
xij. & reprehenfions des Prophetes Nathan & Gad,
xxiv. reconnut fes fautes & en obtint le pardon.

Ce ne font pas feulement les Prophetes
qu'il faut oüir : le Sage regarde tous ceux
qui lui découvrent fes fautes avec prudence, comme des hommes envoyez de Dieu
pour l'éclairer. Il ne faut point avoir égard
aux conditions : la verité conferve toûjours
fon autorité naturelle dans quelque bouche
Eccli x. „ qu'elle foit. Les hommes libres obéïffent
28. „ aux ferviteurs fenfez ; l'homme prudent &
„ inftruit ne murmure pas étant repris.

L'homme qui peut fouffrir qu'on le re-
prenne eft vraiment maître de lui-même.
Prov. „ Qui méprife l'inftruction, méprife fon ame :
xv. 31. „ qui afquiefce aux reprehenfions, eft maître
32. „ de fon cœur.

XIV. PROPOSITION.

Le Prince doit fçavoir ce qui fe paffe au-de-
dans, & au-dehors de fon Royaume.

SOus un Prince habile & bien averti, perfonne n'ofe mal faire. On croit toûjours
l'avoir prefent, & même qu'il devine les
Eccli. „ penfées. Ne dites rien contre le Roi dans
x. 20. „ vôtre penfée ; ne parlez point contre lui
„ dans vôtre cabinet : car les oifeaux du ciel
„ raporteront vos difcours.

Les avis volent à lui de toutes parts ; il
en fçait faire le difcernement, & rien n'é-
chape à fa connoiffance.

Ce foldat à qui Joab fon general com-
mandoit quelque chofe contre les ordres
du

du Roi ; lui répondit : Quelque somme « *II. Reg.*
que vous me donnassiez , je ne ferois pas « xviij.12.
ce que vous me dites. Car le Roi l'a défen- « 13.
du : & quand je ne craindrois pas ma pro- «
pre conscience, le Roi le sçauroit, & pour- «
riez-vous me proteger ? «

Nathan vint à Bethsabée, mere de Salo-
mon, & lui dit : Ne sçavez-vous pas qu'A- « *III. Reg.*
donias , fils d'Haggith, s'est fait reconnoî- « j. 11. 12.
tre Roi , & le Roi nôtre maître l'ignore «
encore ? Sauvez vôtre vie & celle de Salo- «
mon ; allez promptement, & parlez au Roi !
Un mal connu est à demi gueri : les playes
cachées deviennent incurables.

Voilà pour le dedans. Et pour le dehors :
Amasias, Roi de Juda, enflé de la victoire
nouvellement remportée sur les Iduméens,
voulut mesurer ses forces avec le Roi d'Israël plus puissant que lui. Joas Roi d'Israël
lui fit dire : Le chardon du Liban voulut « *IV. Reg.*
marier son fils avec la fille du Cedre ; & « xiv. 8.
les bêtes qui étoient dans le bois de cette « 9. 10.
montagne, en passant écraserent le char- « *&c.*
don. Vous avez défait les Iduméens , & «
vôtre cœur s'est élevé. Contentez-vous de «
la gloire que vous avez acquise, & demeu- «
rez en repos. Pourquoi voulez-vous perir, «
vous & vôtre peuple ? Amasias n'acquiesça «
pas à ce conseil, il marcha contre Joas ; «
il fut battu & pris. Joas abbatit quatre cens «
coudées des murailles de Jerusalem, & en- «
leva les trésors de la maison du Seigneur, «
& de la maison du Roi. Si Amasias eût «
connu les forces de ses voisins, il n'auroit
pas crû qu'il pût vaincre un Roi plus puissant que lui , parce qu'il en avoit vaincu

Tome I. R

un plus foible : & cette ignorance caufa fa
ruïne.

I. Mach.   Au contraire Judas le Machabée, pour
viii. 1. 2. avoir parfaitement connu la conduite, &
3. &c. les confeils des Romains ; leur puiffance
& leur maniere de faire la guerre : enfin
leurs fecrettes jaloufies contre les Rois de
Syrie ; s'en fit des protecteurs affurez, qui
donnérent moyen aux Juifs de fecoüer le
joug des Gentils.

Que le Prince foit donc averti, & n'é-
pargne rien pour cela. C'eft à lui principalement que s'adreffe cette parole du Sage :
Prov. „ Achetez la verité. Mais qu'il prenne donc
xxiij. 23. garde à ne point payer des trompeurs, & à
ne pas acheter le menfonge.

XV. PROPOSITION.

Le Prince doit fçavoir parler.

Eccli. ix. „ LEs ouvrages font loüez par la main de
24.   „ l'ouvrier : & le Prince du peuple eft
    „ reconnu fage par fes difcours.

On n'attend de lui que de grandes chofes. Job fentoit en cela fon obligation, &
Job. „ l'attente des peuples, lors qu'il difoit : On
xxix. 21. „ n'attendoit de ma bouche que de belles fen-
22.   „ tences, & on fe taifoit pour écouter mes
    „ confeils. On ne trouvoit rien à ajoûter à
    „ mes paroles.

Ce n'eft pas tout de tenir de fages difcours, ni de dire de bonnes chofes ; il les
Eccli. xx. „ faut dire à propos. Les belles fentences
22.   „ font rejettées dans la bouche de l'impru-
    „ dent : car il ne les dit pas en leur tems.

C'est pourquoi le sage pense à ce qu'il
dit, pour ne parler que quand il faut. Le « *Prov.*
cœur du sage instruit sa bouche, & donne « *xvj.* 23.
grace à ses lévres. Des paroles bien ordon- « 24.
nées sont comme le miel ; la douceur en «
est extrême. «

Les paroles du Sage le rendront agréa- « *Eccl.* x.
ble ; celles du fol l'engageront dans le pre- « 12. 13.
cipice : il commence par une folie, & finit «
par une erreur insupportable. «

S'il n'y a rien de plus agréable qu'un discours fait à propos, il n'y a rien de plus
choquant qu'un discours inconsideré. Un « *Eccl.* xx.
homme desagréable ressemble à un discours « 21.
hors de propos. «

Parler mal à propos n'est pas seulement
chose desagréable, mais nuisible. Le dis- « *Prov.*
coureur se blesse lui-même d'une épée ; la « xij. 18.
langue des Sages est la santé. Et encore : «
Qui garde sa bouche, garde son ame ; le « *Ibid.*
parleur inconsideré se perdra lui-même. « xiij. 3.

Le vain discoureur a un caractere de fo- « *Eccli.*
lie. L'insensé parle sans fin. Et encore : « x. 14.
Voyez-vous cet homme prompt à parler ? « *Prov.*
Il y a plus à esperer d'un fol que de lui. « xxix.

La langue conduite par la sagesse est un 20.
instrument propre à tout. Voulez-vous
adoucir un homme irrité ? Une douce ré- « *Prov.*
ponse appaise la colere ; mais une parole « xv. 1.
rude excite la fureur. Et encore : Une lan- « *Ibid.* 4.
gue douce est l'arbre de vie ; une langue
emportée accable l'esprit.

Voulez-vous gagner quelqu'un qui soit
mécontent ? la parole vous y sert plus que
les dons. La rosée rafraîchit l'ardeur ; & « *Eccli.*
une parole vaut mieux qu'un present. « xviij. 16.

Il faut donc être maître de sa langue.
„ Le cœur du sage instruit sa bouche ; com-
Eccli. „ me nous venons de voir. Et encore : Le
xxj.29 „ cœur des fols est en la puissance de leur
„ bouche ; & la bouche des sages est en la
„ puissance de leur cœur. La demangeaison
de parler, emporte l'un ; la circonspection
mesure toutes les paroles de l'autre : l'un
s'échauffe en discourant, & s'engage ; l'autre pese tout dans une balance juste, & ne
dit que ce qu'il veut.

XVI. PROPOSITION.

*Le Prince doit sçavoir se taire : le secret
est l'ame des Conseils.*

Tob. „ IL est bon de cacher le secret du Roi. Le
xiij. 7. secret des Conseils est une imitation de
la sagesse profonde & impénetrable de Dieu.
Prov. „ On ne peut connoître la hauteur des cieux
xxv.3. „ ni la profondeur de la terre, ni le cœur
„ des Rois.
Il n'y a point de force où il n'y a point
Ib. 28. „ de secret. Celui qui ne peut retenir sa lan-
„ gue, est une ville ouverte & sans muraille.
„ On l'attaque, on l'enfonce de toutes parts.
Si trop parler est un caractere de folie :
sçavoir se taire est un caractere de sagesse.
Prov. „ Le fol même, s'il sçait se taire, passera
xvij 28. „ pour sage.
Le Sage interroge plus qu'il ne parle :
Eccli. „ Faites semblant de ne pas sçavoir beaucoup
xxxij. „ de choses, & écoutez en vous taisant, &
12. „ en interrogeant.
Ainsi sans vous découvrir, vous décou-

vrirez les autres. Le defir de montrer qu'on
fçait , empêche de pénétrer & de fçavoir
beaucoup de chofes.

Il faut donc parler avec mefure. L'in- « *Prov.*
fenfé dit d'abord tout ce qu'il a dans l'ef- «xxix.11.
prit : le fage referve toûjours quelque cho- «
fe pour l'avenir. «

Il ne fe taît pas toûjours ; mais il fe taît « *Eccli.*
jufqu'au tems propre. L'infolent & l'im- « xx. 7.
pudent ne connoiffent pas le tems. «

Il y en a qui fe taifent , parce qu'ils ne « *Ibid.*6.
fçavent pas parler ; & il y en a qui fe tai- «
fent , parce qu'ils connoiffent le tems. «

Tant de grands Rois, à qui des paroles
temeraires échapées , ont caufé tant d'inquietude , juftifient cette parole du Sage:
Qui garde fa bouche & fa langue , garde « *Prov.*
fon ame de grands embarras , & de grands «xxj.23.
chagrins. «

Qui mettra un fceau fur mes lévres , & « *Eccli.*
une garde autour de ma bouche , afin que «xxij.33.
ma langue ne me perde point ? «

XVII. PROPOSITION.

Le Prince doit prévoir.

CE n'eft pas affez au Prince de voir , il
faut qu'il prévoye. L'habile homme a « *Prov.*
vû le mal qui le menaçoit , & s'eft mis à « xxij. 3.
couvert : le mal-habile a paffé outre , & a «
fait une grande perte. «

Joüiffez des biens dans les tems heureux; « *Eccli.*
mais donnez-vous garde du tems fâcheux ; « vij. 15.
car le Seigneur a fait l'un & l'autre. «

Il ne faut point avoir une prévoyance

pleine de souci & d'inquietude, qui vous trouble dans la bonne fortnne : mais il faut avoir une prévoyance pleine de précaution qui empêche que la mauvaise fortune ne nous prenne au dépourvû.

Eccli. „ Dans l'abondance souvenez-vous de la
xviij „ famine : pensez à la pauvreté & au besoin
25.26.„ parmi les richesses : le tems change du ma-
„ tin au soir.

II. Reg. Nous avons vû David pour avoir prévû
xv. 20. l'avenir, ruïner le parti d'Absalon, & étouf-
fer la rebellion de Seba dans sa naissance.

Roboam, Amasias, & les autres dont nous avons vû les égaremens, n'ont rien prévû, & sont tombez. Les exemples de l'un & l'autre évenement sont innombrables.

Il n'y a gueres d'homme qui ne soit touché d'un grand mal present, & ne fasse des efforts pour s'en tirer : ainsi toute la sagesse est à prévoir.

L'homme prévoyant prend garde aux petites choses, parce qu'il voit que de cel-
Eccli. „ les-là dépendent les grandes. Qui méprise
xix. 1. „ les petites choses tombera peu à peu.

Dans la plûpart des affaires ce n'est pas tant la chose, que la consequence qui est à craindre : qui n'entend pas cela n'entend rien.

La santé dépend plus des précautions
Eccli. „ que des remedes : Apprenez avant que de
xviij. „ parler ; prenez le remede avant la maladie.
19. 20. Que les particuliers ayent des vûës cour-
tes, cela peut être supportable. Le Prince doit toûjours regarder au loin ; & ne se pas renfermer dans son siecle. La vie de l'hom-

me a des jours contez ; mais les jours " *Eccli.*
d'Ifraël font innombrables.   "xxxvij.

O Prince ! regardez donc la pofterité.   28.
Vous mourrez ; mais vôtre Etat doit être
immortel.

XVIII. PROPOSITION.

Le Prince doit être capable d'inftruire
fes Miniftres.

C'Eft-à-dire, que la raifon doit être dans
la tête. Le Prince habile fait les Miniftres habiles, & les forme fur fes maximes.

C'eft-ce que vouloit dire l'Ecclefiaftique.
Le fage Juge, c'eft-à-dire, le fage Prince, " *Eccli.*
inftruira fon peuple : & le gouvernement "xx. 1.
de l'homme fenfé fera durable. Et encore: "
L'homme fage inftruit fon peuple, & les " *Eccli.*
fruits de la fageffe ne font pas trompeurs. "xxxvij.

L'exemple de Jofaphat également fage,   26.
vaillant, & pieux, nous apprendra ce qu'il
faut faire.

Dans la troifiéme année de fon regne, il " *II Par.*
envoya cinq des Seigneurs de la Cour pour " xvij. 7.
inftruire le peuple dans les villes de Juda, " 8. 9.
& avec eux huit Levites, & deux Prêtres. "
Ils enfeignoient le peuple de Juda, ayant "
en main le Livre de la Loi du Seigneur; & "
ils parcouroient toutes les villes de Juda, "
& ils inftruifoient le peuple.   "

Remarquez toûjours que la Loi du Seigneur étoit la Loi du Royaume, dont le
peuple doit être inftruit; & le Roi prend foin
de l'en faire inftruire. Comme cette Loi
contenoit enfemble les chofes Religieufes,

& Politiques , auſſi pour enſeigner le peuple , il envoya des Prêtres avec des Seigneurs. Mais voyons la ſuite.

Il établit des Juges par toutes les villes
II. Par. „ fortes de Juda , leur diſant : Prenez garde
XIX. 5. „ à ce que vous avez à faire : car ce n'eſt pas
6. 7.   „ le jugement des hommes que vous exercez,
„ mais le jugement du Seigneur : & tout ce
„ que vous jugerez retombera ſur vous. Que
„ la crainte du Seigneur ſoit donc avec vous:
„ & faites tout avec ſoin ; car il n'y a point
„ d'iniquité dans le Seigneur vôtre Dieu , ni
„ d'acception de perſonnes , ni de deſir d'a-
„ voir des preſens.

Outre ces Tribunaux érigez dans les villes de Juda, il érigea un Tribunal plus au-
Ibid. 8. „ guſte dans la capitale du Royaume. Il éta-
9. 10.   „ blit dans Jeruſalem des Levites & des Prê-
„ tres, & les Chefs de Famille pour juger le
„ Jugement du Seigneur, & terminer toutes
„ les cauſes en ſon nom : & il leur dit: Vous
„ ferez ainſi, & ainſi, dans la crainte du Sei-
„ gneur avec fidelité , & d'un cœur parfait.
„ Dans toute cauſe de vos freres qui viendra
„ à vous, où il ſera queſtion de la loi , des
„ commandemens , des ordonnances, & de
„ la juſtice, apprenez-leur à ne point offen-
„ ſer Dieu , de peur que la colere de Dieu
„ ne vienne ſur vous, & ſur eux : En faiſant
„ ainſi , vous ne pecherez pas.

Un Prince habile donne ordre que le
peuple ſoit bien inſtruit des loix ; & lui-
même il inſtruit ſes miniſtres , afin qu'ils
agiſſent ſelon la regle.

ARTICLE II.

Moyens à un Prince d'acquérir les connoif-
fances neceffaires.

I. PROPOSITION.

Premier moyen : Aimer la verité, & dé-
clarer qu'on la veut fçavoir.

NOus avons montré au Prince par la
parole de Dieu , combien il doit être
inftruit , & de combien de chofes : don-
nons-lui les moyens d'acquerir les connoif-
fances neceffaires, en fuivant toûjours cette
divine parole comme nôtre guide.

Le premier moyen qu'a le Prince pour
connoître la verité , eft de l'aimer ardem-
ment , & de témoigner qu'il l'aime : ainfi
elle lui viendra de tous côtez, parce qu'on
croira lui faire plaifir de la lui dire.

Les oifeaux de même efpece s'affemblent, " *Eccli.*
& la verité retourne à celui qui la recher- " xxvij.
che. Les veritables cherchent les veritables : 10.
la verité vient aifément à un efprit difpofé
à la recevoir par l'amour qu'il a pour elle.

Au contraire toute leur cour fera rem-
plie d'erreur, & de flaterie, s'ils font de
l'humeur de ceux : Qui difent aux voyans, " *Ifaïe.* xxx.
ne voyez pas : & à ceux qui regardent, ne " 10.
regardez pas pour nous ce qui eft droit : di- "
tes-nous des chofes agréables , voyez pour "
nous des illufions. "

Peu difent cela de bouche ; beaucoup le

difent de cœur. Le monde eft rempli de
Prov. „ ces infenfez dont parle le Sage : L'infenfé
xviij. 2. „ n'écoute pas les difcours prudens, ni ne
„ prête l'oreille, fi vous ne lui parlez felon
„ fes penfées.

Il ne fuffit pas au Prince de dire en general qu'il veut fçavoir la verité, & de demander comme fit Pilate à nôtre Seigneur :
Joan. „ Qu'eft-ce que la verité? puis s'en aller tout
xviij. à coup fans attendre la réponfe. Il faut &
38. le dire, & le faire de bonne foi.

Les uns s'informent de la verité par maniere d'acquit, & en paffant feulement,
comme il femble que Pilate fit en ce lieu.
Les autres fans fe foucier de la fçavoir s'en
informent par oftentation, & pour fe faire
honneur de cette recherche. Tel étoit Achab
Roi d'Ifraël, dans lequel nous voyons tous
les caracteres de ce dernier genre d'hommes.

III.Reg. „ Au fond il n'aimoit que la flaterie, &
xxij. 8. „ craignoit la verité. C'eft pourquoi : Il haïf-
II. Par. „ foit Michée par cette feule raifon, qu'il ne
xviij. 7. „ lui prophetifoit que des malheurs.

Repris de cette averfion injufte par Jofaphat Roi de Juda, il n'ofe lui refufer d'é-
couter ce Prophete veritable : mais en l'en-
voyant querir par un courtifan flateur, il
lui fit dire fous main, comme nous avons
III.Reg. „ déja vû : Tous les Prophetes annoncent
xxij. 13. „ unanimement au Roi des fuccès heureux,
II Par. „ tenez-lui un même langage.
xviij. 12. Cependant quand il paroît devant Jofaphat, & devant le monde, il fait femblant
III Reg. „ de vouloir fçavoir la verité. Michée, dit
xxij. 15. „ Achab, entreprendrons-nous cette guerre?
16.

Je vous demande encore une fois au nom
de Dieu de ne me dire que la verité.

Mais auffi-tôt que le faint Prophete commence à la lui expliquer, il s'en fâche ; &
à la fin de fon difcours il le fait mettre en
prifon. Ne vous avois-je pas bien dit, qu'il
ne vous prophetiferoit que des malheurs.

C'eft ainfi qu'il parla à Jofaphat, auffi-
tôt prefque que Michée eut ouvert la bouche. Et quand il eut tout dit : Le Roi
d'Ifraël donna cet ordre : Enlevez-moi
Michée, & menez-le au Gouverneur de la
Ville, & à Joas fils d'Amalech ; & dites-
leur : Le Roi commande qu'on mette cet
homme en prifon, & qu'on le nourriffe au
pain & à l'eau en petite quantité, jufqu'à
ce qu'il revienne en paix.

Voilà à quoi aboutit ce beau femblant
que fit Achab de vouloir fçavoir la verité.
Auffi Michée le jugeant indigne de la fçavoir, lui répondit d'abord d'un ton ironi-
que : Allez, tout vous réüffira.

Enfin preffé au nom de Dieu de dire la
verité, le Prophete expofa devant tout le
monde cette terrible vifion : J'ai vû le Seigneur affis dans fon trône, & toute l'armée du Ciel à droit & à gauche. Et le Seigneur dit : Qui trompera Achab Roi d'Ifraël,
afin qu'il affiege Ramoth Galaab, & qu'il
y periffe ? L'un difoit d'une façon, & l'autre d'une autre. Un efprit s'avança au milieu de l'affemblée, & dit au Seigneur : Je
le tromperai. En quoi le tromperas tu, dit
le Seigneur : Et il répondit : Je ferai efprit
menteur dans la bouche de tous les Prophetes. Le Seigneur lui dit : Tu le trom-

« *II. Par.*
«xviij. 14.
15.

«*III. Reg.*
« xxij. 18.

II. Par.
xviij. 17.

«*III. Reg.*
« xxij. 26.
« 27.
« *II. Par.*
« xviij. 25
« 26.
«

III. Reg.
xxij. 15.
II. Par.
xviij. 14.

«*III. Reg.*
« xxij. 19.
« *&c.*
« *II. Par.*
«xviij. 18.
« *&c.*
«
«
«
«
«
«

„ peras, & tu prévaudras : va, & fais com-
„ me tu dis. Maintenant donc, pourfuivit
„ Michée, le Seigneur a mis l'efprit de men-
„ fonge dans la bouche de tous vos Prophe-
„ tes, & il a réfolu vôtre perte.

Qui ne tremblera en voyant de fi terribles jugemens ? Mais qui n'en admirera la
juftice ? Dieu punit par la flaterie les Rois
qui aiment la flaterie : & livre à l'efprit de
menfonge les Rois qui cherchent le menfonge, & de fauffes complaifances.

Achab fut tué ; & Dieu fit voir que qui
cherche à être trompé trouve la tromperie
pour fa perte.

Pfalm.　„ Vous êtes jufte, ô Seigneur ! & tous
cxviij.　„ vos jugemens font droits.
137.

II. PROPOSITION.

Second moyen : Etre attentif, & confideré.

ON a beau avoir la verité devant les
yeux, qui ne les ouvre pas, ne la voit
pas. Ouvrir les yeux à l'ame, c'eft être
attentif.

Eccl.ij.　„ Les yeux du fage font en fa tête ; le fol
14.　„ marche dans les tenebres. On demande à
　„ l'imprudent & au temeraire: Infenfé à quoi
penfiez-vous ? où aviez-vous les yeux ?
Vous ne les aviez pas à la tête, ni devant
vous: vous ne voyiez pas devant vos pieds:
C'eft-à-dire, vous ne penfiez à rien ; vous
n'aviez aucune attention.

C'eft comme fi on n'avoit point d'yeux,
Ifaie　„ ni d'oreille. Ce peuple ne voit pas de fes
vj. 10.　„ yeux, & n'écoute pas des oreilles. Ou

comme traduit faint Paul : Vous écoute- « *Act.*
rez, & n'entendrez pas ; vous verrez, & « xxviij.
ne concevrez pas. « 26.

C'eſt pourquoi le Sage nous dit : Qu'il « *Prov.*
y a un œil qui voit, & une oreille qui écou- « xx. 12.
te : & c'eſt, dit-il, le Seigneur qui fait «
l'un & l'autre. «

Ce don de Dieu n'eſt pas fait pour ceux
qui dorment, & qui ne penſent à rien. Il
faux s'exciter ſoi-même, & conſiderer.
Que vos yeux conſiderent ce qui eſt droit ; « *Prov.*
que vos paupieres précedent vos pas. Dreſ- « iv. 25.
ſez-vous vous-même un chemin, & vos
démarches feront fermes. Regardez avant
que de marcher : ſoyez attentif à ce que
vous faites.

Il ne faut jamais rien précipiter. Où il « *Prov.*
n'y a point d'intelligence, il n'y a point de « xix. 2.
bien : qui ſe précipite, chopera : la folie « 3.
des hommes les fait tomber, & puis ils s'en «
prennent à Dieu dans leur cœur. «

Soyez donc attentif & conſideré en tou- «
tes choſes. Devant que de juger ayez la « *Eccli.*
juſtice devant les yeux : apprenez avant que « xviij.
de parler : prenez la medecine devant la « 19. 20.
maladie : examinez-vous vous-même, avant «
que de prononcer un jugement : & Dieu «
vous fera propice. «

L'attention en tout, c'eſt ce qui nous «
ſauve. Le conſeil & l'attention vous gar- « *Prov. ij.*
deront, la prudence vous ſauvera des mau- « 11.12.
vaiſes voyes : vous ſerez délivré de l'hom- « 13.
me qui parle malicieuſement, qui laiſſe le «
droit chemin, & marche par des voyes te- «
nebreuſes. «

Au mileu des déguiſemens, & des arti-

fices qui regnent parmi les hommes ; il n'y
a que l'attention & la vigilance , qui nous
puisse sauver des surprises.

Qui considere les hommes attentivement,
y est rarement trompé. Jacob connut au
visage de Laban , que les dispositions de
Genes. „ son cœur étoient changées. Il vit que le
xxxj. 2.„ visage de Laban étoit autre qu'à l'accoûtu-
5.   „ mée. Et sur cela il prit la résolution de se
„ retirer.

Eccli. „   Car comme dit l'Ecclesiastique selon les
xviij. „ Septantes : On connoît les desseins de ven-
24.   „ geance dans le changement du visage. Et
Eccli. „ encore : Le cœur de l'homme change son
xiij.31. „ visage , soit pour le bien, soit pour le mal.
Mais cela n'est pas aisé à découvrir , il
Ib. 32.„ y faut une grande application. On trouve
„ difficilement & avec travail les vestiges d'un
„ cœur bien disposé , & un bon visage.

Que le Prince considere donc attentivement toutes choses : mais sur tout qu'il
considere attentivement les hommes. La
nature a imprimé sur le dehors une image
Eccli. „ du dedans. L'homme se connoît à la vûe :
xix.26„ on remarque un homme sensé à la rencon-
27.   „ tre : l'habit, le ris , la démarche décou-
„ vrent l'homme.

Il ne faut pourtant pas en croire les premieres impressions. Il y a des apparences
trompeuses : il y a de profondes dissimula-
tions. Le plus sûr est d'observer tout : mais
Matth.„ de n'en croire que les œuvres. Vous les
vij.16. „ connoîtrez par leurs fruits , c'est-à-dire,
20.   „ par leurs œuvres , dit la Verité même. Et
Matth.„ ailleurs : L'arbre se connoît par son fruit.
xij. 33.   Encore faut-il prendre garde à ce que

dit l'Ecclefiaftique. Il y en a qui manquent, "" Eccli.
mais ce n'eft pas de deffein. Qui ne peche "" xix. 16.
point dans fes paroles ! Comme s'il difoit : "" 17.
Ne prenez pas garde à quelque parole , &
à quelque faute qui échape. C'eft en regardant la fuite des paroles , & des actions,
que vous porterez un jugement droit.

Il n'y a rien de moins attentif, ni de moins
confideré que les enfans. Le Sage nous veut
tirer de cet état, & nous rendre plus fe-
rieux, quand il nous dit : Laiffez l'enfan- "" Prov.
ce ; & vivez & marchez par les voyes de "" ix. 6,
la prudence. ""

L'homme qui n'eft point attentif, tombe dans l'un de ces deux défauts : ou il eft
égaré, ou il eft comme affoupi dans une
profonde létargie. Le premier de ces défauts fait les étourdis ; l'autre fait les ftu-
pides ; états qui pouffez à un certain point
font deux efpeces de folie.

Voici en deux paroles deux tableaux qui
font faits de la main du Sage. La fageffe "" Prov.
reluit fur le vifage de l'homme fenfé : les "" xvij.
yeux du fol regardent aux extremitez de la "" 24.
terre. ""

Voyez comme l'un eft pofé : l'autre pendant qu'on lui parle, jette deçà & de là fes
regards inconfiderez : fon efprit eft loin de
vous ; il ne vous écoute pas ; il ne s'é-
coute pas lui-même : il n'a rien de fuivi;
& fes regards égarez font voir combien fes
penfées font vagues.

Mais voici un autre caractere qui n'eft
pas moins mauvais, ni moins vivement re-
prefenté. C'eft parler avec un homme en- "" Eccli.
dormi, que de difcourir avec l'infenfé, qui "" xxij 9.

„ à la fin du difcours demande : De quoi
„ parle-t'on ?

Que ce fommeil eſt frequent parmi les
hommes ? Qu'il y en a peu qui foient attentifs ; & auffi qu'il y a peu de fages? C'eſt
pourquoi JESUS-CHRIST trouvant tout le
genre humain affoupi , le réveille par cette
Matth.„ parole qu'il repete fi fouvent : Veillez ,
vj. 2. „ foyez attentifs , penfez à vous-mêmes.
xxiv.42 „ Voyez, veillez, priez. Veillez encore
43.xxv.„ une fois. Et ce que je vous dis , je le dis
13.xxvj.„ à tous, veillez. Vous ne fçavez pas à quelle
38.41. „ heure viendra le voleur.
*Luc.*xvij Qui ne veille pas eſt toûjours furpris.
3. xxj. Quelle erreur au Prince qui veut autour de
34. lui des fentinelles qui veillent : & qui laiffe
Marc. dormir en lui-même fon attention , fans
xiij. 33. laquelle il n'y a nulle garde qui foit fûre.
35. 37. Le Prince eſt lui-même une fentinelle
établie pour garder fon Etat : Il doit veil-
*If.*lvj. „ ler plus que tous les autres. Peuple mal-
10.11. „ heureux ! Tes Sentinelles , (tes Princes,
12. „ tes Magiſtrats, tes Pontifes, en un mot
„ tous tes Paſteurs qui doivent veiller à ta
„ conduite.) Tes Sentinelles, dis-je, font
„ tous aveugles ; ils font tous ignorans ; chiens
„ muets qui ne fçavent point japper : ils ne
„ voyent que des chofes vaines : ils dorment,
„ ils aiment les fonges : ce font des chiens
„ imprudens, & infatiables. Les Paſteurs mê-
„ mes n'entendent rien : chacun fonge à fon
„ interêt : chacun fuit fon avarice, depuis le
„ premier jufqu'au dernier. Venez, difent-
„ ils, bûvons, enivrons-nous ; il fera de-
„ main comme aujourd'hui , & cela durera
„ longtems.

Voilà

Voilà le langage de ceux qui croyent que les affaires se font toutes seules , & que ce qui a duré, durera de lui-même sans qu'on y pense. Vient cependant tout à coup le moment fatal. Mané , Thecel , Pharez. " *Dan. v.* Dieu a compté les jours de ton regne , & " 25. 26. le nombre en est complet. Tu as été mis " *&c.* dans la balance , & tu as été trouvé leger. " Ton Royaume a été divisé, & il a été don- " né aux Medes & aux Perses. Et la même " nuit Baltazar , Roi des Chaldéens, fut tué, " & Darius le Mede eut son Royaume. "

III. PROPOSITION.

Troisiéme moyen : Prendre conseil , & donner toute liberté à ses Conseillers.

NE soyez point sage en vous-même. " *Prov.* Ne croyez pas que vos yeux vous suffi- " iij. 7. sent pour tout voir.

La voye de l'insensé est droite à ses yeux. (Il croit toûjours avoir raison.) Le sage " *Prov.* écoute conseil. " xij. 15.

Un Prince présomptueux, qui n'écoute pas conseil , & n'en croit que ses propres pensées , devient intraitable , cruel , & furieux. Il vaut mieux rencontrer une Ourse " *Prov.* à qui on enleve ses petits, qu'un fol qui se " xvij.12. confie dans sa folie. "

Le fol qui se confie dans sa folie , & le présomptueux qui ne trouve bon que ce qu'il pense , est déja défini par ces paroles du Sage : Le fol n'écoute pas les discours " *Prov.* prudens, si vous ne lui parlez selon sa pensée. " xviij 2.

Qu'il est beau d'entendre parler ainsi Sa-

lomon, le plus sage Roi qui fut jamais !
Qu'il se montre vrayement sage, en re-
connoissant que sa sagesse ne lui suffit pas.

Aussi voyons-nous, qu'en demandant à
Dieu la sagesse, il demande un cœur docile. Donnez, dit-il, ô mon Dieu ! à vôtre
serviteur un cœur docile : (un cœur capable de conseil, point superbe, point prévenu, point aheurté;) afin qu'il puisse gouverner vôtre peuple. Qui est incapable de
conseil, est incapable de gouvernement.

Avoir le cœur docile, c'est n'être point
entêté de ses pensées ; c'est être capable
d'entrer dans celles des autres, selon cette
parole de l'Ecclesiastique : Soyez avec les
vieillards prudens, & unissez-vous de tout
vôtre cœur à leur sagesse.

Ainsi faisoit David. Nous avons vû combien il étoit prudent : nous le voyons aussi
écoutant toûjours, & entrant dans la pensée des autres, point aheurté à la sienne.
Il écoute avec patience cette femme sage
de la ville de Thecué, qui osa bien lui venir parler des plus grandes affaires de son
Etat, & de sa Famille. Qu'il me soit permis, dit-elle, de parler au Roi Monseigneur : Et il lui dit, parlez. Elle poursui-
vit : Pourquoi le Roi Monseigneur offen-
se-t'il le peuple de Dieu ? & pourquoi fait-
il cette faute de ne vouloir pas rappeller
Absalon qu'il a chassé ? David l'écouta pai-
siblement, & trouva qu'elle avoit raison.

Quand Absalon abusant de la bonté de
David eut peri dans sa rebellion, ce bon
Pere s'abandonnoit à la douleur. Joab lui
vint representer, de quelle consequence il

lui étoit de ne point témoigner tant d'affliction de la mort de ce rebelle. Vous avez, «*II. Reg.*
dit-il , couvert de confufion les vifages de «xix. 5.
vos fidelles ferviteurs qui ont expofé leur «*&c.*
vie pour vôtre falut , & de toute vôtre fa- «
mille : vous aimez ceux qui vous haïffent, «
& vous haïffez ceux qui vous aiment : vous «
nous faites bien paroître que vous ne vous «
fouciez pas de vos capitaines , ni de vos «
ferviteurs : & je voi bien que fi Abfalon vi- «
voit, & que nous fuffions tous perdus, vous «
en auriez de la joye. Levez-vous donc , «
paroiffez , & contentez vos ferviteurs par «
des paroles honnêtes : finon je vous jure «
en verité , qu'il ne demeurera pas un feul «
homme auprès de vous; & le mal qui vous «
arrivera fera le plus grand de tous ceux que «
vous avez jamais éprouvez depuis vôtre pre- «
miere jeuneffe jufqu'à prefent. «

David tout occupé qu'il étoit de fa douleur, entre dans la penfée d'un homme qui
en apparence le traitoit mal , mais qui en
effet le confeilloit bien : & en le croyant il
fauva l'Etat.

C'eft donc en prenant confeil , & en
donnant toute liberté à fes Confeillers ,
qu'on découvre la verité, & qu'on acquiert
la veritable fageffe. Moi, Sageffe, j'ai ma «*Prov.*
demeure dans le Confeil , & je me trouve «viij.12.
au milieu des déliberations fenfées. Et en- «
core : La guerre fe fait par adreffe , & le «*Prov.*
falut eft dans la multitude des confeils. «xxiv.6.

C'eft là que fe trouvent avec abondance
les expédiens. La fcience du Sage eft une «*Eccli.*
inondation , & fon confeil eft une fource «xxj 16.
inépuifable. «

Eccli. „   C'eſt pourquoi : Le commencement de
xxxvij. „ tout ouvrage eſt la parole, & le conſeil
20. „ doit marcher avant toutes les actions.

Prov. „   Où il n'y a point de Conſeil les penſées
xv. 22. „ ſe diſſipent ; où il y a pluſieurs Conſeillers
„ elles ſe confirment.

Eccli. „   Mon fils, ne faites rien ſans Conſeil, &
xxxij. „ vous ne vous repentirez point de vos en-
24. „ trepriſes.

Outre que les choſes ordinairement réüſſiſſent par les bons conſeils, on a cette
conſolation qu'on ne s'impute rien quand
on les a pris.

C'eſt une choſe admirable de voir ce que
deviennent les petites choſes conduites par
les bons conſeils. Mathatias n'avoit à op-
poſer que ſa famille & un petit nombre de
ſes amis à la puiſſance redoutable d'Antiochus Roi de Sirie, qui opprimoit la Judée.
Mais parce qu'il regle d'abord les affaires
& les conſeils, il poſe les fondemens de
1. Mach. „ la délivrance du peuple. Simon vôtre frere
ij. 65. „ eſt homme de conſeil : Ecoûtez-le en tout,
66. „ & il ſera vôtre pere. Judas homme de guerre
„ commandera les troupes, & fera la guerre
„ pour le peuple. Vous attirerez avec vous
„ ceux qui ſont zelez pour la loi de Dieu.
„ Combattez, & deffendez vôtre peuple. Un
bon deſſein, un bon conſeil, un bon capitaine pour executer, eſt un moyen aſſuré
d'attirer du monde dans le parti. Voilà un
gouvernement reglé, & un petit commencement d'une grande choſe.

IV. PROPOSITION.

Quatriéme moyen : Choisir son Conseil.

NE découvrez pas vôtre cœur à tout le « *Eccli.*
monde. Et encore : Que plusieurs per- «viij. 22.
sonnes soient bien avec vous ; mais choi- « *Ibid.*
sissez pour Conseiller un entre mille. « vj. 6.

C'est pourquoi les Conseils doivent être
réduits à peu de personnes. Les Rois de
Perse n'avoient que sept Conseillers, ou
sept principaux Ministres. Nous avons vû : « *Esther.*
Qu'ils étoient toûjours auprès du Roi, & « j. 13.
qu'il faisoit tout par leur conseil. «

David en avoit encore moins. Jonatham « *I. Par.*
oncle de David, homme sage & sçavant, « xxvij.
étoit son Conseiller. Lui & Jahiel, fils de « 32.33.
Hachamoni étoient avec les enfans du Roi. « 34.
Achitophel étoit aussi conseiller du Roi, & «
Chusai étoit son principal ami. Après Achi- «
tophel Joïadas fils de Banaïas, & Abiathar «
furent appellez aux conseils. Joab avoit le «
commandement des armées. Et c'étoit «
avec lui que David traitoit des affaires de «
la guerre. «

Il faut donc plusieurs Conseillers ; car
ils s'éclairent l'un l'autre, & un seul ne
peut pas tout voir : mais il se faut reduire
à un petit nombre.

Premierement, parce que l'ame des Con- « *Judith.*
seils est le secret. Nabuchodonosor assem- « xj. 2.
bla les Senateurs & les Capitaines, & tint «
avec eux le secret de son Conseil. «

C'est un Ange qui dit à Tobie : Il est « *Tob.* xij.
bon de cacher le secret du Roi : mais il est « 7.
bon de découvrir les œuvres de Dieu. «

Le conseil des Rois est un mystere ; leur secret qui regarde le salut de tout l'Etat a quelque chose de religieux & de sacré, aussibien que leur personne , & leur ministere. C'est pourquoi l'interprête latin a traduit secret par le mot de mystere , & de sacrement ; pour nous montrer combien le secret des conseils du Prince doit être religieusement gardé.

Au reste quand l'Ange dit : Qu'il est bon de cacher le secret du Roi ; mais qu'il est bon de découvrir les œuvres de Dieu. C'est que les conseils des Rois peuvent être détournez étant découverts ; mais la puissance de Dieu ne trouve point d'obstacle à ses desseins ; & Dieu ne les cache point par crainte, ou par précaution ; mais parce que les hommes ne sont pas dignes de les sçavoir , ni capables de les porter.

Que le conseil du Prince soit donc secret ; & pour cela qu'il soit entre très-peu de personnes. Car les paroles échapent aisément, & passent trop rapidement d'une bouche à l'autre. Ne tenez point conseil avec le fol qui ne sçaura pas cacher vôtre secret.

Eccli. „
viij.20. „
sec. 70.

Une autre raison oblige le Prince à reduire son conseil à peu de personnes : c'est que le nombre de ceux qui sont capables d'une telle charge est rare.

Il y faut premierement une sagesse profonde , chose rare parmi les hommes : une sagesse qui pénetre les secrets desseins , & qui deterre , pour ainsi dire ce qu'il y a de

Prov. „
xx. 5. „

plus caché. Les desseins qu'un homme forme dans son cœur sont un abîme profond ; un homme sage les épuisera.

Cet homme fage ne fe trouve pas aifément. Mais je ne fçai s'il n'eft pas encore
plus rare, & plus difficile de trouver des
hommes fidéles. Heureux qui a trouvé un   *Eccli.*
veritable ami. Et encore : Un ami fidéle   *xxv. 12.*
eft une défenfe invincible ; qui l'a trouvé,   *Eccli.*vj.
a trouvé un tréfor : rien ne lui peut être   *14. 15.*
comparé ; l'or & l'argent ne font rien au
prix de fa fidélité.

La difficulté eft de connoître ces vrais
& ces fages amis. Il y a des hommes rufez   *Eccli.*
qui confeillent les autres, & ne peuvent   *xxxvij.*
pas fe fervir eux-mêmes : Il y a des raffi-   *21.*
neurs qui fe rendent odieux à tout le mon-   *Ibid. 23.*
de. Il y en a qui font fages pour eux-mê-   *Ibid. 25.*
mes, & les fruits de leur fageffe font fidéles dans leur bouche. C'eft-à-dire, leurs
confeils font falutaires.

Pour les faux amis, ils font inombra-
bles. Tout ami dit : je fuis bon ami : mais   *Ibid. 1.*
il y a des amis qui ne font amis que de nom.   *2.3.4.5.*
N'eft-ce pas dequoi s'affliger jufqu'à la
mort quand on voit qu'un ami devient ennemi ? O malheureufe penfée ! pourquoi
viens-tu couvrir toute la terre de tromperie? Il y a des amis de plaifir qui nous quit-
tent dans l'affliction. Il y a des amis de table & de bonne chere ; ce font des lâches
qui abandonneront leur bouclier dans le
combat. Et encore : Il y a des amis qui   *Eccli.*vj.
cherchent leur temps & leurs interêts, ils   *8. 9. 10.*
vous quitteront dans la mauvaife fortune: *11. 12.*
Il y a des amis qui découvriront les paroles d'emportement qui vous feront échapées dans vôtre colere. Il y a des amis de
table que vous ne trouverez pas dans le be-

„ foin : Dans la profperité un tel ami fera
„ comme un autre vous-même , & il agira
„ hardiment dans vôtre maifon : Si vous tom-
„ bez, il fe mettra contre vous, & fe retirera.

Parmi tant de faux fages , & de faux amis, il faut faire un choix prudent, & ne fe fier qu'à peu de perfonnes.

Il n'y a point de plus feur lien d'amitié,
Eccli. „ que la crainte de Dieu. Celui qui craint
vj. 17. „ Dieu, fera ami fidéle; & fon ami fera comme lui-même. Et de là vient le fage con-
Eccli. „ feil : Ayez toûjours avec vous un homme
xxxvij. „ faint, que vous connoîtrez craignant Dieu,
15. 16. „ dont l'ame s'accorde avec la vôtre , & qui
„ compatiffe à vos fecrets défauts.

Prenez garde dans tous ces préceptes , que le Sage vous marque toûjours un choix exquis : & qu'il faut fe renfermer dans le petit nombre.

Mais il faut fur tout confulter Dieu. Qui a Dieu pour ami , Dieu lui donnera des
Eccli. „ amis. Un ami fidéle eft un remede pour
vj. 16. „ nous affurer la vie & l'immortalité. Ceux
„ qui craignent Dieu , le trouveront.

V. PROPOSITION.

Cinquiéme moyen: Ecouter & s'informer.

Autres font les perfonnes qu'il faut confulter ordinairement dans fes af-faires : autres celles qu'il faut écouter.

Le Prince doit tenir confeil avec très-peu de perfonnes. Mais il ne doit pas ren-fermer dans ce petit nombre tous ceux qu'il écoute : autrement s'il arrivoit qu'il y eût

de juftes plaintes contre fes confeillers, ou
des chofes qu'ils ne fçûffent pas, ou qu'ils
refoluffent de lui taire , il n'en fçauroit jamais rien.

Nous avons vû David écouter fur des
affaires importantes jufqu'à une femme, &
fuivre fes confeils : tant il aimoit la raifon
& la verité de quelque côté qu'elle lui vint.

Il faut que le Prince écoute & s'informe
de toutes parts s'il la veut fçavoir. Ce font
deux chofes : Il faut qu'il écoute , & remarque ce qui vient à lui ; & qu'il s'informe avec foin de tout ce qui n'y vient pas
affez clairement. Si vous prêtez l'oreille, « *Eccli.*
vous ferez inftruit ; fi vous aimez à écou- « vj. 3. 4.
ter , vous ferez fage.   «

Après tant d'inftructions tirées des Auteurs facrez , ne refufons pas d'écouter un
Prince infidéle ; mais habile & grand politique. C'eft Diocletien qui difoit : Il n'y a « *Flavius*
rien de plus difficile que de bien gouverner : « *Vop Au-*
quatre ou cinq hommes s'uniffent , & fe « *reli.*
concertent pour tromper l'Empereur. Lui «
qui eft enfermé dans fes cabinets ne fçait «
pas la verité. Il ne peut fçavoir que ce que «
lui difent ces quatre ou cinq hommes qui «
l'approchent. Il met dans les charges, des «
hommes incapables. Il en éloigne les gens «
de mérite. C'eft ainfi , difoit ce Prince, «
qu'un bon Empereur , un Empereur vigi- «
lant , & qui prend garde à lui , eft vendu. «
Bonus, cautus, optimus venditur Imperator. «

Oüi fans doute , quand il n'écoute que
peu de perfonnes, & ne daigne pas s'informer de ce qui fe paffe.

VI. PROPOSITION.

Sixiéme moyen : Prendre garde à qui on croit , & punir les faux rapports.

D Ans cette facilité de recevoir des avis de plusieurs endroits : Il faut craindre : Premierement, que le Prince ne se rabaisse en écoutant des personnes indignes. Cette femme que David écouta si tranquillement, étoit une femme sage, & connuë pour telle. L'Ecclesiastique qui recommande tant d'écouter, veut que ceux qu'on écoute, soient des vieillards honorables , & des hommes sensez. Soyez avec les sages vieillards , & unissez vôtre cœur à leurs sages pensées : „ Si vous voyez un homme sensé , frequentez souvent sa maison , ou l'appellez dans „ la vôtre.

II. Reg. xiv. 2.

Eccli. vj. 35. 36.

Secondement : Il faut craindre que le Prince , qui écoute trop , ne se charge de faux avis , & ne se laisse surprendre aux mauvais rapports.

Qui croit aisément , a le cœur leger , & se dégrade lui même.

Eccli. xix. 4.

Ne croyez donc pas à toute parole. Pesez tout dans une juste balance. Comptez, & pesez : dit l'Ecclesiastique.

Ibid. 16.

Eccli. xlij. 7.

Il faut entendre, & non pas croire : c'est-à-dire, peser les raisons, & non pas croire le premier venu sur sa parole : Le simple croit tout ce qu'on lui dit , le sage entend ses voyes.

Prov. xiv. 15.

Salomon qui parle ainsi , avoit profité de ce sage avis du Roi son pere : Prenez garde que vous entendiez tout ce que vous

III Reg. ij. 3.

faites, & de quel côté vous aurez à vous tourner. Comme s'il difoit : Tournez-vous de plus d'un côté, car la verité veut être cherchée en plufieurs endroits : les affaires humaines veulent être auffi tentées par divers moyens : mais de quelque côté que vous vous tourniez, tournez-vous avec connoiffance, & ne croyez pas fans raifon.

Sur tout prenez garde aux fages raports. Le Prince qui prend plaifir à écouter les menfonges, n'a que des méchans pour fes Miniftres. « *Prov.* « xxix. 12. «

On jugera de vous par les perfonnes à qui vous croyez. Le méchant écoute la méchante langue ; le trompeur écoute les lévres trompeufes. « *Prov.* « xvij. 4. «

Plûtôt un voleur, dit le Sage, que la converfation du menteur. Le menteur vous dérobe par fes artifices le plus grand de tous les tréfors, qui eft la connoiffance de la verité ; fans quoi vous ne fçauriez faire juftice, ni aucun bon choix, ni en un mot aucun bien. « *Eccli.* « xx. 27.

Prenez garde que le menteur qui a éguifé fa langue, & préparé fon difcours pour couper la gorge à quelqu'un, ne manque pas de couvrir fes mauvais deffeins fous une apparence de zéle. Miphibofeth, fils de Jonathas, zelé pour David, eft trahi par Siba fon ferviteur ; qui voulant le perdre pour avoir fes biens, vient au-devant de David avec des rafraîchiffemens pendant qu'il fuyoit devant Abfalon. Où eft le fils de vôtre Maître ? lui dit David : Il eft demeuré, répondit le traître, à Jerufalem ; difant : Que Dieu lui rendroit le Royaume de fon pere. *II. Reg.* xvj. 1. 2. " *Ibid.* 3. " " " "

Voilà comme on prépare la voye aux calomnies les plus noires par une demonſtration de zele.

La malice prend quelquefois d'autres couvertures. Elle fait la ſimple & la ſincere. Les paroles du fourbe paroiſſent ſimples , mais elles percent le cœur.

Prov. „
xviij. 8. „

Elle fait auſſi la plaiſante , & s'inſinuë par des mocqueries. Mais de-là naiſſent des querelles dangereuſes : Chaſſez le mocqueur : les querelles , les procez , & les injuſtices ſe retireront avec lui.

Prov. „
xxij. 10. „

En quelque forme que la médiſance paroiſſe , craignez-la comme un ſerpent. Si la couleuvre mord en ſecret , le médiſant qui ſe cache n'a rien de moins odieux.

Eccli. „
x. 11. „

Le remede ſouverain contre les faux raports , eſt de les punir. Si vous voulez ſçavoir la verité , ô Prince ! Qu'on ne vous mente pas impunément. Nul ne manque plus de reſpect pour vous , que celui qui oſe porter des menſonges & des calomnies à vos oreilles ſacrées.

On ne ment pas aiſément à celui qui ſçait s'informer, & punir ceux qui le trompent.

La punition que je vous demande pour les faux raports ; c'eſt d'ôter toute croyance à ceux qui les font , & de les chaſſer d'auprès de vous. Eloignez la mauvaiſe langue ; ne laiſſez point approcher les lévres médiſantes.

Prov. „
iv. 24. „

Ecouter les médiſans, ou ſeulement les ſouffrir ; c'eſt participer à leur crime. N'ayez rien à démêler avec le diſcoureur , & ne jettez point de bois dans ſon feu. N'entre

Eccli. „
viij. 4. „

tenez point les médisances en les écoutant, «
& en les souffrant. Et encore : N'allumez « *Ibid.* 18.
point le feu du pecheur , de peur que sa « *sec.* 70.
flamme ne vous devore. «

Ce n'est pas seulement les médisances qui
sont à craindre ; les fausses loüanges ne sont
pas moins dangereuses , & les traîtres qui
vendent les Princes ont des gens apostez
pour se faire loüer devant eux. Toutes les
malices auprès des grands se font sous pretexte de zele. Tobie l'Ammonite qui vouloit perdre Nehemias , lui faisoit donner
des avis en apparence importants : Il y a « *II. Esd.*
des desseins contre vôtre vie ; ils vous veu- « vj. 10.
lent tuer cette nuit : entendez-vous avec «
moi ; tenons conseil dans le temple au lieu «
le plus retiré : Et je compris , dit Nehe- « *Ibid.* 12.
mias , que Semaïas étoit gagné par Tobie «
& Sanaballat. Tobie entretenoit de secrets « *Ibid.* 17.
commerces dans la Judée; il avoit plusieurs « 18. 19.
grands dans ses interêts , qui le loüoient «
devant moi, & lui rapportoient toutes mes «
paroles. «

O Dieu ! comment se sauver parmi tant
de pieges , si on ne sçait se garder des discours artificieux, & parler avec precaution?
Mettez une haye d'épines autour de vos « *Eccli.*
oreilles, n'y laissez pas entrer toute sorte « xxviij.
de discours : n'écoutez pas la mauvaise lan- « 28. 29.
gue : faites une porte, & une serrure à vô- «
tre bouche : pesez toutes vos paroles. «

O Prince ! sans ces précautions vos affaires pourront souffrir : mais quand vôtre
puissance vous sauveroit de ces maux, c'est
pour vous le plus grand de tous les maux
de faire souffrir les innocens , contre qui

les méchantes langues , vous auront irrité.

Pſal. c.,„ Qu'il eſt beau d'entendre David chanter
„ ſur ſa lyre : J'étois dans ma maiſon avec
„ un cœur ſimple ; je ne me propoſois point
„ de mauvais deſſeins ; je haïſſois les eſprits
„ artificieux. Le cœur malin ne trouvoit point
„ d'accez auprès de moi : je perſecutois celui
„ qui médiſoit en ſecret contre ſon prochain;
„ je ne pouvois vivre avec le ſuperbe & le
„ hautain ; mes yeux ſe tournoient vers les
„ gens de bien pour les faire demeurer avec
„ moi. Celui qui vit ſans reproche étoit le
„ ſeul que je jugeois digne de me ſervir ; le
„ menteur ne me plaiſoit pas. Dès le matin
„ je penſois à exterminer les impies, & je ne
„ pouvois ſouffrir les méchans dans la Cité
„ de mon Dieu.

La belle cour où l'on voit tant de ſimplicité, & tant d'innocence ; & tout enſemble tant de courage, tant d'habileté, &
tant de ſageſſe !

VII. PROPOSITION.

*Septiéme moyen : Conſulter les tems paſſez,
& ſes propres experiences.*

EN toutes choſes le tems eſt un excellent conſeiller. Le tems découvre les
ſecrets : le tems fait naître les occaſions:
le tems confirme les bons conſeils.

Sur tout qui veut bien juger de l'avenir,
doit conſulter les tems paſſez.

Si vous voulez ſçavoir ce qui fera du bien
& du mal aux ſiécles futurs, regardez ce
qui en a fait aux ſiécles paſſez. Il n'y a rien

de meilleur que les chofes éprouvées. N'ou-
trepaffez point les bornes pofées par vos
Ancêtres. Gardez les anciennes maximes
fur lefquelles la Monarchie a été fondée,
& s'eft foûtenuë.

Imitez les Rois de Perfe qui avoient toû-
jours auprès d'eux : Ces fages Confeillers
inftruits des loix, & des maximes anciennes.

De là les regiftres de ces Rois, & les
annales és fiécles paffez qu'Affuerus fe fai-
foit apporter pendant la nuit, quand il ne
pouvoit dormir.

Toutes les anciennes Monarchies, cel-
les des Egyptiens, celle des Hebreux, te-
noient de pareils regiftres. Les Romains
les ont imitez. Tous les peuples enfin qui
ont voulu avoir des confeils fuivis, ont
marqué foigneufement les chofes paffées
pour les confulter dans le befoin.

Qu'eft-ce qui fera? Ce qui a été. Qu'eft-
ce qui a été fait? Ce qu'on fera. Rien n'eft
nouveau fous le Soleil, & perfonne ne peut
dire : Cela n'a jamais été vû ; car il a déja
précedé dans les fiécles qui font devant
nous.

C'eft pourquoi, comme il eft écrit dans
la Sageffe : Qui fçait le paffé, peut conjec-
turer l'avenir.

L'infenfé ne met point de fin à fes dif-
cours ; l'homme ne fçait pas ce qui a été
devant lui ; qui lui pourra découvrir ce qui
viendra après?

N'écoutez pas les vains, & infinis rai-
fonnemens, qui ne font pas fondez fur l'ex-
perience. Il n'y a que le paffé qui puiffe
vous apprendre, & vous garentir l'avenir.

" *Prov.*
xxij. z 8.

" *Eft.* j.
" 1 3.
Eft. vj.
1.

" *Eccl.* j.
" 9. 10.
"
"
"
"

" *Sap.* viij.
" 8.

" *Eccl.* x.
" 14.
"
"

De-là vient que l'Ecriture appelle toûjours aux conseils les vieillards experimentez. Les passages en sont innombrables. En

Eccli. „ voici un digne de remarque. Ne vous éloi-
viij.11. „ gnez point du sentiment des vieillards; écou-
12. „ tez ce qu'ils vous racontent ; car ils l'ont
„ appris de leurs peres. Vous trouverez l'in-
„ telligence dans leurs conseils , & vous ap-
„ prendrez à répondre comme le besoin des
„ affaires le demandera.

Job déplorant l'ignorance humaine, nous
fait voir que s'il y a parmi nous quelque
étincelle de sagesse, c'est dans les vieillards

Job. „ qu'elle se trouve. Où reside la sagesse, dit-
xxviij. „ il , & d'où nous vient l'intelligence ? Elle
20. 21. „ est cachée aux yeux de tous les vivans ; elle
21. „ est même inconnuë aux oiseaux du ciel.
(C'est-à-dire, aux esprits les plus élevez.)
„ La mort , & la corruption ont dit : Nous
„ en avons oüi quelque bruit. Les vieillards
experimentez qn'un grand âge approche du
tombeau , en ont oüi dire quelque chose.

Job avoit dit la même chose en d'autres
*Job.*xij. „ paroles : La sagesse est dans les vieillards,
12. „ & la prudence vient avec le tems.

C'est donc par l'experience que les esprits
Eccl. x. „ se raffinent. Comme le fer émoussé s'éguise
10. „ avec grand travail , ainsi la sagesse suit le
„ travail , & l'application.

*Prov.*ix. „ Employez le sage, & vous augmenterez
9. „ sa sagesse. L'usage & l'experience le for-
„ tifiera.

Par l'experience , on profite même de
Eccli. „ ses fautes. Qui n'a point été éprouvé, que
xxxiv 9.„ sçait-il? L'homme qui a beaucoup vû, pen-
10.11.12.„ sera beaucoup : qui a beaucoup appris, rai-
*vers*70. son-

fonnera bien. Qui n'a point d'expérience, «
fçait peu de chofe. Celui qui a été trompé, «
fe raffine, & met le comble à fa fageffe. «
J'ai beaucoup appris dans mes fautes & dans «
mes voyages : l'intelligence que j'y ai ac- «
quife, a paffé tous mes raifonnemens : je «
me fuis trouvé dans de grands perils, & mes «
experiences m'ont fauvé.   «

C'eft ainfi que la fageffe fe forme : nos fautes mêmes nous éclairent, & qui fçait en profiter, eft affez fçavant.

Travaillez donc, ô Prince! à vous remplir de fageffe. L'experience toute feule vous la donnera, pourvû que vous foyez attentif à ce qui fe paffera devant vos yeux. Mais appliquez-vous de bonne heure : Autrement vous vous trouverez auffi peu avancé dans un grand âge, que vous l'avez été dans vôtre enfance.

Penfez-vous trouver dans vôtre vieilleffe « *Eccli.* ce que vous n'aurez point amaffé dans vô- « xxv. 5. tre jeune âge ?   «

Laiffez l'enfance, & vivez : & marchez « *Prov.* par les voyes de la prudence.   « ix. 6.

VIII. PROPOSITION.

Huitiéme moyen : S'accoûtumer à fe re-
foudre par foi-même.

IL y a ici deux chofes. La premiere, qu'il faut fçavoir fe refoudre. La feconde, qu'il faut fçavoir fe refoudre par foi-même. C'eft à ces deux chofes qu'il fe faut accoûtumer de bonne heure.

Il faut donc premierement fçavoir fe re-

foudre. Ecouter, s'informer, prendre confeil, choifir fon confeil, & toutes les autres chofes que nous avons vûës, ne font
que pour celles-ci : c'eft-à-dire, pour fe
refoudre.

Il ne faut donc point être de ceux qui à
force d'écouter, de chercher, de déliberer,
fe confondent dans leurs penfées, & ne
fçavent à quoi fe déterminer : gens de grandes déliberations & de grandes propofitions,
mais de nulle execution. A la fin tout leur
manquera.

Prov. „ Où il y a beaucoup de difcours, beau-
xiv. 23. „ coup de propofitions, des raifonnemens in-
. „ finis, la pauvreté y fera. L'abondance eft
dans l'ouvrage. Il faut conclure & agir.

Eccli. „ Ne foyez pas prompt à parler, & lan-
iv. 34. „ guiffant à faire. Ne foyez point de ces dif-
coureurs qui ont à la bouche de belles maximes, dont ils ne fçavent pas faire l'application : & de beaux raifonnemens politiques, dont ils ne font aucun ufage. Prenez vôtre parti, & tournez-vous à l'action.

Eccli. „ Ne foyez donc point trop jufte, ni trop
vij. 17. „ fage, de peur qu'à la fin vous ne foyez
„ comme un ftupide. Immobile dans l'action,
„ incapable de prendre un deffein.

Cet homme trop jufte & trop fage, eft
un homme qui par foibleffe, & pour ne
pouvoir fe refoudre, fait fcrupule de tout,
& trouve des difficultez infinies en toutes
chofes.

Il y a un certain fens droit, qui fait qu'on
Ibid. 30. prend fon parti nettement. Dieu a fait
l'homme droit, & il s'eft embarraffé de
queftions infinies. Il refte à nôtre nature

même après fa chûte quelque chofe de cette droiture : c'eſt par là qu'il faut fe refoudre, & ne point toûjours s'abandonner à de nouveaux doutes.

Qui obferve le vent, ne femera point; " *Eccli.* qui confidere les nuées, ne fera jamais fa " *xj.* 4. moiffon. Qui veut trop s'aſſurer, & trop " prévoir, ne fera rien.

Il n'eſt pas donné aux hommes de trouver l'aſſurance entiere dans leurs confeils, & dans leurs affaires. Après avoir raifonnablement confideré les chofes, il faut prendre le meilleur parti, & abandonner le furplus à la providence.

Au reſte, quand on a vû clair, & qu'on s'eſt déterminé par des raifons folides, il ne faut pas aifément changer. Nous l'avons déja vû. Ne tournez pas à tout vent, & ne " *Eccli.* v. marchez point en toute voye. Le pécheur, " 9. 10. (celui qui fe conduit mal) a une double " *verf.* 70. langue. Il dit & fe dedit : il refout d'une " façon, & execute de l'autre. Soyez ferme " dans vôtre intelligence, & que vôtre dif- " cours foit un. "

Quand je dis qu'il faut fçavoir prendre fa refolution, c'eſt-à-dire, qu'il la faut prendre par foi-même : autrement nous ne la prenons pas, on nous la donne : Ce n'eſt pas nous qui nous tournons, on nous tourne.

Revenons toûjours à cette parole de David à Salomon. Prenez garde, mon fils, " *III Reg.* que vous entendiez tout ce que vous faites; " *ij.* 3. & de quel côté vous aurez à vous tourner. "

Le Sage entend fes voyes. Il a fon but, " *Prov.* il a fes deſſeins, il regarde fi les moyens " *xiv.* 8.

T 2

„ qu'on lui propofe vont à la fin. L'impru-
„ dence des fols eſt errante. Faute d'avoir
un but arrêté, ils ne ſçavent où aller ; &
ils vont comme on les pouſſe.

Qui ſe laiſſe ainſi mener ne voit rien ;
c'eſt un aveugle qui ſuit ſon guide.

Prov. „ Que vos yeux precédent vos pas ; nous
iv. 25. „ a déja dit le Sage. Vos yeux & non ceux
des autres. Faites-vous tout expliquer ; faites-vous tout dire : ouvrez les yeux & marchez ; n'avancez que par raiſon.

Ecoutez donc vos amis, & vos conſeillers ; mais ne vous abandonnez pas à eux.
Le conſeil de l'Eccleſiaſtique eſt admirable :
Eccli. „ Separez-vous de vos ennemis, prenez gar-
vj. 13. „ de à vos amis. Prenez garde qu'ils ne ſe
trompent : prenez garde qu'ils ne vous trompent.

Que ſi vous ſuivez à l'aveugle quelqu'un
qui aura l'adreſſe de vous prendre par vôtre
foible, & de s'emparer de vôtre eſprit ; ce
ne ſera pas vous qui regnerez : ce ſera vôtre ſerviteur, & vôtre miniſtre. Et ce que
Prov. „ dit le Sage vous arrivera : Trois choſes
xxx. 21. „ émeuvent la terre : la premiere eſt un ſer-
22. „ viteur qui regne.

Dans quelle reputation s'étoit mis ce Roi
de Judée, dont il eſt écrit dans les Actes :
Act. xij. „ Herode étoit en colere contre les Tyriens,
20. „ & les Sydoniens : ils vinrent à lui tous en-
„ ſemble ; & ayant gagné Blaſtus Chambel-
„ lan du Roi, ils obtinrent ce qu'ils vou-
„ lurent.

On vient au Prince par ceremonie ; en
effet on traite avec le miniſtre. Le Prince
a les reverences ; le miniſtre a l'autorité
effective.

On rougit encore pour Affuerus Roi de Perfe, quand on lit dans l'Hiftoire la facilité avec laquelle il fe laiffe mener par Aman fon favori.

Etabliffez-vous donc un confeil en vôtre cœur : car vous n'en trouverez point de plus fidéle. L'efprit d'un homme attentif à fes affaires, lui rapporte plus de nouvelles que fept fentinelles pofées dans des lieux éminens. On ne peut trop vous repeter ce confeil du Sage.

Il eft mal-aifé dans vôtre jeuneffe que vous ne croïez quelqu'un ; car l'experience manque dans cet âge : les paffions y font trop impetueufes ; les deliberations y font trop promptes. Mais fi vous voulez devenir bien-tôt capable d'agir par vous-même, croïez de telle maniere que vous vous faffiez expliquer les raifons de tout ; accoûtumez-vous à goûter les bonnes. Faites-vous inftruire dans vôtre jeuneffe : & jufqu'aux cheveux blancs vôtre fageffe croîtra.

Et remarquez ici que la veritable fageffe doit toûjours croître : mais elle doit commencer par la docilité. C'eft pourquoi nous avons oüi Salomon au commencement de fon regne, & dans fa premiere jeuneffe, demander un cœur docile. Et le Livre de la Sageffe lui fait dire : J'étois un enfant ingenieux, & j'avois eu en partage une bonne ame. C'eft-à-dire, portée au bien, & capable de prendre confeil.

Il parvint en peu de tems par ce moyen au plus haut degré de fageffe. Il vous en arrivera autant. Si vous écoutez au commencement, bien-tôt vous meriterez qu'on

T 3

vous écoute. Si vous êtes quelque tems docile, vous deviendrez bien-tôt maître & docteur.

IX. PROPOSITION.

Neuviéme moyen : Eviter les mauvaises finesses.

NOus en avons déja vû une belle idée dans ces mots de l'Ecclefiaftique : Il y a des hommes rufez & artificieux, qui fe mêlent d'enfeigner les autres, & qui font inutiles à eux-mêmes : Il y a des rafineurs odieux dans leurs difcours, & à qui tout manque. A force de rafiner ils fortent du bon fens, & tout leur échape.

Eccli. xxxvij. 19. 20. verf. 70.

Ce que j'appelle ici mauvaifes finefles, ce ne font pas feulement les finefles grof-fieres, ou les rafinemens trop fubtils : mais en general toutes les finefles qui ufent de mauvais moyens.

Elles ne manquent jamais d'embaraffer celui qui s'en fert. Qui marche droitement fe fauvera ; qui cherche les voyes détour-nées, tombera dans quelqu'une ; dit le plus fage des Rois.

Prov. xxviij. 18.

Il n'y a rien qui fe découvre plutôt que les mauvaifes finefles. Celui qui marche fimplement, marche en affurance : Celui qui pervertit fes voyes, fera bien-tôt dé-couvert.

Prov. X. 9.

Le trompeur ne manque jamais d'être le premier trompé. Les voyes du méchant le tromperont : le trompeur ne gagnera rien. Et encore : Qui creufe une fofse, tombera

Prov. xij 26. 27.

Ecc. x. 8.

dedans : Qui rompt une haye, un ferpent «
le mord.   «

Ecoutez la vive peinture que nous fait le
Sage, du fourbe & de l'impofteur. Le four- « *Prov.vj.*
be & l'infidéle a des paroles trompeufes : « 12. 13.
il cligne les yeux ; il marche fur les pieds ; « 14. 15.
il fait figne des doigts ; (il a des intelligen- «
ces fecretes avec tout le monde ;) fon cœur «
perverti machine toûjours quelques trom- «
peries ; il fait mille querelles & broüille les «
meilleurs amis. Il périra bien-tôt, une chu- «
te précipitée le brifera, & il n'y aura plus «
de remede.   «

Si une telle conduite eft odieufe dans les
particuliers : combien plus eft-elle indigne
du Prince, qui eft le protecteur de la bonne foi.

Souvenez-vous de cette parole vraiment
noble & vraiment Royale du Roi Jean, qui
follicité de violer un traité, répondit : Si
la bonne foi étoit perie par toute la terre,
elle devroit fe trouver dans le cœur, &
dans la bouche des Rois.

Les méchans font abominables aux Rois, « *Prov.*
les Trônes font affermis par la juftice. Les « xvj. 12.
lévres juftes font les délices des Rois ; qui « 13.
parle fincerement en fera aimé.   «

Voilà comme agit un Roi quand il fonge à ce qu'il eft, & qu'il veut agir en Roi.

X. PROPOSITION.

Modéle de la finesse, & de la sagesse veritable, dans la conduite de Saül & de David : pour servir de preuve, & d'exemple à la proposition précédente.

NOus pouvons connoître la difference des sages veritables d'avec les trompeurs, par l'exemple de Saül & de David.

I. Reg. x. 21. &c. xj. 5. Les commencemens de Saül sont magnifiques ; il craignoit le fardeau de la Royauté ; il étoit caché dans sa maison, & à peine le pût-on trouver quand on l'élut. Après son élection, il y vivoit dans la même simplicité, & appliqué aux mêmes travaux

Ibid. xj. xij. xiij. xiv. xv. qu'auparavant. Le besoin de l'Etat l'oblige à user d'autorité ; il se fait obéir par son peuple ; il défait les ennemis, son cœur s'enfle, il oublie Dieu.

Ibid. xvj. 21. xviij. 7. 8. 9. 13. &c. · La jalousie s'empare de son esprit. Il avoit aimé David : il ne le peut plus souffrir, après que ses services lui ont acquis beaucoup de gloire. Il n'ose chasser de la Cour un si grand homme, de peur de faire crier contre lui-même : mais il l'éloigne sous prétexte de lui donner un commandement considerable. Par là il lui fait trouver les moyens d'augmenter sa réputation, & de lui rendre de nouveaux services.

Enfin, ce Prince jaloux se resout à perdre David ; & il ne voit pas qu'il perd lui-même le meilleur serviteur qu'il ait dans tout son Royaume. Sa jalousie lui fournit de noirs artifices pour réüssir dans ce dessein. Il lui promet sa fille : Mais afin qu'el-

le lui foit une occafion de ruïne : Il lui fait « *Ibid.*
dire par fes courtifans : Vous plaifez au « xviij.
Roi , & tous fes Miniftres vous aiment. « 21.22.
Mais tout cela pour le perdre. Sous pré- «
texte de lui faire honneur, il l'expofe à des «
occafions hazardeufes, & l'engage dans des «
perils prefque inévitables. Vous ferez mon « *Ibid.*
gendre, dit-il, fi vous tuez cent Philiftins. « 25.26.
David le fit , & Saül lui donna fa fille. « 27.28.
Mais il vit que le Seigneur étoit avec Da- « 29.
vid : Il le craignoit, & il le haït toute fa vie. «

    Son fils Jonathas , qui aimoit David, fit   *Ibid.*
ce qu'il pût pour appaifer fon pere jaloux.   xix.
Saül diffimule , & trompe fon propre fils,
pour mieux tromper David. Il le fait reve-
nir à la cour. David fe fignala par de nouvelles victoires ; & la jaloufie tranfporte
de nouveau Saül. Pendant que David joüoit
de la lyre devant lui , il le veut percer de
fa lance. David s'enfuit, & il eft contraint
de fe dérober de la cour.

    Saül le rapelle par de nouvelles careffes,   *Ibid.*
& lui tend toûjours de nouveaux piéges.   xx.
David s'enfuit de nouveau.

    Le malheureux Roi, qui voyoit la gloi-
re de David s'augmenter toûjours , & que
fes ferviteurs , jufqu'à fes propres parens,
& fon fils même , aimoient un homme en
effet fi accompli, leur parla en ces termes :
Ecoutez enfans de Jemini, (il étoit lui- « *Ibid.*
même de cette race,) Eft-ce le fils d'Ifaï « xxij. 7.
qui vous donnera des champs & des vignes ; « 8.
ou qui vous fera capitaines & generaux des «
Armées ? Pourquoi avez-vous tous con- «
juré contre moi ; & que perfonne ne m'a- «
vertit , où eft le fils d'Ifaï , avec qui mon «

„ propre fils eſt lié d'amitié? Aucun de vous
„ n'a pitié de moi, ni ne m'avertit de ce qui
„ ſe paſſe. On aime mieux ſervir mon ſujet
„ rebelle, qui fait de continuelles entrepriſes
„ contre ma vie.

Il ne pouvoit parler plus artificieuſement,
pour intereſſer tous ſes ſerviteurs dans la
perte de David. Il trouve des flateurs qui
entrent dans ſes injuſtes deſſeins. David
très-fidéle au Roi eſt traité comme un en-
Ibid. „ nemi public. Les Ziphéens vinrent avertir
xxiij.19. „ Saül, que David étoit caché parmi eux,
20 21. „ dans une forêt. Et Saül leur dit : Benis
22. 23. „ ſoyez-vous de par le Seigneur, vous qui
„ avez ſeuls déploré mon ſort. Allez, pré-
„ parez tout avec ſoin ; n'épargnez pas vos
„ peines : recherchez curieuſement où il eſt,
„ & qui l'aura vû. Car c'eſt un homme ruſé
„ qui ſçait bien que je le haïs. Penetrez tou-
„ tes ſes retraites ; rapportez-moi des nou-
„ velles certaines, afin que j'aille avec vous.
„ Fût-il caché dans la terre, je l'en tirerai,
„ & je le pourſuivrai dans tout le pays de
„ Juda.

Que d'artifices, que de précautions, que
de diſſimulations, que d'accuſations injuſtes ! Mais que d'ordres précis donnez, &
avec combien d'attention & de vigilance !
Tout cela pour opprimer un ſujet fidéle.

Voilà ce qui s'appelle des fineſſes perni-
cieuſes. Mais nous allons voir en David
une ſageſſe véritable.

Plus Saül tâchoit, en le flatant, de faire
qu'il s'oubliât lui-même, & s'emportât à
des paroles orgueilleuſes; plus ſa modeſtie
naturelle lui en inſpiroit de reſpectueuſes.

Qui suis-je ? & de quelle importance est « *II. Reg.*
ma vie ? Quelle est ma parenté en Israël, « *xviij.18.*
afin que je puisse espérer d'être le gendre «
du Roi ? Et encore : Vous semble-t'il que « *Ibid.23.*
ce soit peu de chose , que d'être le gendre «
du Roi ? Pour moi je suis un homme pau- «
vre , & ma fortune est basse. «

Il ne se défendit jamais des malices de
Saül par aucune voye violente. Il ne se
rendoit redoutable que par sa prudence ,
qui lui faisoit tout prévoir. Il agissoit pru- « *Ibid.14.*
demment dans toutes ses voyes , & le Sei- « *15.*
gneur étoit avec lui. Saül vit qu'il étoit «
prudent , & il le craignoit. «

Il avoit des adresses innocentes , pour *Ibid.xix.*
échaper des mains d'un ennemi si artificieux, *11. 12.*
& si puissant. Il se faisoit descendre secre- *&c.*
tement par une fenêtre ; & les satellites de
Saül ne trouvoient dans son lit où ils le
cherchoient , qu'une statuë bien couverte,
qui lui avoit servi à dérober sa fuite à ses
domestiques.

S'il se servoit de sa prudence pour se
précautionner contre la jalousie du Roi, il
s'en servoit encore plus contre les ennemis
de l'Etat. Quand les Philistins marchoient « *Ibid.*
en campagne , David les observoit mieux « xviij.
que tous les autres capitaines de Saül ; & « 30.
son nom se rendoit celebre. «

Comme il étoit bon ami & reconnois-
sant , il se fit des amis fidéles , qui ne le
trompérent jamais. Samuel lui donna re-
traite dans la maison des Prophetes. Achi- *Ibid.xix.*
melech le grand Prêtre ayant été tué pour *18. 19.*
avoir servi David innocemment , il sauva *20.*
son fils Abiathar. Demeurez avec moi, lui «

Ibid. „ dit-il, j'aurai le même soin de vôtre vie
XXij. 2 3. „ que de la mienne, & nous nous sauverons
„ tous deux ensemble. Abiathar gagné par un
traitement si honnête, ne manqua jamais
à David.

*Ibid.*xix. Son habileté & sa vertu lui gagnerent
& xx. tellement Jonathas, fils de Saul, que loin
de vouloir entrer dans les desseins sanguinaires du Roi son pere, il n'oublia jamais
rien pour sauver David. En quoi il rendoit
service à Saül même, qu'il empêchoit de
tremper ses mains dans le sang innocent.

Quoiqu'il sçût que Jonathas ne le trom-
poit pas; comme il connoissoit mieux Saül
que lui, il ne se reposoit pas tout-à-fait sur
les assurances que lui donnoit son ami.

*Ibid.*xx. „ Jonathas lui dit : Vous ne mourrez point;
2. 3. „ mon pere ne fera ni grande ni petite chose,
„ qu'il ne me la découvre; m'auroit-il caché
„ ce seul dessein ? Cela ne sera pas. Mais
„ David lui dit : Vôtre pere sçait que vous
„ m'honorez de vôtre bien-veillance ; & il
„ dit en lui-même : Je ne me découvrirai
„ point à Jonathas, de peur de le contrister.
„ Vive le Seigneur, & vive vôtre ame. Il n'y
„ a qu'un petit espace entre moi & la mort.

Ibid 5. Afin donc de ne se point tromper dans
6. 20. les desseins de Saül, il donna des moyens
21. 22. à Jonathas pour les découvrir ; & ils con-
vinrent entr'eux d'un signal que Jonathas
donneroit à David dans le peril.

Comme il vit qu'il n'y avoit rien à esperer de Saül, il pourvût à la sureté de son
pere, & de sa mere, qu'il mit entre les
Ibid. „ mains du Roi de Moab : Jusqu'à-ce que
XXij. 3. 4 „ je sçache, dit-il, ce que Dieu aura ordon-

né de moi. Voilà un homme qui pense à «
tout, & qui choisit bien ses protecteurs. Car
le Roi de Moab ne le trompa point. Par
ce moyen il n'eut plus à penser qu'à lui-
même. Et il n'y a rien de plus industrieux,
ni de plus innocent que fut alors toute sa
conduite.

Contraint de se refugier dans les terres
d'Achis, Roi des Philistins, les Satrapes
vinrent dire au Roi : Voilà David ce grand « *Ibid.* xxj.
homme, qui a défait tant de Philistins. « 11. 12.
David fit reflexion sur ces discours, & sçut   *&c.*
si bien faire l'insensé, qu'Achis au lieu de
le craindre & de l'arrêter, le fit chasser de
sa présence, & lui donna moyen de se sauver.

Environné trois & quatre fois par toute *Ibid.* xxiv.
l'armée de Saül, il trouve moyen de se *& xxvj.*
dégager, & d'avoir deux fois Saül entre ses
mains.

Alors se verifia ce que David a lui-même si souvent chanté dans ses Pseaumes :
Le méchant est tombé dans la fosse qu'il a « *Ps.* vij.
creusée : il a été pris dans les lacets qu'il a « 16. xix.
tendus. « 10. *&c.*

Quand ce sujet fidéle se vit maître de la
vie de son Roi, il n'en tira autre avantage,
que celui de lui faire connoître combien
profondement il le respectoit, & de confondre les calomnies de ses ennemis. Il lui
cria de loin : Mon Seigneur, & mon Roi, « *Ibid.*
pourquoi écoutez-vous les paroles des mé- « xxiv.10.
chans qui vous disent : David attente con- « 11. 12.
tre vôtre vie ? Ne voyez-vous pas vous- « 13. 15.
même, que le Seigneur vous a mis entre « 16.
mes mains ? Et j'ai dit : A Dieu ne plaise, «
que j'étende ma main sur l'oint du Seigneur. «

» Reconnoiffez-donc, ô mon Roi ! que je
» n'ai point de mauvais deffein ; & que je
» n'ai manqué en rien à ce que je vous dois.
» C'eft vous qui voulez me perdre. Que le
» Seigneur juge entre vous & moi, & qu'il
» me faffe juftice quand il lui plaira? Mais à
» Dieu ne plaife que ma main attente fur vô-
» tre perfonne. Contre qui vous acharnez-
» vous, Roi d'Ifraël? contre qui vous achar-
» nez-vous ? contre un chien mort, contre
» un ver de terre. Que le Seigneur foit juge
» entre vous & moi, & qu'il protege ma cau-
» fe, & me délivre de vos mains.

Par cette fage & irréprochable conduite,
il contraignoit fon ennemi à reconnoître fa
Ibid. 18. „ faute. Vous êtes plus jufte que moi, lui
dit Saül.

La colere de ce Roi injufte ne s'appaifa
pas pour cela. David toûjours pourfuivi,
Ibid. „ dit en lui-même : Je tomberai un jour en-
xxvij.1. „ tre les mains de Saül ; il vaut mieux que
» je me fauve en la terre des Philiftins ; &
» que Saül defefperant de me trouver dans le
» Royaume d'Ifraël, fe tienne en repos.
Ibid.
Enfin il fit fon traité avec Achis Roi de
xxvij. &
Geth, & fe ménagea tellement, que fans
xxviij.
jamais rien faire contre fon Roi, & contre
fon peuple, il s'entretint toûjours dans les
bonnes graces d'Achis.

Vous voyez Saül & David, tous deux
avifez, & habiles; mais d'une maniere bien
differente. D'un côté, une intention per-
verfe : de l'autre, une intention droite.
D'un côté, Saül, un grand Roi, qui ne
donnant nulles bornes à fa malice, employe
tout fans referve pour perdre un bon fervi-

teur, dont il eſt jaloux. De l'autre côté, David, un particulier abandonné, & trahi, ſe fait une neceſſité de ne ſe défendre que par les moyens licites ; ſans manquer à ce qu'il doit à ſon Prince, & à ſon pays. Et cependant la ſageſſe veritable renfermée dans des bornes ſi étroites, eſt ſuperieure à la fauſſe, qui n'oublie rien pour ſe ſatisfaire.

ARTICLE III.

Des curioſitez & connoiſſances dangereuſes: Et de la confiance qu'on doit mettre en Dieu.

I. PROPOSITION.

Le Prince doit éviter les conſultations cu-rieuſes, & ſuperſtitieuſes.

TELLES ſont les conſultations des De-vins, & des Aſtrologues : choſe que l'ambition, & la foibleſſe des Grands leur fait ſi ſouvent rechercher.

Qu'il ne ſe trouve perſonne parmi vous " ***Deut.***
qui conſulte les devins, ni qui croye aux " xviij.10.
ſonges & aux augures. Qu'il n'y ait ni en- " 11. 12.
chanteur, ni devin, ni aucun qui ſe mêle " 13. 14.
d'évoquer les morts. Le Seigneur a toutes "
ces choſes en execration. Il a détruit pour "
ces crimes, les peuples qu'il a livrez entre "
vos mains. Soyez parfaits & ſans tache de- "
vant le Seigneur vôtre Dieu. Les Nations "

„ que vous détruirez écoutent les devins , &
„ ceux qui tirent des augures. Mais pour vous,
„ vous avez été inftruits autrement par le Sei-
„ gneur vôtre Dieu. Il veut que vous ne fça-
„ chiez la verité que par lui feul : & s'il ne
„ veut pas vous la découvrir , il n'y a qu'à
„ s'abandonner à fa providence.

Les Aftrologues font compris dans ces
maledictions de Dieu. Voici comme il parle
aux Chaldéens inventeurs de l'aftrologie,
Jer. L. „ en laquelle ils fe glorifioient. Le glaive de
35. 36. „ Dieu fur les Chaldéens , dit le Seigneur,
37. „ & fur les habitans de Babylone : fur leurs
„ Princes , & fur leurs Sages. Le glaive de
„ Dieu fur leurs devins qui deviendront fols :
„ le glaive fur leurs braves qui trembleront :
„ le glaive fur leurs chevaux , fur leurs cha-
„ riots, & fur tout le peuple : ils feront tous
„ comme des femmes : le glaive fur leurs tré--
„ fors qui feront pillez.

Il n'y a rien de plus foible , ni de plus
timide , que ceux qui fe fient aux pronoftics :
trompez dans leurs vains préfages , ils perdent cœur , & demeurent fans défenfe.

Ainfi perit Babylone la mere des Aftrologues , au milieu de fes réjouïffances , &
des triomphes que lui chantoient fes Devins.
Ifaïe prévoyant fa prife , lui parle en ces
Pf. xlvij. „ termes : Viens , dit-il , avec tes enchan-
12. 13. „ temens & tes malefices , dans lefquels tu
14. „ t'es exercée dès ta jeuneffe, pour voir s'ils
„ te ferviront, ou te rendront plus puiffante :
„ Te voilà à bout de tous tes confeils , que
„ tu fondois fur des pronoftics. Appelle tous
„ tes Devins , qui obfervoient fans ceffe le
„ Ciel ; qui contemploient les aftres ; qui

comp-

comptoient les mois , & faifoient des fup- "
putations fi exactes pour t'annoncer l'ave- "
nir. Qu'ils te fauvent des mains de tes en- "
nemis ? Ils font comme de la paille que le "
feu devore ; ils ne peuvent fe fauver eux- "
mêmes de la flamme. "

Ceux qui fe vantent de prédire les évenemens incertains , fe font femblables à
Dieu. Car écoutez comme il parle. Qui " *Ifa.* xl]i
eſt celui qui appelle, & qui compte au com- " 4.
mencement toutes les races futures ? Moi "
le Seigneur, qui fuis le premier & le der- "
nier : qui fuis devant & après. "

Amenez-moi vos Dieux, ô Gentils, dit " *Ibid.* 21.
le Seigneur, que je leur faffe leur procès. " 22. 23.
Parlez fi vous avez quelque chofe à dire, "
dit le Roi de Jacob ; qu'ils viennent, & "
qu'ils vous annoncent l'avenir. Découvrez- "
nous les chofes futures, & nous vous tien- "
drons pour des Dieux. "

Et encore : Ecoutez, maifon d'Ifraël : " *Jer.* x.
Voici ce que dit le Seigneur : Ne marchez " 1. 2. 3.
point dans les voyes des Gentils ; ne crai- "
gnez point les fignes du Ciel que les Gen- "
tils craignent : la loi de ces peuples eſt vaine. "

Les Gentils ignorans adoroient les planetes, & les autres aftres ; leur attribuoient
des empires , des vertus , & des influences
divines , par lefquelles ils dominoient fur
le monde , & en regloient les évenemens :
leur affignoient des tems , & des lieux, où
ils exerçoient leur domination. L'aftrologie judiciaire eſt un refte de cette doctrine,
autant impie que fabuleufe. Ne craignez
donc ni les éclipfes , ni les cometes , ni
les planetes , ni les conftellations que les

hommes ont compofées à leur fantaifie, ni ces conjonctions eftimées fatales, ni les lignes formées fur les mains ou fur le vifage, & les images nommées Talifmans impregnées des vertus céleftes. Ne craignez ni les figures, ni les horofcopes, ni les préfages qui en font tirez. Toutes ces chofes, où l'on n'allegue pour toute raifon que des paroles pompeufes, au fond font des réveries que les affronteurs vendent cher aux ignorans.

Ces fciences curieufes, qui fervent de couverture aux fortileges, & aux malefices, font condamnées dans tous les Etats, & néanmoins fouvent recherchées par les Princes qui les défendent. Malheur à eux, malheur encore une fois. Ils veulent fçavoir l'avenir, c'eft-à-dire, penetrer le fecret de Dieu. Ils tomberont dans la malediction de Saül. Ce Roi avoit défendu les devins, & il les confulte. Une femme devinereffe lui dit fans le connoître : Vous fçavez que Saül a exterminé les devins, & vous venez me tenter pour me perdre ? Vive le Seigneur, répondit Saül, il ne vous arrivera aucun mal. La femme lui dit : Qui voulez-vous que je vous évoque ? Evoquez-moi Samuel, répondit Saül. La femme ayant vû Samuel, s'écria de toute fa force : Pourquoi m'avez-vous trompée ? Vous êtes Saül. Saül lui dit : Ne craignez rien : Qu'avez-vous vû ? Je voi quelque chofe de divin qui s'éleve de terre. Saül répliqua : Quelle eft fa figure ? Un vieillard s'éleve, dit-elle, revêtu d'un manteau. Il comprit que c'étoit Samuel, & fe pro-

1. Reg. xxviij. 9. 10. &c.

sterna la face contre terre. Alors Samuel «
dit à Saül : Pourquoi troublez-vous mon «
repos en m'évoquant ? Et que vous sert de «
m'interroger, après que le Seigneur s'est «
retiré de vous, pour aller à celui que vous «
enviez ? Le Seigneur fera suivant que je «
vous l'ai dit de sa part : Il vous ôtera vôtre «
Royaume, & le donnera à David ; parce «
que vous n'avez pas obéï à la parole du «
Seigneur, & n'avez pas satisfait sa juste co- «
lere contre Amalec. C'est la cause de tous «
les maux qui vous arrivent aujourd'hui. Et «
le Seigneur livrera avec vous le Peuple «
d'Israël aux Philistins : demain vous & vos «
enfans serez avec moi. C'est-à-dire, vous «
serez parmi les morts. «

A cette terrible sentence Saül tomba de *Ibid.* 20,
frayeur, & il étoit hors de lui-même. Et 21.
le lendemain la prédiction fut accomplie.

Il n'étoit pas au pouvoir d'une enchan- *I. Reg.*
teresse d'évoquer une ame sainte ; ni au xxxij.
pouvoir du demon, qui a paru, selon quelques-uns, sous la forme de Samuel, de
dire si precisément l'avenir. Dieu condui-
soit cet évenement ; & vouloit nous apprendre, que quand il lui plaît, il permet qu'on
trouve la verité par des moyens illicites,
pour la juste punition de ceux qui s'en servent.

Ne vous étonnez donc pas de voir arriver quelquefois ce qu'ont prédit les Astro-
logues. Car sans recourir au hazard, parce
que ce qui est hazard à l'égard des hommes,
est dessein à l'égard de Dieu : songez que
par un terrible jugement, Dieu même livre à la séduction ceux qui la cherchent.

Il abandonne le monde, c'eſt-à-dire, ceux qui aiment le monde, à des eſprits ſéducteurs, dont les hommes ambitieux & vainement curieux ſont le joüet. Ces eſprits trompeurs & malins amuſent & déçoivent par mille illuſions les ames curieuſes, & par là crédules. Un de leurs ſecrets eſt l'Aſtrologie, & les autres genres de divinations, qui réüſſiſſent quelquefois ſelon que Dieu trouve juſte de livrer, ou à l'erreur, ou à de juſtes ſupplices, une folle curioſité.

C'eſt ainſi que Saül trouva dans ſa curioſité la ſentence de ſa mort. C'eſt ainſi que Dieu doubla ſon ſupplice, le puniſſant non-ſeulement par le mal même qui lui arriva ; mais encore par la prévoyance. Si c'eſt un genre de punition de livrer les hommes curieux à des terreurs furieuſes, c'en eſt un autre de les livrer à de flateuſes eſperances. Enfin, leur crédulité qui fait qu'ils ſe fient à d'autres qu'à Dieu, merite d'être punie de pluſieurs manieres : c'eſt-à-dire, non-ſeulement par le menſonge, mais encore par la verité : afin que leur temeraire curioſité leur tourne à mal en toutes façons.

C'eſt-ce qu'enſeigne ſaint Auguſtin fondé ſur les Ecritures, dans le cinquiéme livre de la Doctrine Chrétienne, chap. 20. & ſuivans.

· Gardez-vous bien, ô Rois, ô Grands de la terre ! d'approcher de vous ces trompeurs & ces ignorans, que l'on appelle devins : Qui vous font des raiſonnemens, & vous donnent des déciſions de ce qu'ils ignorent. Dit le plus ſage des Rois.

Prov. xxiij. 6.

Ne cherchez point parmi eux des inter-
pretes de vos songes , comme s'ils étoient
mysterieux. Celui qui s'y fie est un insensé : " *Eccli.*
une vaine esperance & le mensonge , est " xxxiv.
son partage. Celui qui s'arrête à ces trom- " 1. 2. 3.
peuses visions , ressemble à l'homme qui " 4. 5. 6.
embrasse une ombre , & qui court après le " 7.
vent. Un homme croit voir un autre hom- "
me devant lui dans son sommeil : & prend "
pour verité , une creuse & vaine ressem- "
blance : (ce ne sont que vapeurs impures , "
qui s'élevent dans le cerveau d'une nourri- "
ture mal digerée.) Esperez-vous épurer vos "
pensées par ce mélange confus d'imagina- "
tions , ou que le mensonge vous instruise "
de la verité ? La divination est une erreur ; "
les augures une tromperie , & les songes "
un mensonge & une illusion. Il n'appar- "
tient qu'au Très-Haut d'envoyer de veri- "
tables visions : & tout le reste ressemble aux "
fantaisies qu'une femme enceinte se met "
dans l'esprit. N'y mettez point vôtre cœur "
si vous ne voulez être le joüet d'une hon- "
teuse foiblesse , d'une folle crédulité , & "
d'une esperance trompeuse. "

II. PROPOSITION.

*On ne doit pas présumer des conseils hu-
mains , ni de leur sagesse.*

L'Homme sçait à peine les choses pas- " *Eccl.* x.
sées ; qui lui découvrira les choses fu- " 14.
tures ? "

Ainsi qui se fie en son cœur est fol. Et " *Prov.*
encore : Ne vous élevez pas dans vôtre " xxviij.

26.

Eccli vj. „ cœur comme un taureau furieux , de peur
2. 3 *sec.* „ que cette pensée ne vous dévore. Vos feüil-
70. 　　„ les seront mangées , vos fruits tomberont ;
　　　　„ vous demeurerez un bois sec ; vôtre gloire
　　　　„ & vôtre force s'évanoüiront.

Les Egyptiens se piquoient d'une sagesse
extraordinaire dans leurs conseils. Voici
Isa. xx. „ comme Dieu leur parle. Les Princes de
11. 12. „ Tanis , sages conseilleurs de Pharaon , lui
&c. 　 „ ont donné des conseils extravagans. Com-
　　　 „ ment dites-vous à Pharaon ? Je suis le fils
　　　 „ des Sages , le fils de ces anciens Rois re-
　　　 „ nommez par leur prudence. Où sont main-
　　　 „ tenant vos Sages ? Qu'ils vous disent ce
　　　 „ que le Dieu des Armées a ordonné de l'E-
　　　 „ gypte. Les Princes de Tanis ont perdu
　　　 „ l'esprit : les Princes de Memphis se sont
　　　 „ trompez , & ils ont trompé l'Egypte , eux
　　　 „ en qui elle se fioit comme en ses remparts.
　　　 „ Le Seigneur a répandu au milieu d'eux
　　　 „ l'esprit de vertige : la tête leur a tourné , &
　　　 „ ils font errer l'Egypte, comme un yvrogne
　　　 „ qui chancelle , & tournoye en vomissant.
　　　 „ L'Egypte ne fera plus rien : elle ne fera
　　　 „ ni grandes ni petites choses. On la verra
　　　 „ étonnée , & tremblante comme une fem-
　　　 „ me. Tous ceux qui la verront trembleront
　　　 „ à la vûë des desseins que Dieu a sur elle.

Quand on voit ses ennemis prendre de
foibles conseils , il ne faut pas pour cela
s'en orgueillir ; mais songer que c'est le
Seigneur qui leur envoye cet esprit d'éga-
rement pour les punir ; & craindre un sem-
blable jugement.

Is xxix. „ S'il se retire , dit le saint Prophete , la
14. 　　 „ sagesse des sages perit , & l'intelligence des
　　　 „ prudens est obscurcie.

C'eſt lui qui réduit à rien les conſeils " *Iſ.* xl.
profonds, & qui rend inutiles les Grands " 23.
de la terre.   "

Tremblez donc devant lui, & gardez-
vous de préſumer de la ſageſſe humaine.

III. PROPOSITION.

Il faut conſulter Dieu par la priere, & met-
tre en lui ſa confiance, en faiſant
ce qu'on peut de ſon côté.

NOus avons vû que c'eſt Dieu qui donne la ſageſſe. Nous venons de voir
que c'eſt Dieu qui l'ôte aux ſuperbes. Il
faut donc la lui demander humblement.

C'eſt-ce que nous enſeigne l'Eccleſiaſtique, lorſqu'après nous avoir preſcrit dans
le Chap. XXXVII. tant de fois cité, tout
ce que peut faire la prudence, il conclut
ainſi. Mais par-deſſus tout, priez le Sei- " *Eccli.*
gneur, afin qu'il dirige vos pas à la verité. " xxxvij.
Lui ſeul la connoît à fond : c'eſt à lui ſeul   19.
qu'il en faut demander l'intelligence.

Mais qui demande de Dieu la ſageſſe,
doit faire de ſon côté tout ce qu'il peut.
C'eſt à cette condition qu'il permet de prendre confiance à ſa puiſſance, & à ſa bonté.
Autrement c'eſt tenter Dieu ; & s'imaginer
vainement qu'il envoyera ſes Anges pour
nous ſoutenir, quand nous nous ferons
précipitez nous-mêmes : ainſi que ſatan *Matt.* iv.
oſoit le conſeiller à JESUS-CHRIST.   6.7.

ARTICLE IV.

Conséquences de la doctrine précedente : De la Majesté, & de ses accompagnemens.

I. PROPOSITION.

Ce que c'est que la Majesté.

JE n'appelle pas Majesté , cette pompe qui environne les Rois : ou cet éclat exterieur qui éblouït le vulgaire. C'est le réjaillissement de la Majesté, & non pas la Majesté elle-même.

La Majesté est l'image de la grandeur de Dieu dans le Prince.

Dieu est infini, Dieu est tout. Le Prince en tant que Prince n'est pas regardé comme un homme particulier : c'est un personnage public , tout l'Etat est en lui , la volonté de tout le peuple est renfermée dans la sienne. Comme en Dieu est réünie toute perfection , & toute vertu ; ainsi toute la puissance des particuliers est réünie en la personne du Prince. Quelle grandeur qu'un seul homme en contienne tant.

La puissance de Dieu se fait sentir en un instant de l'extremité du Monde à l'autre : la puissance Royale agit en même tems dans tout le Royaume : elle tient tout le Royaume en état , comme Dieu y tient tout le monde.

Que Dieu retire sa main , le monde retombera dans le néant : que l'autorité cesse dans le Royaume, tont fera en confufion.

Confiderez le Prince dans fon cabinet. De là partent les ordres qui font aller de concert les Magiftrats, & les Capitaines; les Citoyens, & les Soldats; les Provinces, & les Armées par mer & par terre. C'eft l'image de Dieu, qui affis dans fon Trône au plus haut des Cieux fait aller toute la nature.

Quel mouvement fe fait, dit faint Auguftin, au feul commandement de l'Empereur? Il ne fait que remuer les lévres, il n'y a point de plus leger mouvement, & tout l'Empire fe remuë. C'eft, dit-il, l'image de Dieu qui fait tout par fa parole. Il a dit, & les chofes ont été faites; il a commandé, & elles ont été créées. « *Aug. fup. Pf. cxlviij.*

On admire fes œuvres: la nature eft une matiere de difcourir aux curieux. Dieu leur donne le monde à mediter: mais ils ne découvriront jamais le fecret de fon ouvrage depuis le commencement jufqu'à la fin. On en voit quelque parcelle; mais le fond eft impénétrable. Ainfi eft le fecret du Prince. « *Eccl.iij. 11.*

Les deffeins du Prince ne font bien connus que par l'execution. Ainfi fe manifeftent les confeils de Dieu: Jufques là, perfonne n'y entre, que ceux que Dieu y admet.

Si la puiffance de Dieu s'étend par tout, la magnificence l'accompagne. Il n'y a endroit de l'univers où il ne paroiffe des marques éclatantes de fa bonté. Voyez l'ordre, voyez la juftice, voyez la tranquillité dans tout le Royaume. C'eft l'effet naturel de l'autorité du Prince.

Il n'y a rien de plus majeftueux que la

bonté répanduë : & il n'y a point de plus grand aviliffement de la Majefté, que la mifere du peuple caufée par le Prince.

Les méchans ont beau fe cacher, la lumiere de Dieu les fuit par tout ; fon bras va les atteindre jufqu'au haut des Cieux, & jufqu'au fond des abîmes. Où irai-je devant vôtre efprit, & où fuirai-je devant vôtre face ? Si je monte au Ciel, vous y êtes : „ fi je me jette au fond des Enfers, je vous „ y trouve : fi je me leve le matin, & que „ j'aille me retirer fur les mers les plus éloi- „ gnées ; c'eft vôtre main qui me mene là, „ & vôtre main droite me tient. Et j'ai dit : „ Peut-être que les tenebres me couvriront : „ Mais la nuit a été un jour autour de moi. „ Devant vous les tenebres ne font pas tene- „ bres : la nuit eft éclairée comme le jour : „ l'obfcurité & la lumiere ne font qu'une mê- „ me chofe. Les méchans trouvent Dieu par „ tout, en haut & en bas ; nuit & jour ; quelque matin qu'ils fe levent, il les prévient ; quelque loin qu'ils s'écartent, fa main eft fur eux.

Ainfi Dieu donne au Prince de découvrir les trames les plus fecretes. Il a des yeux & des mains par tout. Nous avons vû que les oifeaux du Ciel lui rapportent ce qui fe paffe. Il a même reçu de Dieu par l'ufage des affaires, une certaine penetration qui fait penfer qu'il devine. A-t'il penetré l'intrigue ? fes longs bras vont prendre fes ennemis aux extremitez du monde : ils vont les déterrer au fond des abîmes. Il n'y a point d'azile affuré contre une telle puiffance.

Pfalm. cxxxviij 7. 8. 9. &c.

Enfin, ramaſſez enſemble les choſes ſi grandes, & ſi auguſtes, que nous avons dites ſur l'autorité Royale. Voyez un peuple immenſe réüni en une ſeule perſonne: voyez cette puiſſance ſacrée, paternelle, & abſoluë: voyez la raiſon ſecrete qui gouverne tout le corps de l'Etat renfermé dans une ſeule tête: vous voyez l'image de Dieu dans les Rois, & vous avez l'idée de la Majeſté Royale.

Dieu eſt la ſainteté même, la bonté même, la puiſſance même, la raiſon même. En ces choſes, eſt la Majeſté de Dieu. En l'image de ces choſes, eſt la Majeſté du Prince.

Elle eſt ſi grande cette Majeſté, qu'elle ne peut être dans le Prince comme dans ſa ſource; elle eſt empruntée de Dieu, qui la lui donne pour le bien des peuples, à qui il eſt bon d'être contenu par une force ſuperieure.

Je ne ſçai quoi de divin s'attache au Prince, & inſpire la crainte aux peuples. Que le Roi ne s'oublie pas pour cela lui-même. Je l'ai dit : C'eſt Dieu qui parle. Je l'ai dit : Vous êtes des Dieux, & vous êtes tous enfans du Très-haut: mais vous mourrez comme des hommes, & vous tomberez comme les grands. Je l'ai dit : Vous êtes des Dieux : C'eſt-à-dire : Vous avez dans vôtre autorité, vous portez ſur vôtre front un caractere divin. Vous êtes les enfans du Très-haut : C'eſt lui qui a établi vôtre puiſſance, pour le bien du genre humain. Mais, ô Dieux de chair & de ſang: ô Dieux de boüe & de pouſſiere ! Vous

“ Pſalm. “ lxxxj. “ 6. 7. “ “ “

mourrez comme des hommes, vous tomberez comme les grands. La grandeur separe les hommes pour un peu de tems; une chute commune à la fin les égale tous.

O Rois! Exercez donc hardiment vôtre puissance; car elle est divine, & salutaire au genre humain: mais exercez-là avec humilité. Elle vous est appliquée par le dehors. Au fond, elle vous laisse foibles; elle vous laisse mortels; elle vous laisse pecheurs; & vous charge devant Dieu d'un plus grand compte.

II. PROPOSITION.

La magnanimité, la magnificence, & toutes les grandes vertus conviennent à la Majesté.

A La grandeur conviennent les choses grandes. A la grandeur la plus éminente, les choses les plus grandes, c'est-à-dire, les grandes vertus.

If.xxxij. „ Le Prince doit penser de grandes choses.
8. „ Le Prince pensera des choses dignes d'un
„ Prince.

Les pensées vulgaires deshonorent la
I. Reg. „ Majesté. Saül est élu Roi, en même-
x. 6. 9. „ tems, Dieu, qui l'a élu, lui change le cœur;
„ & il devint un autre homme.

Taisez-vous pensées vulgaires: cedez aux pensées Royales.

Les pensées Royales sont celles qui regardent le bien general: les grands hommes ne sont pas nez pour eux-mêmes: les grandes puissances que tout le monde regarde, font faites pour le bien de tout le monde.

Le Prince eft par fa charge entre tous les hommes, le plus au-deffus des petits interêts; le plus intereffé au bien public: fon vrai interêt eft celui de l'Etat. Il ne peut donc prendre des deffeins trop nobles, ni trop au-deffus des petites vûës, & des penfées particulieres.

Ce Saül changé en un autre homme dans le tems qu'il fut fidéle à la grace de fon Miniftére, étoit au-deffus de tout.

Au-deffus de la Royauté, dont il appré- *I. Reg.*
hende le fardeau, & dont il méprife le fafte. *x. xj.*
Nous l'avons déja vû.

Au-deffus des fentimens de vengeance. *I. Reg.*
A un jour de victoire, où tout le peuple *xj. 12.*
lui veut immoler fes ennemis, il offre à *13.*
Dieu un facrifice de clemence.

Au-deffus de lui-même, & de tous les *I. Reg.*
fentimens que le fang infpire: prêt à dé- *xiv. 41.*
voüer pour le peuple fa propre perfonne,
& celle de Jonathas fon fils bien-aimé.

Que dirons-nous de David, à qui on
donne cette belle & jufte loüange. Le Roi " *II. Reg.*
Monfeigneur, reffemble à un Ange de " *xiv. 17.*
Dieu: il n'eft ému, ni du bien, ni du mal "
qu'on dit de lui. Il va toûjours au bien pu- "
blic; foit que les hommes ingrats blâment
fa conduite; foit qu'elle trouve les loüanges dont elle eft digne.

Voilà la veritable magnanimité, que les
loüanges n'enflent point, que le blâme n'a-
bat point, que la feule verité touche.

On abandonne avec joye toute fa fortune à la conduite d'un tel Prince. Vous êtes "

II. Reg. „ comme un Ange de Dieu ; faites de moi
xix. 77. „ tout ce qu'il vous plaira. Lui dit Miphibofeth , petit-fils de Saül , trahi par Siba fon
ferviteur.

En effet , David n'étoit plein que de
grandes chofes, de Dieu, & du bien public.

Nous avons vû que malgré les rebellions
& l'ingratitude de fon peuple, il fe dévouë
pour lui à la vangeance divine , comme
II. Reg. „ étant le feul coupable. Frapez , Seigneur,
xxiv.17. „ frapez ce coupable , & épargnez le peuple
„ innocent.

Combien fincerement avouë-t'il fa faute,
chofe fi rare à un Roi ? Avec quel zele la
Ibid. „ repare-t'il ? J'ai peché , dit-il , d'avoir fait
„ le dénombrement du peuple. O Seigneur !
„ pardonnez-moi, car j'ai agi trop follement.

Nous lui avons vû méprifer fa vie en
cent combats : & après nous l'avons vû fe
mettre au-deffus de la gloire de combattre,
en fe confervant pour fon Etat.

Mais combien eft-il au-deffus du reffen-
timent & des injures? Nous avons admiré
fa joye , quand Abigaïl l'empêcha de fe
vanger de fa propre main. Nous l'avons
vû épargner , & défendre contre les fiens
Saül fon perfecuteur ; quoiqu'il fçût qu'en
fe vangeant il s'affuroit la couronne, dont
la fucceffion lui appartenoit. Quelle hauteur de courage de fe mettre fi aifément
au-deffus de la douceur de regner , & de
celle de la vangeance !

Quand Saül & Jonathas furent tuez, David les pleure tous deux ; David chante
leur loüange. Ce n'eft pas feulement Jonathas , fon intime ami, dont il déplore la

perte : il pleure fon perfecuteur. Saül & "*II.Reg.*j.
Jonathas tous deux aimables, & couverts " 17. 23.
de gloire, toûjours unis dans leur vie, " 24. &c.
n'ont pas été féparez à la mort. Filles d'If- "
raël, pleurez Saül qui vous habilloit de "
pourpre, par qui vous aviez des parures "
d'or, & le refte. "

Il ne taît point les vertus d'un prédecef-
feur injufte, qui a fait tout ce qu'il a pû
pour le perdre : il les celebre, il les im-
mortalife par une poëfie incomparable.

Il ne pleure pas feulement Saül ; il le
vange, & punit de mort celui qui s'étoit
vanté de l'avoir tué. Je l'ai percé de mon "*II Reg.*j.
épée, difoit ce traître, après lui avoir ôté " 10.
le diadême de deffus la tête, & le braffelet "
qu'il avoît au bras ; pour vous apporter ces "
marques Royales, à vous Monfeigneur. "

Ces riches prefens ne fauverent pas ce
parricide. Pourquoi n'as-tu pas craint de " *Ibid.* 14.
mettre la main fur l'oint du Seigneur? "

Que ce foit fi vous voulez l'interêt de la
Royauté qui lui ait fait vanger fon préde-
ceffeur : toûjours eft-ce un fentiment au-
deffus des penfées vulgaires, que David
banni, loin de témoigner de la joye d'une
mort qui le délivroit d'un fi puiffant ennemi, & lui mettoit le diadême fur la tête,
la vange fur l'heure, & affure le repos public avec la vie des Rois.

Il avoit encore un redoutable ennemi ;
c'étoit un fils de Saül, qui partageoit le
Royaume : il fembloit que la politique le
pouvoit porter à ménager davantage celui
qui le défit de Saül ; mais ce grand courage ne veut point être délivré de fes enne-

mis par des attentats, & par des crimes.

En effet, quelque tems après des méchans lui apportérent la tête de ce second
enncmi. Voilà, lui dirent-ils, la tête d'If-
boſeth, fils de Saül, qui en vouloit à vôtre vie; mais le Seigneur vous en a vangé.
David dit : Vive le Seigneur qui m'a deli-
vré de tout peril ; j'ai fait mourir celui qui
croyoit m'apporter une nouvelle agréable,
en m'annonçant la mort de Saül : il trouva
la mort lui-même au lieu de la récompenſe qu'il eſperoit : combien plus vous dois-
je ôter de la terre, vous qui avez tué dans
ſon lit un homme innocent ?

II. Reg. iv. 8. 5. 10. 11. 12.

Il les fit mourir auſſi-tôt, & fit attacher
en lieu public leurs mains ſanguinaires, &
leurs pieds qui avoient couru au meurtre :
afin que tout Iſraël connût qu'il ne vouloit
point de tels ſervices.

Et ce qui montre qu'il agit en tout par
les motifs les plus nobles, c'eſt le ſoin
qu'il prend des reſtes de la maiſon de Saül.
Reſte-t'il encore quelqu'un de la maiſon
de Saül, afin que je lui faſſe du bien pour
l'amour de Jonathas ? Il trouva Miphibo-
ſeth fils de Jonathas, à qui il donna ſa table après lui avoir rendu toutes les terres
de ſa maiſon.

II. Reg. ix. 7. 8. 9.

Au lieu que les Rois d'une nouvelle famille ne ſongent qu'à affoiblir, & à détruire les reſtes des maiſons qui ont été ſur le
Trône devant eux ; David ſoutient, & releve la maiſon de Saül, & de Jonathas.

En un mot, toutes les actions, & toutes les paroles de David reſpirent je ne ſçai
quoi de ſi grand, & par conſequent de ſi
Royal,

Royal, qu'il ne faut que lire fa vie, & écouter fes difcours, pour prendre l'idée de la magnanimité.

À la magnanimité répond la magnificence, qui joint les grandes dépenfes aux grands deffeins.

David nous en eft encore un beau modéle. *II. Reg.* Ses victoires étoient marquées par les dons *viij. 11.* magnifiques qu'il faifoit au fanctuaire, qu'il *I. Par.* enrichiffoit des dépoüilles des Royaumes *xviij. 11.* fubjuguez.

La belle chofe de voir ce grand homme après avoir achevé glorieufement tant de guerres, paffer fa vieilleffe à faire les préparatifs, & les deffeins de ce magnifique Temple, que fon fils bâtit après fa mort.

Il affembla à grands frais tout ce qu'il y " *I. Par.* avoit de plus excellens ouvriers ; il amaffa " xxij. 1. des poids immenfes de fer & d'airain ; les " 2. 3. 4. cedres qu'il fit venir n'avoient point de prix : " 5. 14. il confacra à ce grand ouvrage cent mille " talents d'or, & dix millions de talents d'ar- " gent ; le refte étoit innombrable. Salomon " mon fils eft jeune ; & la maifon, difoit-il, " que je veux bâtir doit être renommée par " tout l'univers : ainfi je lui en veux préparer " toute la dépenfe. "

Après de fi magnifiques préparatifs, il croyoit n'avoir rien fait. J'ai offert, dit-il, " *Ibid.* 14. à Dieu toutes ces chofes dans ma pauvreté. " Il trouve pauvre tout ce qu'il a préparé, parce que cette dépenfe Royale n'égaloit pas fes defirs, ni fes idées, tant il les avoit grandes.

On parlera plus commodément en un autre endroit des magnificences de Salo-

mon, & des autres grands Rois de Juda.
Et pour définir, en quoi consiste la magnificence : on verra qu'elle paroît dans les
grands travaux consacrez à l'utilité publique : dans les ouvrages qui attirent de la
gloire à la nation ; qui impriment du respect aux sujets, & aux étrangers ; & rendent immortels les noms des Princes.

LIVRE SIXIEME.

LES DEVOIRS DES SUJETS ENVERS LE PRINCE,

ETABLIS PAR LA DOCTRINE PRECEDENTE.

ARTICLE PREMIER.

Du service qu'on doit au Prince.

I. PROPOSITION.

On doit au Prince les mêmes services qu'à sa Patrie.

PERSONNE n'en peut douter, après que nous avons vû que tout l'Etat est en la personne du Prince. En lui est la puissance. En lui est la volonté de tout le peuple. A lui seul appartient de faire tout conspirer au bien public. Il faut faire concourir ensemble le service qu'on doit au Prince, & celui qu'on doit à l'Etat, comme choses inséparables.

II. PROPOSITION.

Il faut servir l'Etat , comme le Prince l'entend.

CAr nous avons vû, qu'en lui réſide la raiſon qui conduit l'Etat.

Ceux qui penſent ſervir l'Etat autrement qu'en ſervant le Prince, & en lui obéïſſant, s'attribuent une partie de l'autorité Royale : ils troublent la paix publique , & le concours de tous les membres avec le chef.

Tels étoient les enfans de Servia , qui par un faux zele vouloient perdre ceux à qui David avoit pardonné. Qu'y a-t'il entre vous & moi , enfans de Servia ? Vous m'êtes aujourd'hui un ſatan.

II. Reg. ,,
XIX. 22. ,,
,,

Le Prince voit de plus loin & de plus haut : on doit croire qu'il voit mieux ; & il faut obéïr ſans murmure , puiſque le murmure eſt une diſpoſition à la ſédition.

Le Princè ſçait tout le ſecret & toute la ſuite des affaires : manquer d'un moment à ſes ordres , c'eſt mettre tout en hazard.

II. Reg. ,,
xx. 4. 5. ,,
6.   ,,
,,
,,
,,
,,
,,
,,

David dit à Amaſa : Aſſemblez l'armée dans trois jours , & rendez-vous prés de moi en même teins. Amaſa alla donc aſſembler l'armée , & demeura plus que le Roi n'avoit ordonné. Et David dit à Abiſai : Seba nous fera plus de mal qu'Abſalon : Allez vîte avec les gens qui ſont près de ma perſonne , & pourſuivez-le ſans relâche.

Amaſa n'avoit pas compris, que l'obéïſſance conſiſte dans la ponctualité.

III. PROPOSITION.

Il n'y a que les ennemis publics , qui fépa-
rent l'interêt du Prince de l'interêt
de l'Etat.

Dans le ftile ordinaire de l'Ecriture, les
ennemis de l'Etat font appellez auffi
les ennemis du Roi. Nous avons déja re- *I. Reg.*
marqué que Saül appelle fes ennemis , les *xiv. 24.*
Philiftins ennemis du peuple de Dieu. Da-
vid ayant défait les Philiftins : Dieu, dit-il, " *II. Reg.*
a défait mes ennemis. Et il n'eft pas befoin " *v. 20.*
de rapporter plufieurs exemples d'une chofe
trop claire pour être prouvée.

Il ne faut donc point penfer , ni qu'on
puiffe attaquer le peuple fans attaquer le
Roi , ni qu'on puiffe attaquer le Roi fans
attaquer le peuple.

C'étoit une illufion trop groffiere , que
ce difcours que faifoit Rabface, general de
l'armée de Sennacherib Roi d'Affyrie. Son
maître l'avoit envoyé pour exterminer Jerufalem, & tranfporter les Juifs hors de leur
pays. Il fait femblant d'avoir pitié du peuple réduit à l'extremité par la guerre , &
tâche de le foulever contre fon Roi Ezechias. Voici comme il parle devant tout le
peuple aux envoyez de ce Prince. Ce n'eft " *IV. Reg.*
pas à Ezechias vôtre maître que le Roi mon " *xviij. 27*
maître m'a envoyé : il m'a envoyé à ce " *28. 29.*
pauvre peuple réduit à fe nourrir de fes ex- " *&c.*
cremens. Puis il cria à tout le peuple : Ecou- "
tez les paroles du grand Roi le Roi d'Affy- "
rie : Voici ce que dit le Roi : Qu'Ezechias "

„ ne vous trompe pas ; car il ne pourra vous
„ délivrer de ma main. Ne l'écoutez pas ;
„ mais écoutez ce que dit le Roi des Aſſy-
„ riens : faites ce qui vous eſt utile, & venez
„ à moi. Chacun de vous mangera de ſa vi-
„ gne & de ſon figuier, & boira de l'eau de
„ ſa cîterne, juſqu'à ce que je vous tranſporte
„ à une terre auſſi bonne & auſſi fertile que
„ la vôtre, abondante en vin, en blé, en
„ miel, en olives, & en toutes ſortes de
„ fruits : N'écoutez plus Ezechias qui vous
„ trompe.

Flater le peuple pour le ſéparer des interêts de ſon Roi, c'eſt lui faire la plus cruelle
de toutes les guerres, & ajoûter la ſédition
à ſes autres maux.

Que les peuples déteſtent donc les Rab-
ſace, & tous ceux qui font ſemblant de les
aimer, lorſqu'ils attaquent leur Roi. On
n'attaque jamais tant le coïps, que quand
on l'attaque dans la tête ; quoi qu'on paroiſſe pour un tems flater les autres parties.

IV. PROPOSITION.

Le Prince doit être aimé comme un bien
public, & ſa vie eſt l'objet des vœux
de tout le Peuple.

DE là ce cri de, Vive le Roi, qui a
paſſé du peuple de Dieu à tous les peuples du monde. A l'élection de Saül, au
couronnement de Salomon, au ſacre de
Joas, on entend ce cri de tout le peuple :
„ Vive le Roi, vive le Roi, vive le Roi Da-
„ vid, vive le Roi Salomon.

Quand on abordoit les Rois, on com- " *IV. Reg.*
mençoit par ces vœux. O Roi vivez à ja- " *xj.* 12.
mais. Dieu conferve vôtre vie, ô Roi " *II. Efdr.*
Monfeigneur. " *ij.* 3.

Le Prophete Baruch commande pendant
la captivité à tout le peuple : De prier pour " *Baruc. j.*
la vie du Roi Nabuchodonofor, & pour la " 11.
vie de fon fils Baltazar. "

Tout le peuple offroit des facrifices au " *I. Efdr.*
Dieu du Ciel, & prioit pour la vie du Roi, " *vj.* 10.
& celle de fes enfans. "

Saint Paul nous a commandé de prier *I. Tim.*
pour les puiffances, & a mis dans leur con- *ij.* 2.
fervation celle de la tranquillité publique.

On juroit par la vie du Roi, comme par
une chofe facrée ; & les Chrétiens fi religieux à ne point jurer par les créatures, ont
reveré ce ferment, adorant les ordres de
Dieu dans le falut, & la vie des Princes.
Nous en avons vû les paffages.

Le Prince eft un bien public, que cha- " *II. Reg.*
cun doit être jaloux de fe conferver. Pour- " *xix.* 42.
quoi nos freres de Juda nous ont-ils dérobé " *&c.*
le Roi, comme fi c'étoit à eux feuls de le "
garder ? & le refte que nous avons vû. "

De là ces paroles déja remarquées. Le
peuple dit à David : Vous ne combattrez " *II. Reg.*
pas avec nous ; il vaut mieux que vous de- " *xviij.* 3.
meuriez dans la ville pour nous fauver tous. "

La vie du Prince eft regardée comme le
falut de tout le peuple : c'eft pourquoi chacun eft foigneux de la vie du Prince, comme de la fienne, & plus que de la fienne.

L'oint du Seigneur, que nous regardions " *Jer. L.*
comme le fouffle de nôtre bouche : c'eft- " *iv.* 20.
à-dire, qui nous étoit cher comme l'air

que nous respirons. C'est ainsi que Jeremie parle du Roi.

II. Reg. xxj. 17. „ Les gens de David lui dirent : Vous ne „ viendrez plus avec nous à la guerre , pour ne point éteindre la lumiere d'Israël.

Voyez comme on aime le Prince ; il est la lumiere de tout le Royaume. Qu'est-ce qu'on aime davantage que la lumiere? Elle fait la joye, & le plus grand bien de l'univers.

Ainsi un bon sujet aime son Prince, comme le bien public ; comme le salut de tout l'Etat ; comme l'air qu'il respire ; comme la lumiere de ses yeux ; comme sa vie , & plus que sa vie.

V. PROPOSITION.

La mort du Prince est une calamité publique : & les gens de bien la regardent , comme un châtiment de Dieu sur tout le peuple.

Quand la lumiere est éteinte , tout est en tenebres , tout est en deüil.

C'est toûjours un malheur public , lors qu'un Etat change de main ; à cause de la fermeté d'une autorité établie, & de la foiblesse d'un regne naissant.

C'est une punition de Dieu pour un Etat, *Prov.* „ lorsqu'il change souvent de maître. Les *xxviij.* „ pechez de la terre, dit le Sage, sont cause *2.* „ que les Princes sont multipliez : la vie du „ conducteur est prolongée , afin que la sa-„ gesse & la science abonde. C'est un mal-heur à un Etat d'être privé des conseils, & de la sagesse d'un Prince experimenté : &

d'être foumis à de nouveaux maîtres, qui fouvent n'apprennent à être fages qu'aux dépens du peuple.

Ainfi quand Jofias eut été tué dans la bataille de Mageddo : Toute la Judée & tout Jerufalem le pleurerent, principalement Jeremie, dont tous les muficiens & les muficiennes chantent encore à prefent les lamentations fur la mort de Jofias. « *II. Par.* « xxxv. « 25. « «

Et ce ne font pas feulement les bons Princes, comme Jofias, dont la mort eft réputée un malheur public ; le même Jeremie déplore encore la mort de Sedecias ; de ce Sedecias dont il eft écrit : Qu'il avoit mal fait aux yeux du Seigneur ; & qu'il n'avoit pas refpecté la face de Jeremie, qui lui parloit de la part de Dieu. Loin de refpecter ce faint Prophete, il l'avoit perfecuté. Et toutefois après la ruïne de Jerufalem, où Sedecias fait prifonnier eut les yeux crevez ; Jeremie qui déplore les maux de fon peuple, déplore comme un des plus grands malheurs, le malheur de Sedecias. « *II. Par.* « xxxvj. « 12. *Jer.* xxxvij. & xxxviij.

L'oint du Seigneur, qui étoit comme le fouffle de nôtre bouche, a été pris pour nos pechez : lui à qui nous difions : Nous vivrons fous vôtre ombre parmi les gentils. Un Roi captif, un Roi dépoüillé de fes Etats, & même privé de la vie, eft regardé comme le foutien & la confolation de fon peuple captif avec lui. Ce refte de Majefté fembloit encore répandre un certain éclat fur la nation défolée : & le peuple touché des malheurs de fon Prince, les déplore plus que les fiens propres. Le Seigneur, dit-il, a renverfé fa maifon, il a « *Jer. L.* « iv. 20. « « « « « *Ibid.* 2. « 6. 9.

„ oublié les fêtes & les fabbats de Sion ; le
„ Roi & le Pontife ont été l’objet de fa fu-
„ reur. Les portes de Jerufalem font abatuës :
„ Dieu a livré fon Roi & fes Princes aux
„ gentils.

Le Prophete regarde le malheur du Prince comme un malheur public, & un châtiment de Dieu fur tout le peuple : même
le malheur d’un Prince méchant ; car il
ne perd pas par fes crimes la qualité d’oint
du Seigneur, & la fainte Onction, qui l’a
confacré, le rend toûjours venerable.

C’eft pourquoi David pleure avec tout
le peuple la mort de Saül, quoi que méchant. Tes Princes font morts fur tes montagnes, ô Ifraël ! Comment les forts ont-
ils été tuez ? Ne portez point cette nouvelle dans Geth : ne l’annoncez point dans
les ruës d’Afcalon, de peur que les femmes des Philiftins ne s’en réjoüiffent : de
peur que ce ne foit un fujet de joye aux filles des incirconcis. Montagnes de Gelboë,
que la rofée ni la pluye ne diftillent plus fur
vous ; que vos champs fteriles ne portent
plus de quoi offrir des prémices, puifque
fur vous font tombez les boucliers des forts,
le bouclier de Saül, comme s’il n’avoit pas
été oint de l’huile facrée. Et le refte que
nous avons déja raporté.

C’eft ainfi que la mort du Prince, quoi
que méchant, quoi que réprouvé, fait la
joye des ennemis de l’Etat, & la douleur
de fes Sujets. Tout le pleure : tout eft en
deüil pour fa mort : & il faut que les chofes les plus infenfibles, comme les montagnes, & enfin que toute la nature s’en ref-
fente.

II. Reg. i.
19. 20.
21.

VI. PROPOSITION.

*Un homme de bien préfere la vie du Prince
à la sienne , & s'expose pour le sauver.*

NOus l'avons vû : le peuple va combat-   *II. Reg.*
tre ; il ne se soucie pas de son peril,   xviij. *&*
pourvû que le Prince soit en sûreté.   xxj.

La maniere dont on fait la garde autour·
du Prince à la ville & à la campagne, le
fait voir. Quand David entra de nuit dans
la tente de Saül : Il fallut passer au travers   " *I. Reg.*
d'Abner, & de tout le peuple qui reposoit   " xxvj 7.
autour de lui. Et David ayant pris la cou-   *Ibid.* 7.
pe du Roi, & sa pique, pour montrer qu'il   12.
avoit été maître de sa vie, crie de loin à
Abner & à tout le peuple : Abner, êtes-   " *Ibid.*14.
vous un homme ? Pourquoi gardez-vous " 15. 16.
si mal le Roi vôtre maître ? Quelqu'un est "
entré dans sa tente pour le tuer. Vive le "
Seigneur, vous meritez tous la mort, vous "
tous qui gardez si mal le Roi vôtre maître, "
l'oint du Seigneur ? Regardez où est sa pi- "
que & sa coupe.   "

Le peuple doit garder le Prince; le peuple campe autour de lui : il faut avoir en-
foncé tout le camp, avant qu'on puisse venir au Prince : on doit veiller, afin que le
Prince repose en sureté : qui neglige de le
garder, est digne de mort.

Quand le Roi étoit à la ville, le peuple
& les grands mêmes couchoient à sa porte.
Urie, (quoiqu'il fût homme de comman-   " *II. Reg.*
dement,) couchoit à la porte du Palais " xj. 9.
Royal, avec les autres serviteurs du Roi "
son maître.   "

Durant la rebellion d'Abſalon, Ethai Getthéen marchoit devant lui à la tête de ſix cens hommes de Geth, tous braves ſoldats. C'étoit des troupes étrangeres, dont David vouloit éprouver la fidelité ; & il „ dit à Ethai : Pourquoi venir avec nous ? „ Retournez, & attachez-vous au nouveau „ Roi. Vous êtes étranger, & vous êtes ſor- „ ti de vôtre pays : vous arrivâtes hier, & dés „ aujourd'hui vous marcherez avec nous ? „ Pour moi j'irai où je dois aller : mais vous „ allez, remenez vos freres, & le Seigneur „ recompenſera la fidélité & la reconnoiſſan- „ ce que vous m'avez témoignée. Ethai ré- „ pondit au Roi : Vive le Seigneur, & vive „ le Roi mon maître : En quelque lieu que „ vous ſoyez, ô Roi Monſeigneur, j'y ſe- „ rai avec vous ; & je ne vous quitterai ni à „ la vie, ni à la mort. David lui dit : Venez. A la réponſe qu'il lui fit, il le connut pour un homme qui ſçavoit ce que c'étoit de ſervir les Rois.

II. *Reg.*
xv. 19.
20. 21.
22.

ARTICLE II.

De l'obeïſſance duë au Prince.

I. PROPOSITION.

Les Sujets doivent au Prince une entiere obeïſſance.

SI le Prince n'eſt ponctuellement obéï, l'ordre public eſt renverſé, & il n'y a plus d'unité : par conſequent plus de concours, ni de paix dans un Etat.

C'eſt pourquoi nous avons vû, que quiconque déſobéït à la puiſſance publique, eſt jugé digne de mort. Qui ſera orgueilleux , & refuſera d'obéïr au commandement du Pontife, & à l'ordonnance du Juge il mourra, & vous ôterez le mal du milieu d'Iſraël. « *Deut.* « XVij. 12,

C'eſt pour empêcher ce déſordre que Dieu a ordonné les puiſſances ; & nous avons oüi ſaint Paul dire en ſon nom: Que toute ame ſoit ſoumiſe aux puiſſances ſuperieures ; car toute puiſſance eſt de Dieu: il n'y en a point que Dieu n'ait ordonnée. Ainſi qui réſiſte à la puiſſance réſiſte à l'ordre de Dieu. « *Rom.* « xiij. 12,

Avertiſſez-les d'être ſoumis aux Princes & aux puiſſances ; de leur obéïr ponctuellement ; d'être prêts à toute bonne œuvre. « *Tit.* iij, « 1.

Dieu a fait les Rois , & les Princes ſes Lieutenans ſur la terre, afin de rendre leur autorité ſacrée & inviolable. C'eſt ce qui fait dire au même ſaint Paul : Qu'ils ſont miniſtres de Dieu. Conformément à ce qui eſt dit dans le livre de la Sageſſe : Que les Princes ſont Miniſtres de ſon Royaume. « *Rom.* « xiij. 4. « *Sap.* vj. « 5.

De là ſaint Paul conclut : Qu'on leur doit obéïr par neceſſité , non-ſeulement par la crainte de la colere, mais encore par l'obligation de la conſcience. « *Rom.* « xiij. 5.

Saint Pierre a dit auſſi : Soyez ſoumis pour l'amour de Dieu à l'ordre qui eſt établi parmi les hommes : Soyez ſoumis au Roi, comme à celui qui a la puiſſance ſuprême ; & aux gouverneurs, comme étant envoyez de lui , parce que c'eſt la volonté de Dieu. « *I. Petr.* « ij. 13. 14. « 15.

A cela se rapporte, comme nous avons déja vû, ce que disent ces deux Apôtres :

I. Petr. „ Que les serviteurs doivent obéir à leurs
ij 18. „ maîtres, quand même ils seroient durs &
*Eph.*vj.5.„ fâcheux. Non à l'œil, & pour plaire aux
Colos. „ hommes ; mais comme si c'étoit à Dieu.
iij. 22.
23. Tout ce que nous avons vû pour montrer que la puissance des Rois est sacrée, confirme la verité de ce que nous disons ici : & il n'y a rien de mieux fondé sur la parole de Dieu, que l'obéissance qui est duë par principe de religion, & de conscience, aux puissances legitimes.

Au reste, quand JESUS-CHRIST dit
Matth.„ aux Juifs :·Rendez à Cesar, ce qui est dû
xxij.21. „ à Cesar : Il n'éxamina pas comment étoit établie la puissance des Cesars : c'est assez qu'il les trouvât établis, & regnans : il vouloit qu'on respectât dans leur autorité l'ordre de Dieu, & le fondement du repos public.

II. PROPOSITION.

Il n'y a qu'une exception à l'obeïssance qu'on doit au Prince ; c'est quand il commande contre Dieu.

LA subordination le demande ainsi.
I. Petr.„ Obéïssez au Roi, comme à celui à qui
ij.13.14.„ appartient l'autorité suprême, & au Gouverneur, comme à celui qu'il vous envoye.
„ verneur, comme à celui qu'il vous envoye.
Ecc. v. „ Et encore : Il y a divers degrez, l'un est
7. 8. „ au-dessus de l'autre : le puissant a un plus
„ puissant qui lui commande, & le Roi commande à tous les sujets.
„ mande à tous les sujets.

L'obéïſſance eſt duë à chacun ſelon ſon degré ; & il ne faut point obéïr au Gou-verneur, au préjudice des ordres du Prince.

Au-deſſus de tous les Empires eſt l'Em-pire de Dieu. C'eſt à vrai dire, le ſeul Em-pire abſolument ſouverain, dont tous les autres relevent ; & c'eſt de lui que vien-nent toutes les Puiſſances.

Comme donc on doit obéïr au Gouver-neur, ſi dans les ordres qu'il donne il ne paroît rien de contraire aux ordres du Roi, ainſi doit-on obéïr aux ordres du Roi, s'il n'y paroît rien de contraire aux ordres de Dieu.

Mais par la même raiſon, comme on ne doit pas obéïr au Gouverneur contre les ordres du Roi, on doit encore moins obéïr au Roi contre les ordres de Dieu.

C'eſt alors qu'a lieu ſeulement cette ré-ponſe que les Apôtres font aux Magiſtrats : " *Aĉ. v.* Il faut obéïr à Dieu plûtôt qu'aux hommes. " 29.

III. PROPOSITION.

On doit le tribut au Prince.

SI comme nous avons vû on doit expo-ſer ſa vie pour ſa Patrie, & pour ſon Prince ; à plus forte raiſon doit-on donner une partie de ſon bien pour ſoutenir les charges publiques. Et c'eſt ce qu'on appelle ici le tribut.

Saint Jean-Baptiſte l'enſeigne. Les Pu- " *Luc.* iij. blicains, (c'étoit eux qui recevoient les " 12. impôts & les revenus publics :) vinrent à " lui pour être baptiſez, & lui demandoient : "

„ Maître que ferons-nous pour être fauvez.
·Il ne leur dit pas : Quittez vos emplois,
car ils font mauvais & contre la confcien-
Ibid. 13. „ ce : Mais il leur dit : N'exigez pas plus
„ qu'il ne vous eft ordonné.

Nôtre-Seigneur le décide : Les Phari-
fiens croïoient que le tribut qu'on payoit
par tête à Cefar dans la Judée ne lui étoit
pas dû. Ils fe fondoient fur un pretexte de
religion difant , que le peuple de Dieu ne
devoit point payer de tribut à un Prince infidéle. Ils voulurent voir ce que diroit
Nôtre-Seigneur fur ce fujet : parce que
s'il parloit pour Cefar , ce leur étoit un
moyen de le décrier parmi le peuple ; & s'il
parloit contre Cefar , ils le defereroient
aux Romains. Ainfi ils lui envoyérent leurs
Matth. „ difciples , qui lui demanderent : Eft-il per-
xxij. 17. „ mis de payer le tribut qu'on exige par tête
18. 19. „ pour Cefar. J E S U S connoiffant leur ma-
20. 21. „ lice , leur dit : Hypocrites , pourquoi tâ-
„ chez-vous de me furprendre ? Montrez-
„ moi une piece de monnoye. Ils lui donne-
„ rent un denier. Et J E S U S leur dit : De
„ qui eft cette image , & cette infcription ?
„ De Cefar, lui dirent-ils. Alors il leur dit :
„ Rendez donc à Cefar ce qui eft à Cefar, &
„ à Dieu ce qui eft à Dieu.

Comme s'il eût dit : Ne vous fervez plus
du pretexte de la Religion , pour ne point
payer le tribut. Dieu a fes droits feparez
de ceux du Prince. Vous obéïffez à Cefar;
la monnoye dont vous vous fervez dans
vôtre commerce , c'eft Cefar qui la fait
battre : s'il eft vôtre Souverain, reconnoif-
fez fa Souveraineté en lui payant le tribut
qu'il impofe.   Ainfi

Ainſi les tributs qu'on paye au Prince, ſont une reconnoiſſance de l'autorité ſuprême ; & on ne les peut refuſer ſans rebellion.

Saint Paul l'enſeigne expreſſement. Le Prince eſt miniſtre de Dieu ; vangeur des mauvaiſes actions. Soyez-lui donc ſoumis par neceſſité ; non-ſeulement par la crainte de la colere du Prince, mais encore par l'obligation de vôtre conſcience. C'eſt pourquoi vous lui payez tribut ; car ils ſont miniſtres de Dieu ſervans pour cela. Rendez donc à chacun ce que vous lui devez : le tribut à qui eſt dû le tribut : la taille à qui elle eſt dûë : la crainte à qui elle eſt dûë : & l'honneur à qui eſt dû l'honneur. " Rom. " xiij. 4. " 5. 6. 7,

On voit par ces paroles de l'Apôtre qu'on doit payer le tribut au Prince religieuſement, & en conſcience ; comme on lui doit rendre l'honneur, & la ſujetion, qui eſt dûë à ſon miniſtere.

Et la raiſon fait voir, que tout l'Etat doit contribuer aux neceſſitez publiques, auxquelles le Prince doit pourvoir.

Sans cela il ne peut ni ſoûtenir, ni défendre les particuliers, ni l'Etat même. Le Royaume ſera en proye, les particuliers periront dans la ruïne de l'Etat. De ſorte qu'à vrai dire, le tribut n'eſt autre choſe, qu'une petite partie de ſon bien qu'on paye au Prince, pour lui donner moyen de ſauver le tout.

IV. PROPOSITION.

Le respect, la fidelité, & l'obéissance qu'on
doit aux Rois, ne doivent être alterées
par aucun pretexte.

C'Eſt-à-dire, qu'on les doit toûjours reſpecter, toûjours ſervir, quels qu'ils
ſoient bons ou méchans. Obéïſſez à vos
maîtres, non-ſeulement quand ils ſont bons
& moderez ; mais encore quand ils ſont
durs & fâcheux.

1. Petr.
11. 18.

L'Etat eſt en peril, & le repos public n'a
plus rien de ferme, s'il eſt permis de s'élever pour quelque cauſe que ce ſoit contre
les Princes.

La ſainte Onction eſt ſur eux : & le haut
miniſtere qu'ils exercent au nom de Dieu,
les met à coûvert de toute iuſulte.

Nous avons vû David, non-ſeulement
refuſer d'attenter ſur la vie de Saül ; mais
trembler, pour avoir oſé lui couper le bord
de ſa robe, quoique ce fût à bon deſſein.

Que j'oſe lever ma main contre l'oint du
Seigneur, à Dieu ne plaiſe. Et le cœur de
David fut frapé, parce qu'iL avoit coupé
le bord de la cotte-d'armes de Saül.

1. Reg.
xxiv. 6.
7.

Les paroles de ſaint Auguſtin ſur ce paſſage ſont remarquables. Vous m'objectez,
dit-il à Petilien Evêque Donatiſte : Que
celui qui n'eſt pas innocent ne peut avoir
la ſainteté. Je vous demande, ſi Saül n'a-
voit pas la ſainteté de ſon ſacrement & de
l'onction Royale ; qu'eſt-ce qui cauſoit en
lui de la veneration à David ? Car c'eſt à

Lib. II.
cont. lit.
Petil.
cxlviij.

cauſe de cette onction ſainte & ſacrée, qu'il «
l'a honoré durant ſa vie, & qu'il a vangé «
ſa mort. Et ſon cœur frapé trembla, quand «
il coupa le bord de la robe de ce Roi in- «
juſte. Vous voyez donc que Saül, qui n'a- «
voit pas l'innocence, ne laiſſoit pas d'avoir «
la ſainteté ; non la ſainteté de vie, mais la «
ſainteté du Sacrement divin, qui eſt ſaint «
même dans les hommes mauvais. «

Il appelle Sacrement l'Onction Royale ;
ou parce qu'avec tous les peres, il donne
ce nom à toutes les ceremonies ſacrées ;
ou parce qu'en particulier l'Onction Royale des Rois dans l'ancien peuple, étoit un
ſigne ſacré inſtitué de Dieu, pour les rendre capables de leur charge, & pour figurer l'Onction de JESUS-CHRIST même.

Mais ce qu'il y a ici de plus important,
c'eſt que ſaint Auguſtin reconnoît après
l'Ecriture, une ſainteté inherente au caractere royal, qui ne peut être effacée par aucun crime.

C'eſt, dit-il, cette ſainteté que David
injuſtement pourſuivi à mort par Saül ; David ſacré lui-même pour lui ſucceder, a
reſpectée dans un Prince réprouvé de Dieu.
Car il ſçavoit, que c'étoit à Dieu ſeul à faire
juſtice des Princes ; & que c'eſt aux hommes à reſpecter le Prince, tant qu'il plaît
à Dieu de le conſerver.

Auſſi voyons-nous que Samuel après
avoir déclaré à Saül que Dieu l'avoit rejet-
té, ne laiſſe pas de l'honorer. J'ai mal fait, « *I. Reg.*
lui dit Saül : mais je vous prie portez mon « xv. 24.
peché, & retournez avec moi pour adorer « 25. 26.
le Seigneur. Samuel lui répondit : Je n'i- « 27. 28.
Y 2 30. 31.

„ rai pas avec vous , parce que vous avez re-
„ jetté la parole du Seigneur , & le Seigneur
„ vous a auſſi rejetté : il ne veut plus que
„ vous ſoyez Roi. Samuel ſe tournoit pour
„ ſe retirer , & Saül le prit par le haut de ſon
„ manteau qui ſe déchira. Sur quoi Samuel
„ lui dit : le Seigneur a ſéparé de vous le
„ Royaume d'Iſraël , & l'a donné à un plus
„ homme de bien. Ce Dieu puiſſant , & vic-
„ torieux , ne s'en dédira pas : car il n'eſt pas
„ comme un homme pour ſe repentir de ſes
„ deſſeins. J'ai peché , répondit Saül : mais
„ honorez-moi devant les Senateurs de mon
„ peuple , & devant tout Iſraël ; & retour-
„ nez avec moi , afin que j'adore avec vous
„ le Seigneur vôtre Dieu. Alors Samuel ſui-
„ vit Saül , & Saül adora le Seigneur.

On ne peut donc pas déclarer plus clairement à un Prince ſa réprobation : mais
Samuel à la fin ſe laiſſe fléchir , & conſent
à honorer Saül devant les grands , & devant le peuple : nous montrant par cet
exemple , que le bien public ne permet pas
qu'on expoſe le Prince au mépris.

Roboam traita durement le peuple : mais
la revolte de Jeroboam & des dix Tribus qui
le ſuivirent , quoique permiſe de Dieu en
punition des pechez de Salomon , ne laiſſe
pas d'être déteſtée dans toute l'Ecriture ,
II. Paral. qui déclare : Qu'en ſe revoltant contre la
xiij. 5. 6. maiſon de David , ils ſe revoltoient contre
7. 8. Dieu qui regnoit par elle.

Tous les Prophetes qui ont vécu ſous
les méchans Rois : Elie & Eliſée ſous
Achab , & ſous Jeſabel en Iſraël : Iſaïe
ſous Achas & ſous Manaſſés : Jeremie ſous

Joachim, fous Jechonias, fous Sedecias :
en un mot tous les Prophetes fous tant de
Rois impies & méchans, n'ont jamais manqué à l'obéïffance, ni infpiré la revolte;
mais toûjours la foumiffion, & le refpect.

Nous venons d'oüir Jeremie après la ruine de Jerufalem, & l'entier renverfement
du trône des Rois de Juda, parler encore
avec un refpect profond de fon Roi Sedecias. L'oint du Seigneur que nous regar- " *Jerem.*
dions comme le fouffle de nôtre bouche, " *Lam.* iv.
a été pris pour nos pechez : lorfque nous " 20.
lui difions : Nous vivrons fous vôtre om- "
bre parmi les gentils. "

Les bons fujets ne fe tenoient pas quittes
du refpect qu'ils devoient à leur Roi, après
même que fon Royaume fut renverfé, &
qu'il fut emmené comme un captif avec
tout fon peuple : Ils refpectoient jufques
dans les fers & après la ruine du Royaume,
le caractere facré de l'autorité Royale.

V. PROPOSITION.

L'impieté déclarée, & même la perfecution,
n'exemptent pas les fujets de l'obéïffance
qu'ils doivent aux Princes.

LE caractere Royal eft faint & facré,
même dans les Princes infidéles ; &
nous avons vû que Cyrus eft appellé par
Ifaïe : L'oint du Seigneur. " *Ifaïe*
Nabuchodonofor étoit impie & orgueil- xlv j.
leux, jufqu'à vouloir s'égaler à Dieu, &
jufqu'à faire mourir ceux qui lui refufoient
un culte facrilege. Et neanmoins Daniel

lui dit ces mots : Vous êtes le Roi des Rois, & le Dieu du Ciel vous a donné le Royaume , & la Puissance , & l'Empire , & la Gloire.

Baruch.
j. 11.

C'est pourquoi le peuple de Dieu prioit pour la vie de Nabuchodonosor , de Baltazar , & d'Assuerus.

I. Es. vj.
10.

Achab , & Jesabel avoient fait mourir tous les Prophetes du Seigneur. Helie s'en plaint à Dieu : mais il demeure toûjours dans l'obéïssance.

III. Reg.
xix. 1. 10.
14.

III. Reg.
xx.

Les Prophetes durant ce tems font des prodiges étonnans , pour défendre le Roi, & le Royaume.

IV. Reg.
iij. vj vij.

Elisée en fit autant sous Joram fils d'Achab , aussi impie que son pere.

IV. Reg.
xxj. 2. 3.
16.

Rien n'a jamais égalé l'impieté de Manassés , qui pecha & fit pecher Juda contre Dieu, dont il tâcha d'abolir le culte ; persecutant les fidéles serviteurs de Dieu , & faisant regorger Jerusalem de leur sang. Et cependant Isaïe, & les saints Prophetes qui le reprenoient de ses crimes , jamais n'ont excité contre lui le moindre tumulte.

Cette doctrine s'est continuée dans la Religion Chrétienne.

C'étoit sous Tibere , non-seulement infidéle , mais encore méchant, que Nôtre-Seigneur dit aux Juifs : Rendez à Cesar ce qui est à Cesar.

Matth.
xxij. 21.

Act. xxv.
10. 11.
&c.

Saint Paul appelle à Cesar, & reconnoît sa puissance.

Il fait prier pour les Empereurs, quoique l'Empereur qui regnoit du tems de cette ordonnance fût Neron , le plus impie & le plus méchant de tous les hommes.

I. Tim.
ij. 12.

Il donne pour but à cette priere la tranquillité publique , parce qu'elle demande qu'on vive en paix ; même sous les Princes méchans , & perfecuteurs.

Saint Pierre & lui commandent aux fidéles d'être foûmis aux puiffances. Nous avons vû leurs paroles ; & nous avons vû, quelles étoient alors les puiffances , dans lefquelles ces deux faints Apôtres faifoient refpecter aux fidéles l'ordre de Dieu.

Rom. xiij. 5. I. Petr. ij. 13. 14. 17. 18.

. En confequence de cette doctrine apoftolique , les premiers Chrétiens , quoique perfecutez durant trois cens ans , n'ont jamais caufé le moindre mouvement dans l'Empire. Nous avons appris leurs fentimens par Tertullien , & nous les voyons dans toute la fuite de l'Hiftoire Ecclefiaftique.

Ils continuoient à prier pour les Empereurs , même au milieu des fupplices aufquels ils les condamnoient injuftement. Courage , dit Tertullien, arrachez, ô bons Juges, arrachez aux Chrétiens une ame qui répand des vœux pour l'Empereur.

" *Tertul.* " *Apolog.* "

Conftance , fils de Conftantin le grand, quoique protecteur des Arriens , & perfecuteur de la foi de Nicée, trouva dans l'Eglife une fidelité inviolable.

Julien l'apoftat , fon fucceffeur, qui rétablit le Paganifme condamné par fes predeceffeurs , n'en trouva pas les Chrétiens moins fidéles ; ni moins zelez pour fon fervice : tant ils fçavoient diftinguer l'impieté du Prince , d'avec le facré caractere de la Majefté fouveraine.

Tant d'Empereurs heretiques qui vinrent

depuis : un Valens, une Juſtine, un Zenon,
un Baſilique , un Anaſtaſe , un Heraclius,
un Conſtant , quoiqu'ils chaſſaſſent de leur
ſiége les Evêques orthodoxes , & même
les Papes ; & qu'ils rempliſſent l'Egliſe de
carnage & de ſang , ne virent jamais leur
autorité attaquée ou affoiblie par les Ca-
tholiques.

Enfin durant ſept cens ans on ne voit
pas ſeulement un ſeul exemple, où l'on ait
deſobéï aux Empereurs , ſous prétexte de
Religion. Dans le huitiéme ſiécle tout
l'Empire demeure fidéle à Leon Iſaurien,
chef des Iconoclaſtes , & perſecuteur des
fidéles. Sous Conſtantin Copronyme ſon
fils , qui ſucceda à ſon hereſie & à ſes violences auſſi-bien qu'à ſa Couronne , les fidéles d'Orient n'oppoſerent que la patience
à la perſecution. Mais dans la chute de
l'Empire , lorſque les Ceſars ſuffiſoient à
peine à défendre l'Orient , où ils s'étoient
renfermez ; Rome abandonnée près de deux
cens ans à la fureur des Lombards, & con-
trainte d'implorer la protection des François , fut obligée de s'éloigner des Empereurs.

On pâtit longtems avant que d'en venir
à cette extremité ; & on n'y vient enfin ,
que quand la capitale de l'empire fut regardée par ſes Empereurs , comme un pays
expoſé en proye , & laiſſé à l'abandon.

VI. PROPOSITION.

Les Sujets n'ont à opposer à la violence des Princes, que des remontrances respectueuses, sans mutinerie, & sans murmure ; & des prieres pour leur conversion.

QUand Dieu voulut délivrer les Israëlites de la tyrannie de Pharaon , il ne permit pas qu'ils procedassent par voye de fait contre un Roi , dont l'inhumanité envers eux étoit inoüie. Ils demandèrent avec respect la liberté de sortir , & d'aller sacrifier à Dieu dans le desert.

Nous avons vû que les Princes doivent écouter même les particuliers ; à plus forte raison doivent-ils écouter le peuple, qui leur porte avec respect ses justes plaintes par les voyes permises. Pharaon tout endurci & tout tyran qu'il étoit , ne laissoit pas du moins d'écouter les Israëlites. Il écoutoit Moïse & Aaron. Il reçût à son audience les Magistrats du peuple d'Israël, qui vinrent se plaindre à lui avec de grands cris, & lui disoient : Pourquoi traitez-vous ainsi vos serviteurs ? *Exod.* "v. vij. "*Ibid.* v. " 15.

Qu'il soit donc permis au peuple oppressé de recourir au Prince par ses Magistrats, & par les voyes legitimes : mais que ce soit toûjours avec respect.

Les remontrances pleines d'aigreur & de murmure , sont un commencement de sedition qui ne doit pas être souffert. Ainsi les Israëlites murmuroient contre Moïse, & ne lui ont jamais fait une remontrance tranquille. *Num.* xj. xiij. xiv. xx. xxj. *&c.*

Ibid. Moïſe ne ceſſa jamais de les écouter, de les adoucir, de prier pour eux ; & donna un memorable exemple de la bonté que les Princes doivent à leur peuple : mais Dieu pour établir l'ordre, fit de grands châtimens de ces ſeditieux.

Quand je dis que ces remontrances doivent être reſpectueuſes, j'entends qu'elles le ſoient effectivement, & non-ſeulement en apparence, comme celles de Jeroboam & des dix Tribus, qui dirent à Roboam : III. Reg. xij. 4. „Vôtre pere nous a impoſé un joug inſup-„portable : diminuez un peu un joug ſi pe-„ſant, & nous vous ſerons fidéles ſujets.

II. Par. x. 4. Il y avoit dans ces remontrances quelque marque exterieure de reſpect, en ce qu'ils ne demandoient qu'une petite diminution, & promettoient d'être fidéles. Mais faire dépendre leur fidélité de la grace qu'ils demandoient, c'étoit un commencement de mutinerie.

On ne voit rien de ſemblable dans les remontrances que les Chrétiens perſecutez faiſoient aux Empereurs. Tout y eſt ſoûmis, tout y eſt modeſte ; la verité de Dieu y eſt dite avec liberté : mais ces diſcours ſont ſi éloignez des termes ſeditieux, qu'encore aujourd'hui on ne peut les lire, ſans ſe ſentir porté à l'obéïſſance.

L'Imperatrice Juſtine, mere & tutrice de Valentinien II. voulut obliger ſaint Ambroiſe à donner une Egliſe aux Arriens, qu'elle protegeoit, dans la ville de Milan, réſidence de l'Empereur. Tout le peuple ſe réünit avec ſon Evêque ; & aſſemblé à l'Egliſe, il attendoit l'évenement de cette affaire. Saint Ambroife ne fortit jamais de la modeftie d'un fujet, & d'un Evêque. Il fit fes remontrances à l'Empereur : Ne « *Ambr.* croyez pas, lui difoit-il, que vous ayez « *Lib. II.* pouvoir d'ôter à Dieu ce qui eft à lui. Je « *Ep.* xiij. ne puis pas vous donner l'Eglife que vous « demandez : mais fi vous la prenez, je ne « dois pas refifter. Et encore : Si l'Empereur « *Ambr.* veut avoir les biens de l'Eglife, il peut les « *Orat. de* prendre ; perfonne de nous ne s'y oppofe : « *Bafilicis* qu'il nous les ôte s'il veut ; je ne les don- « *non tra-* ne pas, mais je ne les refufe pas. « *dendis.*

L'Empereur, ajoûtoit-il, eft dans l'E- « *Ibid.* glife ; mais non au-deffus de l'Eglife. Un « bon Empereur, loin de rejetter le fecours « de l'Eglife, le recherche. Nous difons ces « chofes avec refpect : mais nous nous fen- « tons obligez de les expofer avec liberté. «

Il contenoit le peuple affemblé tellement dans le refpect, qu'il n'échapa jamais une parole infolente. On prioit, on chantoit les loüanges de Dieu, on attendoit fon fecours.

Voilà une refiftance digne d'un Chrétien, & d'un Evêque. Cependant parce que le peuple étoit affemblé avec fon Pafteur, on difoit au Palais que ce faint Pafteur afpiroit à la tyrannie. Il répondit : J'ai une défenfe ; « *Ibid.* mais dans les prieres des pauvres. Ces « aveugles & ces boiteux, ces eftropiez & « ces vieillards, font plus forts que les fol- « dats les plus courageux. Voilà les forces « d'un Evêque ; voilà fon armée. «

Il avoit encore d'autres armes, la pa- tience, & les prieres qu'il faifoit à Dieu. Puifqu'on appelle cela une tyrannie, j'ai «

Ambr.
Lib. II.
Ep. xiij. „ des armes , difoit-il , j’ai le pouvoir d’of-
„ frir mon corps en facrifice. Nous avons
„ nôtre tyrannie & nôtre puiffance. La puif-
„ fance d’un Evêque eft fa foibleffe. Je fuis
„ fort quand je fuis foible , difoit faint Paul.

En attendant la violence dont l’Eglife
étoit menacée, le faint Evêque étoit à l’Autel demandant à Dieu avec larmes , qu’il
n’y eût point de fang répandu, ou du moins,
qu’il plût à Dieu de fe contenter du fien.
Ibid. „ Je commençai , dit-il , à pleurer amere-
„ ment en offrant le Sacrifice ; priant Dieu
„ de nous aider de telle forte , qu’il n’y eût
„ point de fang répandu dans la caufe de l’E-
„ glife ; qu’il n’y eût du moins que le mien
„ qui fût verfé , non-feulement pour le peu-
„ ple , mais même pour les impies.

Dieu écouta des prieres fi ardentes : l’E-
glife fut victorieufe , & il n’en coûta le
fang à perfonne.

Peu de tems après , Juftine & fon fils
prefque abandonnez de tout le monde, eurent recours à faint Ambroife, & ne trouverent de fidelité , ni de zele pour leur fervice , qu’en cet Evêque qui s’étoit oppofé
à leurs deffeins , dans la caufe de Dieu, &
de l’Eglife.

Voilà ce que peuvent les remontrances
refpectueufes : voilà ce que peuvent les prieres. Ainfi faifoit la Reine Efther , ayant
conçu le deffein de fléchir Affuerus fon
mari , après qu’il eut réfolu de facrifier
tous les Juifs à la vengeance d’Aman. Elle
Efth. iv.
16. „ fit dire à Mardochée : Affemblez tous les
„ Juifs que vous trouverez à Suze , & priez
„ pour moi. Ne mangez , ni ne beuvez pen-

dant trois jours & trois nuits : je jeûnerai «
de même avec mes femmes : après je m'ex- «
poſerai à perdre la vie, & je parlerai au «
Roi contre la loi, ſans attendre qu'il m'ap- «
pelle. «

Quand elle parut devant le Roi : Les « *Ibid. xv.*
yeux étincelans de ce Prince témoignerent « 10. 11.
ſa colere : mais Dieu ſe reſſouvenant des « *& viij.*
prieres d'Eſther, & de celles des Juifs, « ix.
changea la fureur du Roi en douceur. Et «
les Juifs furent délivrez à la conſideration «
de la Reine. «

Ainſi quand le Prince des Apôtres fut
arrêté priſonnier par Herode : Toute l'E- « *Act. xij.*
gliſe prioit pour lui ſans relâche. Et Dieu « *5. & ſeq.*
envoya ſon Ange pour le délivrer. Voilà «
les armes de l'Egliſe : des vœux, & des
prieres perſeverantes.

S. Paul priſonnier pour JESUS-CHRIST,
n'a que ce ſecours, & ces armes. Preparez- « *Ep. ad*
moi un logement ; car j'eſpere que Dieu « *Philem.*
me donnera à vos prieres. «

En effet, il ſortit de priſon : Et il fut dé- « *II. Tim.*
livré de la gueule du lion. Il appelle ainſi « iv. 17.
Neron, l'ennemi non-ſeulement des Chré-
tiens, mais de tout le genre-humain.

Que ſi Dieu n'écoute pas les prieres de
ſes fidéles ; ſi pour éprouver & pour châtier ſes enfans, il permet que la perſecution s'échauffe contr'eux, ils doivent alors
ſe reſſouvenir : Que JESUS-CHRIST les « *Matth.*
a envoyez comme des brebis au milieu des « x. 16.
loups. «

Voilà une doctrine vraiment ſainte, vraiment digne de JESUS-CHRIST & de ſes
diſciples.

A R T I C L E III.

Deux difficultez tirées de de l'Ecriture : de David, & des Machabées.

I. P R O P O S I T I O N.

La conduite de David ne favorise pas la rebellion.

I. Reg. „ D AVID perfecuté par Saül, ne fe con-
xxij.1.2. „ tenta pas de prendre la fuite : Mais
„ encore, il affembla fes freres & fes parens,
„ tous les mécontens, tous ceux qui étoient
„ accablez de dettes , & dont les affaires
„ étoient en mauvais état; fe joignirent à lui
„ au nombre de quatre cens , & il fut leur
„ capitaine.

I. Reg.   Il demeura en cet état dans la Judée,
xxij.6.7. armé contre Saül qui l'avoit déclaré fon
xxiv.2.3. ennemi , & qui le pourfuivit comme tel
xxvj.1.2. avec toutes les forces d'Ifraël.
3.4.

Ibid.   Il fe retira enfin dans le Royaume d'A-
chis, Roi des Philiftins, avec lequel il traita,
xxvij.6. & en obtint la ville de Siceleg.

Ibid.   Achis regardoit tellement David comme
xxviij.1. l'ennemi juré des Ifraëlites , qu'il le mena
2,   avec lui les allant combattre , & lui dit·:
„ Je vous donnerai ma vie en garde tout le
„ refte de mes jours.

Ibid.   En effet, David & fes gens marchoient
xxix. 1. à la queuë avec Achis; & il ne fe retira de
2.3 &c. l'armée des Philiftins , que lorfque les fa-
trapes , qui fe défioient de lui , obligérent
le Roi à le congédier.

Il paroît qu'il ne se retire qu'à regret.
Qu'ai-je fait, dit-il à Achis ? & qu'avez- " *Ibid.*
vous remarqué en moi qui vous déplaise "
depuis que je suis avec vous, pour m'em- "
pêcher de vous suivre, & de combattre les "
ennemis du Roi Monseigneur ? "

Etre armé contre son Roi, traiter avec
ses ennemis, aller combattre avec eux contre son peuple : voilà tout ce que peut faire
un sujet rebelle.

Mais pour justifier David, il ne faut que
considerer toutes les circonstances de l'histoire.

Ce n'étoit pas un sujet comme les au-   *I. Reg.*
tres ; il étoit choisi de Dieu pour succeder   xvj. 12,
à Saül, & déja Samuel l'avoit sacré.   13.

Ainsi le bien public, autant que son interêt particulier, l'obligeoit à garder sa vie,
que Saül lui vouloit ôter injustement.

Son intention toutefois n'étoit pas de
demeurer en Israël, avec ces quatre cens
hommes qui suivoient ses ordres. Il s'étoit " *Ibid.*
retiré auprès du Roi de Moab avec son pe- " xxij.
re & sa mere, jusqu'à-ce qu'il plût à Dieu " 3. 4.
de déclarer sa volonté. "

Ce fut un ordre de Dieu porté par le   *Ibid.* 5.
Prophete Gad, qui l'obligea de demeurer
dans la terre de Juda, où il étoit plus aimé ;
parce que c'étoit sa Tribu.

Au reste, il n'en vint jamais à aucun   *Ibid.*
combat contre Saül, ni contre son peuple.   xxij.
Il fuyoit de desert en desert, seulement   xxiij.
pour s'empêcher d'être pris.   xxiv.

Etant dans le Carmel au plus riche pays   xxvj.
de la terre sainte, & au milieu des biens de   *Ibid.*
Nabal ; l'homme le plus puissant du pays,   xxv. 15.
16.

il ne lui enleva jamais une brebis dans un immense troupeau : & loin de le vexer, il le défendoit contre les courses des ennemis.

Ibid.
xxiv.
xxvj.
Quelque cruelle que fût la persécution qu'on lui fit, il ne perdit jamais l'amour qu'il avoit pour son Prince, dont il regarda toûjours la personne comme sacrée.

Ibid. „
xxiij. „
1. 5. „
„
„
Il sçût que les Philistins attaquoient la ville de Ceilan, & pilloient les environs. Il y fut avec ses gens : il tailla en pieces les Philistins ; il leur prit leur bagage & leur butin, & sauva ceux de Ceilan.

Ibid. 3. „
4. 5. „
„
„
„
„
.
Ces gens s'opposoient à ce dessein. Quoi ! disoient-ils, à peine pouvons-nous vivre en sureté dans la terre de Juda ? Que n'aurons-nous pas à craindre si nous marchons vers Ceilan contre les Philistins ? Mais le zele de David l'emporta sur la crainte.

C'est ainsi que poursuivi à outrance, il ne perd jamais le desir de servir son Prince, & son Pays.

Ibid.
xxvij.
2. 3 8.
9. 10.
&c.
Il est vrai qu'à la fin il se retira chez Achis, & qu'il traita avec lui. Mais encore qu'il eût l'adresse de persuader à ce Prince qu'il faisoit des courses sur les Juifs ; en effet, il n'enlevoit rien qu'aux Amalecites, & aux autres ennemis du peuple de Dieu.

Ibid. 6.
Quant à la ville que lui donna le Roi Achis, il l'incorpora au Royaume de Juda ; & le traité qu'il fit avec l'ennemi profita à son Pays.

Que si pour ne point donner de défiance à Achis, il le suit quand il marche contre Saül : si pour la même raison il témoigne qu'il ne se retire qu'à regret, c'est un effet de la même adresse qui lui avoit sauvé la vie.

Il

Il faut tenir pour certain, que dans cette derniere rencontre il n'eût pas plus combattu contre son peuple, qu'il avoit fait jusqu'alors. Il étoit à la queuë du camp avec le Roi des Philistins, auquel il paroît assez que la coûtume de ces peuples ne permettoit pas de se hazarder. *Ibid.* **XXIX. 2.**

De sçavoir ce qu'il eût fait dans la mêlée, si le combat fût venu jusqu'au Roi Achis; c'est ce qu'on ne peut deviner. Ces grands hommes abandonnez à la providence divine, apprennent sur l'heure ce qu'ils ont à faire : & après avoir poussé la prudence humaine jusqu'où elle peut aller, ils trouvent quand elle est à bout, des secours divins, qui contre toute esperance les dégagent des inconveniens où ils sembloient devoir être inévitablement enveloppez.

II. PROPOSITION.

Les guerres des Machabées n'autorisent point les revoltes.

LEs Juifs conquis par les Assyriens étoient passez successivement sous la puissance des Perses, sous celle d'Alexandre, & enfin sous celle des Rois de Syrie. Il y avoit environ trois cens cinquante ans qu'ils étoient dans cet état ; & il y en avoit cent cinquante qu'ils reconnoissoient les Rois de Syrie, lorsque la persécution d'Antiochus l'illustre leur fit prendre les armes contre lui sous la conduite des Machabées. Ils firent longtems la guerre, durant laquelle ils traiterent avec les Romains,

& avec les Grecs, contre les Rois de Syrie leurs legitimes Seigneurs : dont enfin ils fecoüerent le joug, & fe firent des Princes de leur Nation.

Voilà une revolte manifefte : ou fi ce n'en eft pas une, cet exemple femble montrer qu'un gouvernement tyrannique, & fur tout une violente perfécution, où les peuples font tourmentez pour la veritable Religion, les exempte de l'obéïffance qu'ils doivent à leurs Princes.

Il ne faut nullement douter que la guerre des Machabées ne fût jufte, puifque Dieu même l'a approuvée : mais fi on remarque les circonftances du fait, on verra que cet exemple n'autorife pas les revoltes que le motif de la Religion a fait entreprendre depuis.

La Religion veritable jufqu'à la venuë du Meffie devoit fe perpetuer dans la race d'Abraham, & par la trace du fang.

Elle devoit fe perpetuer dans la Judée, dans Jerufalem, dans le Temple, lieu choifi de Dieu pour y offrir les facrifices, & y exercer les ceremonies de la Religion interdites par tout ailleurs.

Il étoit donc de l'effence de la Religion que les enfans d'Abraham fubfiftaffent toûjours, & fubfiftaffent dans la terre donnée à leurs Peres, pour y vivre felon la Loi de Moïfe : dont auffi les Rois de Perfe, & les autres jufqu'à Antiochus, leur avoient toûjours laiffé le libre exercice.

Cette famille d'Abraham fixée dans la Terre-fainte, en devoit être tranfportée une feule fois par un ordre exprès de Dieu;

mais non pour en être éternellement bannie. Au contraire , le Prophete Jeremie *Jer. xxj.*
qui avoit porté au peuple l'ordre de passer 7. 8. 9.
à Babylone , où Dieu vouloit qu'ils subissent la peine dûë à leurs crimes; leur avoit *Ibid.*
en même tems promis qu'après soixante & xxv. 12.
dix ans de captivité , ils seroient rétablis xxvij. 11.
dans leur terre , pour y pratiquer comme 12. xxix.
auparavant la Loi de Moïse , & y exercer 10. 14.
leur Religion à l'ordinaire dans Jerusalem, xxx. 3.
& dans le Temple rebâti. *&c.*

Le peuple ainsi rétabli devoit toûjours demeurer dans cette terre, jusqu'à l'arrivée de JESUS-CHRIST ; auquel tems Dieu devoit former un nouveau peuple , non plus du sang d'Abraham , mais de tous les peuples du monde ; & disperser en captivité par toute la terre les Juifs infidéles à leur Messie.

Mais auparavant , ce Messie devoit naître dans cette race , & commencer dans Jerusalem, au milieu des Juifs, cette Eglise qui devoit remplir tout l'Univers. Ce grand mystere de la Religion est attesté par tous les Prophetes ; & ce n'est pas ici le lieu d'en rapporter les passages.

Sur ce fondement il paroît que laisser éteindre la race d'Abraham , ou souffrir qu'elle fût chassée de la Terre-sainte au tems des Rois de Syrie , c'étoit trahir la Religion , & aneantir le culte de Dieu.

Il ne faut plus maintenant que considerer quel étoit le dessein d'Antiochus.

Il ordonna que les Juifs quittassent leur *1 Mach.*
Loi pour vivre à la mode des Gentils, sa- j. 43. 46.
crifiant aux mêmes idoles , & renonçant 47. *&c.*

à leur temple , qu'il fit profaner , jufqu'à y mettre fur l'autel de Dieu l'idole de Jupiter Olympien.

Ibid 52.
Ibid. 60.
63. 64.
&c.

Il ordonna la peine de mort contre ceux qui defobéïroient

Il vint à l'execution : toute la Judée regorgeoit du fang de fes enfans.

II. Mach,
vj. 8. 9.
10. &c
I. Mach.
iij. 35.
36.

„ Il affembla toutes fes forces : Pour détruire les Ifraëlites , & les reftes de Jerufalem : & pour effacer dans la Judée la memoire du peuple de Dieu , y établir les étrangers , & leur diftribuer par fort toutes les terres.

Ibid. 41.
II. Mach.
viij. 11.
14. 34.
36.

Il avoit réfolu de vendre aux Gentils tout ce qui échaperoit à la mort : & les marchands des peuples voifins vinrent en foule avec de l'argent pour les acheter.

Ce fut dans cette déplorable extremité, que Judas le Machabée prit les armes avec fes Freres, & ce qui reftoit du peuple Juif. Quand ils virent le Roi implacable tourner fa puiffance : A la ruine totale de la

I. Mach. „
42. 43. „

„ Nation , ils fe dirent les uns aux autres: „ Ne laiffons pas détruire nôtre peuple; com„ battons pour nôtre Patrie , & pour nôtre „ Religion , qui periroit avec nous.

Si des Sujets ne doivent plus rien à un Roi qui abdique la Royauté, ou qui abandonne tout-à-fait le gouvernement ; que penferons-nous d'un Roi qui entreprendroit de verfer le fang de tous fes fujets , & qui las de maffacres en vendroit le refte aux étrangers ? Peut-on renoncer plus ouvertement à les avoir pour fujets ; ni fe declarer plus hautement, non plus le Roi & le Pere, mais l'ennemi de tout fon peuple.

C'eſt ce que fit Antiochus à l'égard de tous les Juifs, qui ſe virent non-ſeulement abandonnez, mais exterminez en corps par leur Roi : & cela ſans avoir fait aucune faute, comme Antiochus lui-même eſt contraint à la fin de le reconnoître *Je me ſouviens des maux que j'ai faits dans Jeru-ſalem, & des ordres que j'ai donnez ſans raiſon, pour exterminer tous les habitans de la Judée.*

“ *I. Mach.*
“ *vj. 12.*

Mais les Juifs étoient encore en termes bien plus forts, puiſque ſelon la conſtitution de ces tems, & de l'ancien peuple, avec eux periſſoit la Religion : & que c'étoit y renoncer, que de renoncer à leur terre. Ils ne pouvoient donc ſe laiſſer ni vendre, ni tranſporter, ni détruire en corps : & en ce cas la loi de Dieu les obligeoit manifeſtement à la réſiſtance.

Dieu auſſi ne manqua pas à leur déclarer ſa volonté, & par des ſuccès miraculeux, & par les ordres exprès que Judas receus, lorſqu'il vit en eſprit le Prophete Jeremie: *Qui lui mettoit en main une épée d'or, en prononçant ces paroles : Recevez cette ſainte épée que Dieu vous envoye, aſſuré qu'avec elle vous renverſerez les ennemis de mon peuple d'Iſraël.*

“ *II. Mach*
“ *15. 16.*

C'eſt à Dieu de choiſir les moyens de conſerver ſon peuple. Quand Aſſuerus ſurpris par les artifices d'Aman voulut exterminer tout le peuple Juif, Dieu rompit ce deſſein impie, changeant par le moyen de la Reine Eſther le cœur de ce Roi, qu'une malheureuſe facilité plûtôt qu'une malice obſtinée avoit engagé dans un ſi grand crime. Mais pour le superbe Antiochus qui faifoit ouvertement la guerre au Ciel, Dieu voulut l'abattre d'une maniere plus haute; & il infpira à fes enfans un courage contre lequel les richeffes, la force, & la multitude ne furent qu'un fecours fragile.

1. Mach.
xj 24.
25 &c.
xiv. 38
39 &c.
xv. 1. 2.
&c.

Dieu leur donna tant de victoires, qu'à la fin les Rois de Syrie firent la paix avec eux, & autoriferent les Princes qu'ils avoient choifis, les traitant d'amis & de freres : de forte que tous les titres de puiffance legitime concoururent à les établir.

Fin de la premiere Partie.

R E M A R Q U E.

On trouvera ces deux difficultez, & plufieurs autres matieres concernant les devoirs de la fujettion fous l'autorité legitime, traitées à fond dans le cinquiéme Avertiffement contre le Miniftre Jurieu, & dans le premier difcours & defenfe de l'Hiftoire des Variations contre le Miniftre Bafnage: ainfi qu'il a déja eté remarqué dans la Préface qui eft à la tête de ce Traité.

TABLE

DES LIVRES, ARTICLES,

ET PROPOSITIONS

DE LA POLITIQUE

TIRE'E DES PROPRES PAROLES

DE L'ECRITURE SAINTE.

PREMIERE PARTIE.

Z 4

TABLE.

ARTICLE V.
Conséquences des principes generaux de l'humanité.

ARTICLE VI.
De l'amour de la Patrie.

LIVRE SECOND.
DE L'AUTORITE'.

QUE LA ROYALE ET L'HEREDITAIRE, EST LA PLUS PROPRE AU GOUVERNEMENT.

ARTICLE I.
Par qui l'autorité a été exercée dés l'origine du Monde.

ARTICLE II.

LIVRE TROISIEME.

OÙ L'ON COMMENCE A EXPLIQUER LA NATURE, ET LES PROPRIETEZ DE L'AUTORITE' ROYALE.

ARTICLE I.

On en remarque les caractères essentiels.

LIVRE QUATRIEME.

SUITE DES CARACTERES DE LA ROYAUTE'.

ARTICLE I.

L'Autorité Royale est absoluë.

T A B L E.
A R T I C L E II.
De la molleſſe, de l'irréſolution, & de la fauſſe fermeté.

L I V R E C I N Q U I E M E.
QUATRIEME ET DERNIER CARACTERE DE L'AUTORITE' ROYALE.

A R T I C L E I.
Que l'autorité Royale eſt ſoûmiſe à la raiſon.

ARTICLE. III.

Des curiositez , & connoiſſances dangereuſes :
Et de la confiance qu'on doit mettre en Dieu.

ARTICLE IV.

Conſequences de la doctrine précedente : De la
Majeſté , & de ſes accompagnemens.

LIVRE SIXIEME.

LES DEVOIRS DES SUJETS ENVERS LE PRINCE,
ETABLIS PAR LA DOCTRINE PRECEDENTE.

ARTICLE I.

Du ſervice qu'on doit au Prince.

TABLE.

ARTICLE II.

De l'obéïssance dûë au Prince.

ARTICLE III.

Deux difficultez tirées de l'Ecriture : de David, & des Machabées.

Fin de la Table de la premiere Partie.